余英時典藏套書引言

國立臺灣大學歷史系教授
陳弱水

余英時先生（一九三〇～二〇二一）於去年八月一日離世，一年之後，三民書局要重出他原在該書局出版的六本書，邀我為這六本書寫一篇引言。我大學時代就開始研讀余先生的作品，後來在博士班成為他的學生，淵源很深，我長年閱讀他的論著，既然受邀，覺得難以推辭。不過，余先生著述宏富，學問至廣，我雖然長年接觸他的文字，又曾受教於他，要寫出恰如其分的引言，還是很不容易。本文基本上在介紹這幾本書的主要議題和余先生的若干重要看法，希望能幫助讀者進入他的學術與思想世界。此外，這幾本書雖然只構成余先生著述的一小部分，但反映不少他的一貫關心和觀點，這篇引言說不定也能增進讀者對余先生的整體認識。

這次重新出版的六本余先生著作是：《會友集——余英時序文集》（上、下兩冊，增訂版）、《中國文化與現代變遷》、《歷史人物與文化危機》、《論戴震與章學誠——清代中期學術思想史研究》、《陳寅恪晚年詩文釋證》（增訂新版）、《猶記風吹水上鱗——錢穆與現代中國學術》。這六本可以分為兩個類別。前三本是文集，裡面的文章大多是通論的性質，而非專門研究，構成一類；後三本雖然也是單篇文章的結集，但各書主題單一，有專書的實質，內容則以專門研究為主。不過，余先生的著作有個重要特色，就是通論性或評論文章往往立足於學術基礎，學術論著則常具思想意味，甚至含有時代意義。關於傳統中國的論著，通常學術性強，但在涉及近代和當代課題的文章，往往是學術、思想、評論的因子交光互影，上述兩個類別的分野並不絕對。

為了讓讀者對余先生這六本書有比較具體的認識，我這裡還是要依照類別進行介紹，兩類之中，各本書也分別討論，但在這個過程，我會儘量揭示余先生在這些書中所顯露的通盤關心，希望讀者能對各書的關聯有所了解。

我要從前三本的文集開始。首先是《會友集——余英時序文集》，就如本書副題所顯示，這是余先生為他人書籍所寫序文的結集，所以這本書包羅廣泛，沒有特定的宗旨，寫序的書主題是什麼，序文就往那個方向開展。不過正因為如此，這本序文集大幅度展現了余先生的學識和思考的問題，很適合作為介紹他的學思世界的起點。

《會友集》是現任浙江大學教授彭國翔受余先生之託所編集，初版在二〇〇八年由香港明報出版社出版，收有余先生序文三十八篇，兩年後三民出臺灣增訂版，增加了十三篇，共計五十一篇。余先生一生為人作序甚多，這五十一篇雖然不是全豹，遺漏已經不多了。在一般的印象中，序文經常是應酬文字，少有精華之作，但余先生個性認真，不願辜負他人的付託，也不想浪擲自己的時光，他寫作序文，儘量把它當作自己主動要寫的文章，戮力以赴。余先生是學者，他常見的做法是對書的主題進行一番研究，然後把重要心得寫入序文，和作者形成對話，也期望讀者有實際的收穫。因此，書籍不論是否為學術性質，序文往往有相當程度的學術內涵以及深思熟慮的意見。余先生在《會友集・自序》中說：「我生平不會寫應酬式的文字，友人向我索序，我必儘可能以敬慎之心回報。首先我必細讀全稿，力求把握住作者的整體意向；其次則就我所知，或就原著旨趣加以伸引發揮，或從不同角度略貢一得之愚。但無論從什麼方向著筆，我都堅守一個原則，即序文必須環繞着原作的主題發言。換句話說，原作為主，序文則居於賓位。序文的千言萬語都是為了凸顯原作的貢獻及其意義。」（頁一）我引述這一大段文字，是想表明，《會友集》所收錄雖皆為序文，都是余先生的心血之作，由於序文集的特性，它展現了余先生心靈的多個方面。

彭國翔教授編輯《會友集》，把余先生的序文分為「內篇」和「外篇」，剛好就是三民版上、下冊，彭教授表示，內篇「論學術」，外篇「議時政」（頁七〇九）。不過，我覺得這些序文可以再進一步分為三類：「內篇」（上冊）是歷史學術——特別是傳統中國史——相關的序文，「外篇」（下冊）並不只是「議時政」，其中既有關於近現代中國史（包括中共歷史）的研討，也有對當代中國情勢的論說。整體而言，《會友集》的學術成分相當高，但近現代中國史與中國的現實關係密切，則是沒有問題的。興趣主要在歷史學術的讀者，不妨先看本書上冊，對近現代中國或余先生的思想特別關注的人，則可從下冊開始閱讀。

這裡想要進一步指出，《會友集》的三個重點：以傳統中國史為中心的歷史研究、近現代中國史、當代中國情勢，反映了余先生一生整體關心的大部分，這幾個重點也或多或少出現在三民版的其他兩本文集：《中國文化與現代變遷》、《歷史人物與文化危機》，《會友集》的內容有不少可與這兩本呼應的地方。

余先生是世界知名的中國史大家，在近代以前思想史方面的成就尤其高，他為學術書籍寫序，自然涉及不少重要的史學問題，這方面的特點，下文論及余先生學術專著時會稍作說明，這裡先略過。至於余先生對於中國近現代史的研究和討論，他從年輕時代開始，就具有公共知識分子的性格，對近當代史事非常留意，但他為文探討這方面的問題，是一九八〇年代以後的事，當時已五十餘歲，就學院的標準來說，並不是近代史的專業研究者。余先生進入中國近現代史領域，有兩個主要來源。一是對中國現代學術以及歷史學、人文學特性的關心。余先生年輕時就廣讀現代中國史學大家的著作，他在香港、美國又親炙幾位史學界重要人物：錢穆（一八九五～一九九〇）、洪業（一八九三～一九八〇）、楊聯陞（一九一四～一九九〇），很早就有機會聽聞學界內部的訊息。一九八〇年代以後，由於一些特定的機緣，例如陳寅恪全部著作出版、胡適資料的刊布，余先生得以開始利用他積蓄已久的認識和心得，開展對中國近現代學術史的撰述。

余先生探討中國近現代史還有一個主要來源：對中共問題的關注。共產黨的興起和取得政權，是二十世紀中國的最大事件，對余先生個人和整個中國都是絕大的衝擊。一九四九年十月中共政權建立時，余先生人在北京，是燕京大學學生。他本來完全沒有離開中國本土的想法，但各種事情巧合，讓他在一九五〇年到香港探親後，最終決定留在香港，從此改變一生的命運。中共極權統治造成無人道的景況以及對中國社會文化的全面破壞，人在海外的余先生痛心疾首。一九八〇、一九九〇年代以後，他以深厚的史學造詣，對中共的歷史和特性提出很有洞見的解說。這部分在《會友集》「外篇」有相當的表現。余先生對中共歷史和相關問題的探討出於他的現實關懷，是很明顯的，他在《會友集》中議論時政的部分，也是以中國和中共問題為主，就是很自然的了。

余先生對於近現代中國歷史和當代局勢的見解有何特殊之處？《會友集》表現最清楚的是他對中共極權體制和中共集團性質的解釋。中共政權建立以後，對於中共統治方式的來源，西方和日本流行一個觀點，主張以毛澤東為首的中共統治是中國帝王體制的延續，中國傳統是中共政權型態的最深來源。余先生對此不表同意，他認為中共統治的方式和傳統君主政治相差很遠，中共政權特點的最主要來源是蘇聯的蘇維埃體制，中國傳統的色彩大多是附加的。但中共集團的構成則有很深的傳統背景，余先生認為，中共的主導人物既不是知識分子，也不是一般的農民，而是各種型態的社會邊緣人，在傳統時代，這類人就是歷代反叛動亂的要角，在現代中國，他們在激烈的「革命」中找到了出路。中共的文化特色也可以從集團構成上得到若干了解。

可以看出，余先生探討近現代歷史和當代議題，懷有宏觀的視野，他的傳統中國史造詣讓他能對現代中國的變局指出一般學者不易看出的要點。除了中國史知識，余先生的文章也常引用西方觀念。余先生從年輕時起，就對西方思想和哲學有高度興趣，瀏覽、購買、閱讀有關書籍是他日常生活的一部分，他往往從這些閱讀中獲得了解事物的啟發，但他不會生搬硬套，削足適履，總是力求認識事實的關鍵，再尋求適切的解釋。運用廣闊的知識和豐富的思想資源，以清朗的文字訴說對各項問題和現象的看法，是余先生通論文字的重大特色。

總之，由於《會友集》是以文章體裁為準編輯而成，網羅了余先生對各式各樣問題的論說，讓我們可以相當清楚看出他論學寫文的重點以及基本風格。

再來要談另一本文集《中國文化與現代變遷》。這本書出版於一九九二年，搜集余先生從一九八八年到一九九一年的通論性文字。前面說過，《會友集》涉及的問題大概有三類：以傳統中國史為中心的歷史研究、近現代中國史、當代中國情勢，這也反映了余先生學思的大部分重點。顧名思義，從書題看來，《中國文化與現代變遷》中的文章多集中於文化和近現代中國這兩點。近現代中國的課題已如前述，「文化」的確是余先生長期關心的另一主要問題，它之所以沒有明顯出現在《會友集》，應該是因為請余先生寫序的書沒有以此為主題的。

「文化」是當代人文學科和社會科學的重大議題，也是這些學科和一般談論中時時使用的核心概念，內涵多樣。余先生談這個問題，主要是取文化的領域意義，也就是相對於政治、社會、經濟等領域的文化。這個意義的文化包括的社會生活要項很多，例如教育、學術、思想、宗教、藝術、文學、各種價值系統，傳統中國的儒家也屬於文化的範疇，大概來說，就是以精神生活為中心的領域。余先生的一個基本觀點是，文化具有獨立性和超越性。獨立性，是指相對於其他力量，如政治、市場，文化不是附屬品，它有自身的能動性，甚至可以影響、改變其他領域的狀態；超越性，則主要是指文化能創造自己獨立的標準，超乎功利和權力的考慮。

余先生一生最大——至少是持續最久——的關懷是中國社會如何從殘破的境地重新復甦，恢復健康，他認為獨立而有活力、深度的文化是關鍵。在他對近現代中國歷史的討論中，他也最同情胡適（一八九一～一九六二）的觀點：以文化為本的漸進改革，而不是急切的政治革命，才是中國應該走的路。我不知道在余先生全部的評論文字中，對於文化觀念的討論占多少分量，不過我一九八〇年代在耶魯大學求學時，社會變革應以文化為本，深化文化，是余先生常向我表達的看法。這是他堅定的信念。到了晚年，學術與文化中的人文重建尤其是他的重要關懷。（參見余英時，《人文與民主》，時報文化出版公司，二〇一〇）

在《中國文化與現代變遷》有關近現代中國的文章，我特別推薦〈中國知識分子的邊緣化〉、〈費正清與中國〉這兩篇。〈中國知識分子的邊緣化〉試圖展示，邊緣化是二十世紀中國知識分子的突出特徵，知識分子從傳統上處於核心的士人地位，變成在社會、政治乃至文化各方面邊緣化，這個現象的另一面，則是原來的邊緣人構成了政治權力的核心。這個討論可以幫助我們對中國共產黨的興起和特質有深入了解，在某種程度上，國民黨也有類似的情況。〈費正清與中國〉是在費正清 (John King Fairbank, 1907–1991) 過世後所寫的紀念文章，其實是一篇有分量的歷史論析。費正清是哈佛大學教授，美國中國近代史領域的重要開拓者，也是具有外交實務經驗，並對美國對華政策有影響的學者。費正清對國民黨反感極深，很早就主張美國承認中共政權，在二次大戰後很長的時間，在臺灣國民黨和親國民黨的圈子，他被當成美國親共學閥的代表。余先生在哈佛大學求學，曾修過費正清的課，在哈佛任教後，又是同事，和他有二十多年的淵源。在這篇文章，余先生融合他對現代中國史、美國漢學發展以及費正清個人的認識，對費正清個人和美國對華政策的特性，提出豐富而有見解的說明。此文不但有助於我們了解二十世紀中期的美、中、臺關係，在臺灣當前局勢的思考上，也可以有所啟發。

最後一本通論性文集《歷史人物與文化危機》出版於一九九五年，其中的文章大都寫於一九九一至一九九五年之間，文章的主題就如書題所顯示，很多與「文化危機」和「歷史人物」有關。「文化危機」也屬於余先生關心的文化問題，但重點在現代中國歷史上的一個重要現象。簡單說，中國由於在現實上嚴重挫敗，從十九、二十世紀之交，出現了對自身文化喪失信心的情況，轉而師法西方學說，以西方為尊，最後終結於「五四」後期的激烈反傳統思潮。另外一方面，中國社會又不甘於全力西化，產生對西方又羨慕又憎惡的心理，與此相連的則是許多激烈而簡單化的訴求，共產黨席捲中國，和這一情勢有關。有關「文化危機」的文章（包括該書自序）是對這個現象的揭示和檢討。

至於「歷史人物」，談的都是近現代中國的人物。政治人物方面，主要是毛澤東和周恩來，這是余先生析論中國共產黨的一部分。與前兩本書集中於政治人物不同，這本書還收入了幾篇有關近現代中國學術思想人物的文章，包括曾國藩、魯迅、周作人、郭沫若、林語堂，余先生在這方面也是很有心得的。

現在進入三本比較專門性的學術書籍，首先是《論戴震與章學誠——清代中期學術思想史研究》。這是三民版的六本書中寫作年代最早，專門性最強的一本，也是余先生學術生涯的一座里程碑。余先生研究中國史，是從漢代史起家，他從在香港當研究生的時期進入這個領域，一直耕耘到一九八〇年代後期，最主要的著作完成於一九五〇年代後期和一九六〇年代，涉及文化、思想、社會經濟、中外關係種種方面，大約到一九七〇年代末，他在西方漢學界還有漢史專家的形象，雖然這時他精通多領域的聲譽已經開始傳布了。

余先生於一九六二年在哈佛大學獲得博士學位，之後到密西根大學任教，一九六六年又回哈佛擔任教職。在此前後，余先生把他的研究重心轉到明清思想史，特別是清代思想史，《論戴震與章學誠》於一九七六年由香港龍門書店出版，是他這方面研究成果的一個總結，一九九六年的三民版是修訂二版，對初版頗有補正，可說是這本書的「定本」。

清代是中國歷史上學術最發達的時代之一，尤其以中晚期的考證學最受矚目。中國近代人文學興起之時，由於距離清代很近，加上當時知識分子對「科學」觀念的認知頗受考證學的影響，因此學者對清代學術有相當的興趣。梁啟超（一八七三～一九二九）就撰有《清代學術概論》和《中國近三百年學術史》；余先生的業師錢穆也寫有和梁啟超書同名的《中國近三百年學術史》，是一本經典作品。和先輩的研究相比，余先生的研究有兩大特色。首先是帶進了西方思想史研究取向，特別注意從思想內部演變探尋新思潮發生的緣由，他在《論戴震與章學誠》就對儒學傳統何以從講究天道和心性問題的宋明理學變化成性質差異很大的清代考證，做了「內在理路」的說明。其次，過往研究清代的學術思想，對於重要學者的學術業績和思想都有論述，但是對考證學本身的思想史涵義，比較缺乏明確的問題意識。余先生透過戴震（一七二四～一七七七）和章學誠（一七三八～一八〇一）的學術反思以及他們與當代學界的關係，來探討這個問題，這是本書何以以這兩位作為主題人物的緣故。《論戴震與章學誠》是清代和中國近世思想史研究上的一個突破，不但在余先生個人的學術生涯上有重要意義，它也是中文學界開始受到現代西方思想史觀念洗禮的一個主要泉源，這本書在一九七〇、一九八〇年代是很受學界矚目的。

至於《陳寅恪晚年詩文釋證》，一共結集三次，初版和增訂版分別於一九八四、一九八六年由時報文化出版公司出版，一九九八年的三民版是最後的總結集。這是一本很有影響的書，一九八〇年代初刊的時候，掀動一時之視聽，還引起中共官方主導反駁，餘波延續恐怕有二十年。

這本書起源於余先生〈陳寅恪的學術精神和晚年心境〉（一九八二）一文的寫作。一九八〇年前後，《陳寅恪文集》出版，這是陳寅恪（一八九〇～一九六九）最完整的著作集。一九四九年中共政權建立後，陳先生在出版上一直碰到困難，不但新作不能出版，舊作的整理也無法問世。陳寅恪是二十世紀中國的傳奇歷史學家，他在一九五〇年代中葉以後，放棄研究已久的中古史，在目盲的情況下，由助理協助，改治明清史事，以兩位女子——《再生緣》作者陳端生（一七五一～一七九六）、錢謙益妾柳如是（一六一八～一六六四）——為中心，寫成《論再生緣》、《柳如是別傳》，後者尤其是卷帙浩繁的大著。陳寅恪的改變引人好奇，余先生向來留意陳先生的著作，自己又研究明清史，《陳寅恪文集》出版後，立刻細讀《柳如是別傳》和新刊布的詩作。此外，余先生在一九五八年二十八歲時，看了流傳海外的《論再生緣》油印本，認為這本書不純是客觀研究，而涵藏了有關個人身世與當代時勢的心曲，特別撰寫〈陳寅恪「論再生緣」書後〉，將其表而出之。事隔二十餘年，余先生再讀陳先生新作，一定也有再探其心聲的想法。余先生投入新發布的陳先生著述，還有一個原因，他當時告訴我，他想藉此考驗自己的程度。陳先生不但史學精湛，而且古典文學造詣極深，他的詩風曲折幽深，義蘊豐富，一九四九年以後，由於痛惡中共統治，詩文隱語尤多，加上陳先生是學者，所用典故以及運用的方式和一般人不同，文字索解有困難之處，讀其詩文是有意思的挑戰。總之，由於多重原因，在一九八〇年代初，余先生有一段時間沉浸於陳寅恪的著作，特別是新出詩文。

不過，余先生原來並沒有以陳寅恪為主題再次為文的想法。一九八二年他和《中國時報》金恆煒先生在美國偶爾見面，他向金先生談起陳寅恪的晚年著作以及自己的一些想法，金先生聽了大感興趣，鼓動余先生把想法寫出，表示《中國時報・人間副刊》可以不限篇幅刊出。這就是〈陳寅恪的學術精神和晚年心境〉誕生的緣由。這篇文章其實是對陳寅恪學術、思想、價值的整體討論，特點在於，是第一篇把陳氏晚年詩文當作重要材料的論說。該文刊出後一年多，余先生又專門針對陳氏晚年詩文索解的問題，寫了〈陳寅恪晚年詩文釋證〉，余先生的兩篇文章引出一連串的反應，有不信駁斥者，有問難商榷者，更重要的是，在往後多年有關陳寅恪的種種書寫和議論中（一九九〇年代中國有「陳寅恪熱」），余先生的文章成為必有的背景。在這種情勢下，余先生也陸續寫了一些回應和補充文字，有的並不限於陳寅恪的晚年心境，而涉及他的整個學術和思想生命。《陳寅恪晚年詩文釋證》的書首有余先生的增訂新版序、〈書成自述〉以及一九八六年版自序，是成書過程的記錄和回憶，讀者可以參看。

《陳寅恪晚年詩文釋證》的內容雖然很多是專門細緻的文史考證，「陳寅恪熱」也退潮多年，這本書仍然具有其命維新的價值。主要的原因是，這是對一位現代中國特殊人物反反覆覆的探討，由於二十世紀中國特殊的歷史以及陳寅恪特殊的人格，陳寅恪的心境表達往往繁複隱晦，需要有偵探式的研究。余先生的努力是值得的，陳寅恪生命中的很多元素有恆久的意義，值得後世的人了解和省思。

最後一本是《猶記風吹水上鱗——錢穆與現代中國學術》，這本書出版於一九九一年，錢先生去世次年，從書題看來，它的性質和前一本《陳寅恪晚年詩文釋證》一樣，探討一位現代中國重要的學術和思想人物。但這本和論陳寅恪的書有三個主要不同。首先是具有私人性質。從余先生的一生看來，現代中國文史學者中，他受三人影響最深：胡適、陳寅恪和錢穆。三人之中，余先生沒有見過胡適和陳寅恪，而錢穆則是他的老師，余先生的中國史學訓練啟蒙於錢先生，錢先生至為器重余先生，兩人情感深厚。這本書只有一篇是紀念文字：〈猶記風吹水上鱗——敬悼錢賓四師〉，其他都是對與錢先生相涉的近代中國學術思想問題的討論，但論述文字的根據，不少來自余先生的親身見聞，也有錢先生的私人信件。就這一點，本書與余先生對陳寅恪和胡適的研究，性質有相當的差異。

其次，本書有關錢穆的討論，以思想或「學術精神」為主。錢穆學問深廣，兼包四部，但根本上是歷史學者，尤其精通學術思想史，在這方面貢獻最大。不過這本書主要討論思想方面的問題，對於錢穆的史學，余先生晚年寫了《國史大綱》發微——從內在結構到外在影響〉（《古今論衡》第二十九期，二〇一六年十二月），讀者可以參看。第三，這本書雖然以錢穆為主題，但內容涉及了近現代中國思想史的幾個關鍵問題。〈錢穆與新儒家〉討論一九五〇年代以後在香港和臺灣頗具影響的新儒家，〈《周禮》考證和《周禮》的現代啟示——金春峰《周官之成書及其反映的文化與時代新考》序〉檢討近現代中國的烏托邦思想（此文亦收入《會友集》上冊），〈中國近代思想史上的激進與保守〉則是對近代中國思想激烈化與保守之意義的通盤解說，這篇置於此書，正因為錢穆是保守立場的重要人物。諸篇文章合而觀之，本書頗有思想史的色彩，很適合對近代中國思想有興趣的讀者閱覽。

以上是對三民版余英時先生六書的介紹。這六本書有相當的分量，也投射出余先生一貫關心的許多方面，但整體來說，仍然只是他的業績的一小部分。余先生在〈一生為故國招魂——敬悼錢賓四師〉中說，他的這篇文章「遠不足以概括錢先生在現代中國學術思想史上的貢獻和意義。任何人企圖對他的學術和思想作比較完整的評估，都必須首先徹底整理他所留下的豐富的學術遺產，然後再把這些遺產放在現代中國文化史的系統中加以論衡。這是需要長期研究才能完成的工作。」（《猶記風吹水上鱗》頁十七、十八）這些話的基本意思也可以適用於余先生自己。對於余先生學術和思想的深入認識和評估，也需要很多人的長期努力。這是一筆寶貴的資產。

臺灣版序

這部《會友集》是香港明報出版社在二〇〇八年刊行的。兩年以來，臺灣的朋友們常向我抱怨，說他們在書店中遍覓不獲。幾個月前，陳宏正先生在電話中提議，希望我在臺灣印行一個增訂版，因為他發現了好幾篇失收的序，他的熱忱使我很受感動。但由於此書出版不久，我有點躊躇是否應該立即這樣做。又過了些時候，我忽然收到劉振強先生來信，慨然願意承擔刊行增訂版的任務，而且所陳述的理由和陳先生如出一口。我的當下直覺告訴我：這兩位老朋友一定交換過關於《會友集》的意見。好友關懷如此，我不能不認真地考慮他們的提議了。

《會友集》最初集結問世是出於明報出版社總編輯潘耀明先生的雅意，但出版以後，潘先生已離開出版社的崗位，專任《明報月刊》的編務了。這次為了印行臺灣版，我還是通過潘先生的幫助才取得明報出版社的同意，讓我在這裏表示最誠摯的謝意。

《會友集》原收序文三十八篇，這次增加了十三篇，相當於原版的三分之一；其中有幾篇較長的新作是我特別用心寫成的。增訂版所收序文仍非全豹，有些舊序一時尋不著，還有剛剛寫成的未刊稿現在還不便收入。不過比較而言，增訂版比初版畢竟完備多了。我很高興能有機會把這本書獻給臺灣的讀者。

余英時

二〇一〇年七月十七日於普林斯頓

自序

這部《會友集》收集了我近二三十年來為友人著作所寫的序文。其中絕大多數作者是我相交已久的，但也有少數尚無緣識荊，只能算是「神交」。我生平不會寫應酬式的文字，友人向我索序，我必儘可能以敬慎之心回報。首先我必細讀全稿，力求把握住作者的整體意向；其次則就我所知，或就原著旨趣加以伸引發揮，或從不同角度略貢一得之愚。但無論從什麼方向著筆，我都堅守一個原則，即序文必須環繞著原作的主題發言。換句話說，原作為主，序文則居於賓位。序文的千言萬語都是為了凸顯原作的貢獻及其意義。喧賓奪主或越俎代庖是寫序的大忌。用這種方式寫序當然是比較費力的，往往逼使我去進行一些獨立的研究。但是我也在寫序的過程中獲得了不少知識的樂趣：經過比較深入的探索之後，對於歷史和文化的某些特殊方面，我的認識從含混變為清晰，有些問題獲得進一步的澄清，有的基本概念則得到更有系統的整理。我的序文對友人有無涓滴之助尚不可知，但我受到他們著作的激勵則是千真萬確的。所以我雖寫了不少的序，卻毫無「苦恨年年壓針線，為他人作嫁衣裳」的感覺。書名取義於曾參「以文會友」，紀其實也。

最早鼓勵我將序文收為一集的是劉再復先生，接著敦促我付諸實踐的則是潘耀明先生。如果不是他們兩位的偏愛和熱心，這個序集是否會面世恐怕將是一個很大的疑問。我要向他們致以最誠摯的感謝。

但這本書終於能輯成則完全是彭國翔的勞績。國翔近年來收集我的文字很多，有的連我自己也忘記了。所以自決定接受明報出版社的書約之後，我立即向他提議，請他擔任本書的編者。這裏所收的幾十篇序文都是他從各處辛苦搜尋得來的。言辭已不足表達出我對他慷慨相助的感受，因此索性不說任何客氣話了。

這裏所收的序文，當然不能說是窮盡無遺，但聚在一起，數量已出乎我的最初估計之外。孟子有一句名言：「人之患在好為人師。」那麼我是不是犯了「好為人作序」的毛病而不自知呢？但在我的記憶中，每一篇序好像都是在「義不容辭」的情況下完成的。我也讀了不少西方和日本的著作，「為人作序」的事雖偶然一見，但似乎並未形成過普遍的風氣。相反的，在中文著作中，無論是古代的還是現代的，這一現象倒是異常突出。友人向我索序和我有「義不容辭」之感，大概都不免受了一種特殊文化氛圍的感染。難道「為人作序」竟是中國文化傳統的一個特色嗎？

這個疑問在腦際浮現之後，我的好奇心被挑動了起來。我想知道：「序」在中國書寫史上究竟是如何開始的？經過了哪些演變的階段？「序」的傳統進入現代以後又發生了什麼變化？……這一連串的問題都是我深感興趣而亟需得到解答的。然而倉卒之間我竟不知從何處下手。因為這些問題必須通過專題研究才能找到解答的線索，而我一時卻想不起「序」的歷史是否曾經受到過現代文學史專家的青睞。不得已，我只好自己動手，匆匆進行了一次探源溯流的嘗試。下面是一個簡要的初步報告；疏失和錯誤是不可避免的，請讀者切實指教。

「序」是中國古典文學中一個特殊的「文體」(genre)，至遲在蕭統編《文選》時已正式成立。如果通全部古典文學史而言，我們大致可以將「序」分為兩大系統。先說與本文無關的系統，即在遊宴、詩會、餞送、贈別等場合的即興之作，六朝以下許多著名的「序」都屬之。一言帶過不提。另一大系統則是為書籍所寫的「序」，但又可分為三類。第一類是為了說明傳世典籍的緣起及其涵義而作，如〈尚書序〉、〈毛詩序〉是也。後世為前代著作，包括詩文集等所寫的序也應劃歸這一類。總之，這都是為古人遺作而寫的。第二類是「自序」，最著名的當然是〈太史公自序〉。這一類的「序」在後代也有繼承和發展。庾信〈哀江南賦序〉說「昔桓君山（譚）之志士，杜元凱（預）之生平，並有著書，咸能自序」，即其明證。最後一類則是應並世作者之請而寫的「序」，這是本文將集中討論的主題。前兩類在「序」史上雖然也很重要，但這裏只能割愛，以避枝蔓。

《文選》李善注〈三都賦序〉，題下引臧榮緒《晉書》曰：

> 左思作〈三都賦〉，世人未重。皇甫謐有高名於世，思乃造而示之。謐稱善，為其賦序也。（見卷四十五）

同時的作者向名家求序並得到積極回應，這是我所見到的最早記載，但其事或已始於漢末、三國之際，因為文人交遊之密和文學風氣之活躍早在建安時期（一九六——二二〇）便已展開了。《文苑英華》宇文逌〈庾信集序〉結語云：

余與子山風期款密，情均縞紵，契比金蘭，欲余製序，聊命翰札，幸無愧色。（卷六九九）

作者親定詩文集而向友人索序，就我所知，這似是最早的例子，但其事已在六世紀的後期了。我們也不能據此而斷定庾信和宇文逌兩人是始作俑者。在他們之前的兩三百年中同樣的事情應該已經出現過，不過由於書闕有間或因我的疏漏，目前只能追溯到北周罷了。

在《文苑英華》的文體分類中，「文集」的序佔了九卷，其中關於個人文集的便有五十篇之多，時代則集中在中、晚唐。細檢這些序文，有四篇可以確定是應文集作者之請而寫的，即獨孤及〈趙郡李公（華）中集序〉、梁肅〈補闕李君（翰）前集序〉、元稹〈白氏長慶集序〉和鄭亞〈會昌一品制集序〉。這裏所用「中集」、「前集」之名是唐代特有的風氣。元稹〈序〉云：「前輩多以前集、中集為名。予以為皇帝明年秋當改元，長慶訖於是，因號曰：白氏長慶集。」（引文據《元氏長慶集》卷五十一）可知《長慶集》本來也可以稱作「前集」或「中集」。獨孤及〈李公中集序〉則說：「他日繼於此而作者，當為後集。」我們由此可以推斷唐代作者往往分期編定自己的文集，以前、中、後分別之。大概前集、中集都是生前親自編定的，因此作者可以有充分的時間找相知很深的友人寫序；至於後集或全集，則要等到作者的後代、門人或故舊來整理編定，序文當然也是身後的事了。楊嗣復〈權德輿文集序〉說：

> 公昔自纂錄為制集五十卷，託於友人湖南觀察使楊公憑為之序，故今不在編次內。（見《唐文粹》卷九十一）

作者自編前集、中集而請序於友人在唐代已成通行的習慣，這是另一條最明確的證據。而且有些序文雖是為遺集而作，但作者生前或曾親託，或有遺命指定，也可以劃歸同類。最明顯的如，劉禹錫為《柳宗元文集》寫序，便是因為宗元病死前以「遺草」相託；白居易撰〈元少尹（宗簡）集序〉，不但因為元宗簡是他的朋友，而且臨終遺言：「遺文得樂天為之序，無恨矣！」

從上面簡略的追溯可以看到，為相知者詩文集作序，大致起源於魏、晉之際，至唐代而形成文學界的普遍風氣。由於「文集序」——包括為已故作者寫的——在唐代的數量激增，以致宋初姚鉉在《唐文粹》中不得不特標「集序」的名目，以區別於一般的「序」。現在傳世本《毘陵集》（獨孤及）和《權載之文集》（權德輿）也有「集序」一目，不知是唐代流傳下來的，還是後代改定的。無論如何，這一新名目的成立折射出唐代文學發展的一個側影。但為並世相知作序在唐代並不限於文集，論學專著也往往有之。權德輿〈張隱居莊子指要序〉和裴休〈釋宗密禪源諸詮序〉（均見《唐文粹》卷九十五）便是兩個有代表性的例子。前者是《莊子》的詮釋，後者則是禪宗源流的分疏；這兩篇序文都是應邀而寫的。這種論學性質的「序」越到後來越重要。

無論是「集序」或論學的「序」，基本規模在唐代已經奠定了下來，唐以後大致都繼承了這一傳統，宋代便是明證。試以呂祖謙《皇朝文鑑》與《文苑英華》作比較，可以確定為作者生前所請之序有三篇。但《文鑑》以南渡斷代，時間遠比《文苑英華》為短。為了進一步的引證，我用取樣方式，檢查了十幾部卷帙較多的名家專集：北宋是范仲淹、歐陽修、李覯、蘇軾、蘇轍、王安石、司馬光；南宋的是周必大、朱熹、楊萬里、陸游、樓鑰，共十二家。每家都有應作者之請而寫的序，少則一篇，多則三、五篇，與唐代韓愈、柳宗元、劉禹錫、權德輿諸集相較，情況相似。這一系統的序在宋代仍以詩文集為多，不過論學專著也往往有之，如劉跂〈趙（明誠）氏金石錄序〉（《文鑑》卷九十二）、楊萬里〈袁機仲（樞）通鑑本末序〉（《誠齋集》卷七十八）即其顯例。這兩部書是宋代名著，因此當時學術的新動向也在序中有所呈露。從周必大〈初寮先生前後集序〉（《文忠集》卷五十三）可知宋人仍沿唐人習慣，分期編定詩文集，求相知寫序。所以我們可以斷定，宋代在這一方面大體延續了唐代的模式，沒有任何特別令人矚目的變異。

但明、清兩代卻出現了新的變化。概括地說，明代序的數量激增，遠過唐、宋；清代則論學專著的序越來越重要，並且在學術思想方面發生了推波助瀾的作用。下面我只能分別作一扼要說明，詳細的討論在此既不可能也無必要。

劉基和宋濂是明初兩位最著名的作家，同時又是開國名臣，學士、文人向他們索序的自然不乏其人。《誠意伯文集》收入這一系統的序文十一篇，《宋學士文集》則多至二十四篇。宋濂的例子尤其值得注意。他不但常常為人作序，而且也遍請名家為他寫序。他上沿唐、宋之習，分期編定文集，《宋學士文集》（《四部叢刊》本）中便保存了楊維楨、貝瓊、揭汯三〈序〉；另有劉基一〈序〉（見《誠意伯文集》卷五）。他在元朝時期的詩文則收入《潛溪集》，其《後集》有歐陽玄、趙汸兩〈序〉（《圭齋文集》卷七及《皇明文衡》卷三十八），《前集》則有陳眾仲〈序〉（見趙〈序〉）。歐陽玄是元代晚期最負盛名的文宗；延祐二年（一三一五）恢復科舉，他是第一屆的進士。宋濂〈歐陽公文集序〉說他「三任成均而兩為祭酒，六入翰林而三拜承旨」，人人都「得公文辭以為榮」。這是實錄，毫無誇張。所以《圭齋集》中為時人文集與專著所寫的序便不下二十篇。由此可知宋濂《文集》所反映的正是元代後期的風氣，不始於明。詩文何以在元代後期復盛？這是一個很大的問題，此處無法深入考論，趙翼《廿二史劄記》有「元季風雅相尚」一條（卷三十）可以參考，我認為與科舉重開應有相當關係。歐陽玄〈喜門生中狀元〉詩序記泰定丁卯（一三二七）狀元及進士到國子監謝師，「圜橋門而觀者萬計，都門以為斯文盛事，昔未有也」（卷三），其盛況可見一斑。蘇天爵《國朝文類》（元統二年，一三三四）和虞集校定《皇元風雅》（至元二年，一三三六）適於此時先後問世，決不是偶然的。

此外我又抽樣檢視了十五世紀的程敏政、十六世紀的唐順之和歸有光以及明、清之際的錢謙益四家專集。以前三家而言，《篁蔌文集》有十篇，《荊川文集》八篇，《震川文集》十篇，都比唐、宋文集為多。但最使我驚異的則是錢謙益；他的《初學集》是明代作品，其中為人請求而寫的序共四十篇，《有學集》為入清以後之作，這一系統的序更高達五十三篇。大概是最高紀錄了（上列序文數字可能有遺漏，但大致可以保證並無濫收的情況）。

錢謙益當然是一個特殊的例子，但也折射了十六世紀以來的文化、社會變遷。唐順之〈答王遵巖〉說：

僕居閒偶想起宇宙間有一二事，人人見慣，而絕是可笑者……其達官貴人與中科第人，稍有名目在世間者，死後則必有一部詩文刻集，如生而飯食、死而棺槨之不可缺。此事非特三代以上所無，雖漢、唐以前亦絕無此事。（《荊川文集》卷六）

可見詩文集在十六世紀已發展到「爆炸」的地步。事實上，刻詩文集尚不限於「達官貴人與中科第人」，錢謙益的序中便包括一位「太監」（《初學集》卷三十三〈鄭聖允詩集序〉）和兩位「閨閣」（《初學集》卷三十三〈士女黃皆令集序〉，《有學集》卷二十〈許夫人嘯雪菴詩序〉）。由於種種歷史的變動，「雅」文化在迅速地泛濫之中，印書市場的不斷擴大更助長了刊刻文集的風氣。詩文集的數量激增，序的數量自然也隨著水漲船高。明白了這一點，《初學集》和《有學集》這一方面的突出表現便不難索解了。

為並世學人的專門著作寫序，是清代的新發展，所以，下面僅略說這一最大特色，其餘一概不及。

清代學術以經史考證為主流，文字、音韻、訓詁等基礎學問獲得開創性的大發展，甚至由附庸而蔚為大國。因此有清一代論學專著層出不窮，其中不少名著往往有當時學術大師所寫的序。以清初而言，顧炎武〈儀禮鄭注句讀序〉便是應他的朋友張爾岐之請而作。他在〈序〉中特別對當時「空虛妙悟」的學風表示不滿，主張認真讀經：「因句讀以辨其文，因文以識其義，因其義以通制作之原。」（《亭林文集》卷二）這正是他一貫提倡的新經學，即所謂「讀九經自考文始」（卷四〈答李子德書〉）。另一位大師黃宗羲也為閻若璩的名著《尚書古文疏證》寫過序，不但肯定它「取材富，折衷當」，而且也接受了〈大禹謨〉「人心道心」是後世偽造的結論。閻若璩得到他的鼓勵，終身感念不忘，因此在〈南雷黃氏哀辭〉中說：「先生愛慕我，肯為我序所著書，許納我門牆。」（《潛邱劄記》卷四）這篇序的重要性，由此可見。

下至乾、嘉，論學性質的序已發展到全面成熟的階段；如果把這些序合起來看，當時的學術動態便一一展現在眼前。讓我舉少數較著名的例子以示大概：在經學方面有戴震〈爾雅注疏箋補序〉（任領從）、〈古經解鉤沉序〉（余蕭古）、〈詩比義述序〉（王涵齋），錢大昕〈經籍纂詁序〉（阮元），阮元〈王伯申（引之）經義述聞序〉、〈王伯申經傳釋詞序〉、〈焦

〈循〉氏雕菰樓易學序〉、〈春秋公羊通義序〉（孔廣森）等。史學方面有盧文弨〈錢晦之〈大昭〉後漢書補表序〉，錢大昕〈廿二史劄記序〉（趙翼）、〈史記志疑序〉（梁玉繩）等。在文字、音韻方面，段玉裁的成就最為卓越，他的《說文解字注》前面便有王念孫的〈序〉，撰於嘉慶戊辰（一八〇八）。但段氏此書先後經營數十年，早在乾隆五十一年（一七八六），盧文弨便已寫了〈說文解字讀序〉（收在書末，也見《抱經堂文集》卷三），所序者當是初稿。至於他在音韻研究上的發明，早年有《詩經韻譜》、《群經韻譜》，錢大昕曾序其前書（見《潛研堂文集》卷二十四）；最後他總結成《六書音韻表》（收在《說文解字注》的附錄），他的老師戴震在乾隆丁酉（一七七七）特別為此《表》寫了一篇極有價值的〈序〉（收在《戴東原集》卷十），幾個月後他便逝世了。文字、音韻之學當時正處於創闢的階段，所以重要的著述或編纂之作往往有多篇序文同時出現，如謝啟昆的《小學考》，錢大昕（《潛研堂文集》卷二十四）和姚鼐（《惜抱軒文集》卷四）都曾為之作序。又如金石學也是在乾、嘉時期蔚成大觀的，清末以來金文以至甲骨的研究即繼之而起。錢大昕〈關中金石記序〉（畢沅）與〈山左金石志序〉（阮元）便對金石學的源流及其在「經史實學」

上的價值作了提綱式的指示。

以上不過舉少數流傳至今的名著為例，藉以說明論學序在乾、嘉時期所發揮的特殊功能。一般而言，這一系統的序都達到了當時最高的學術水平。其中有專門學問的尖端商榷，如戴震〈六書音韻表序〉，討論古音「支」、「脂」、「之」應分為三部，這是段玉裁的新發現。也有關於整體研究方向的指示，如戴震〈古經解鉤沉序〉與錢大昕〈經籍纂詁序〉，都堅持由文字、故訓以逐步通向經典中義理的探求。若更進一步分析，乾、嘉時期的學術動向也往往可以從論學序中找到線索。下面是兩個最有代表性的事例。

乾、嘉學人以「漢學」為標榜，好像已定於一尊。但按之實際，內部早已開始出現分歧，經學與史學之爭即其中之一。江藩《國朝漢學師承記》卷三〈錢大昕傳〉曾記載了戴震和錢大昕兩條口語，戴震說：

當代學者吾以曉徵（錢大昕的字）為第二人。

江藩指出：這大概是因為戴「毅然以第一人自居」。錢大昕則說：

> 自惠（棟）、戴（震）之學盛行於世，天下學者但治古經，略涉三史，三史以下，茫然不知，得謂之通儒乎？

戴、錢並駕齊驅，一精於經，一長於史，這是當時的公論。但通經足以明「道」，治史則僅能知「事」，這也是當時的共識。戴震以錢大昕為第二人，而以第一人自居，似乎即出於這一尊經卑史的成見；而錢大昕以為不治史則不得為「通儒」，也恰好是針鋒相對的反識。這兩條口語雖無從證實，但江藩是與戴、錢同時代的後學，他的記載至少反映了乾、嘉學人的一般意見。錢大昕生前曾感受到經學霸權的壓力，這是大致可以肯定的。然而無論在《潛研堂文集》或《十駕齋養新錄》中，我們都找不到這一經、史之爭的顯證，這豈不成為一個千古懸案了嗎？幸運得很，嘉慶五年（一八〇〇）錢大昕為趙翼《廿二史劄記》寫了一篇〈序〉，解答了這一懸案。〈序〉中主要論點如下：

經與史豈有二學哉！若宣尼贊修六經，而《尚書》、《春秋》實為史家之權輿。漢世劉向父子校理秘文為六略……初無經史之別。厥後蘭臺、東觀，作者益繁，李充、荀勗等創立四部，而經、史始分，然不聞陋史而榮經也。自王安石……自造《三經新義》，驅海內而誦習之……章、蔡用事……屏棄《通鑑》為元祐學術，而十七史皆束之高閣矣。嗣是道學諸儒講求心性，懼門弟子之泛濫無所歸也，則有呵讀史為玩物喪志者，又有謂讀史令人心粗者。此特有為言之，而空疏淺薄者託以藉口。由是說經者日多，治史者日少。彼之言曰：經精而史粗也，經正而史雜也。予謂……太史公尊孔子為世家，謂載籍極博，猶考信於六藝；班氏〈古今人表〉尊孔、孟而降老、莊，皆卓然有功於聖學。故其文與六經並傳而不媿。若元、明言經者，非勦襲稗販，則師心妄作……奚足尚哉！

此〈序〉力主經、史不分，「《尚書》、《春秋》實為史家之權輿」，與章學誠「六經皆史」說相去已不過一步之遙。〈序〉又以馬、班之史「與六經並傳而不媿」，而痛斥宋以來

「陋史而榮經」的偏見，則恰好和江藩所記口語互相印證。錢氏完全不提清代，當然是出於謹慎，避免爭端。他的文集未收此〈序〉也許是基於同一理由。無論如何，此〈序〉的重大史料價值在此已充分地顯現出來。

另一個例子也與江藩有關。龔自珍嘉慶二十二年（一八一七）寫〈江子屏所著書序〉，包括《國朝漢學師承記》和《國朝經師經義目錄》兩部書。這篇〈序〉用筆極盡曲折的能事，隱然有不敢苟同的意味。最令人詫異的是〈序〉竟將江氏的書名改為《國朝經學師承記》，不用原著「漢學」之稱（見《龔自珍全集》，上海，中華書局標點本，一九六二，上冊，頁一九三——四）。但此〈序〉必須與同時附去的〈與江子屏牋〉合看，才能得其命意所在。龔在此〈牋〉中陳述他對「漢學」名目有「十不安」，其中第九「不安」將特別值得重視：

> 本朝別有絕特之士，涵詠白文，創獲於經，非漢非宋，亦唯其是而已矣，方且為門戶之見者所擯。（下冊，頁三四七）

原來他已傾心於常州公羊學的「微言大義」，而且兩年後（一八一九）便正式師從劉逢祿，研究《公羊春秋》了。寫此〈序〉時，他才二十六歲，而江已五十有五。大概因為他是段玉裁的外孫，從小便由段親授《說文解字》，又兼文名甚著，所以江才有索序之舉。卻萬萬想不到這位「漢學」界後起之秀竟已厭棄「漢學」，改宗當時仍受冷落的公羊學派了。江藩最後並沒有接受他關於更改書名的建議，這是不難理解的，但是此一〈序〉一〈牋〉竟為「漢學」霸權的動搖提供了一條最早的證據。龔自珍是在「漢學」傳統最堅固的家庭中成長起來的，他的父親（麗正）也曾從岳父「受小學訓故」，並著有《三禮圖考》、《兩漢書質疑》、《楚詞名物考》等書（見吳昌綬〈定盦先生年譜〉，收在《龔自珍全集》，下冊，頁五九二）。但早在嘉慶之末，這位才氣縱橫的青年便已不能安於這一傳統的思想局限，而必須另求出路了。

以上我僅僅將「為人作序」的歷史及其重要變化作了一番鳥瞰式的回顧。現在我要稍稍談一談這一傳統形成的心理背景。

〈小雅・伐木〉：「嚶其鳴矣，求其友聲。」這句詩不妨借來說明為相知寫序的心理根源。若改用《易經》的語言，求序者是「同氣相求」，寫序者則是「同聲相應」。中國古代流傳了許多很美的故事，如伯牙與鍾子期給後世留下了「知音」這個名詞，如惠施死後莊子有「吾無與言」之歎。這都表示無論在藝術上或在思想上，相知都是很難找的。桓譚對揚雄的賞音更是後世文人學士羨艷不置的美談。兩漢之際，揚雄在文學和思想上的成就冠絕一代，但卻為時人所輕忽。只有一個桓譚，說他的著作「必傳」。獨孤及為李華《文集》作序，最後說：

> 公之病也，嘗以斯文見託，詒某書曰：「桓譚論揚雄當有身後名，華亦謂足下一桓譚也。」及於公才，宜播其述作之美，明於後人。故拜命之辱而不讓。今著其文德，冠於篇首焉。（《毘陵集》卷十三）

這裏的「桓譚」之名已成為「知己」的代字了。前面引左思向皇甫謐求序，顯然也出於同一心理。

「同聲相應，同氣相求」當然不限於三兩個「知己」之間。漢末三國之交，文士交遊形成了文學社群，成員之間不但互相欣賞，而且也互知長短，因而互相批評之事屢見不鮮（參看《文選》卷四十二曹植〈與楊德祖書〉）。曹丕「文人相輕」的名言一直為後人所誤解，其實他講的是「各以所長，互輕所短」。既承認各有所長，則「文人相重」已在其中。他所舉建安「七子」的例子便長短並列（《文選》卷五十二〈典論論文〉）。建安二十二年（二一七），「七子」中的「徐、陳、應、劉，一時俱逝」。他悲痛之餘，「撰其遺文，都為一集」。私人為朋友遺文編集，此是最早的事例之一（同上卷四十二〈與吳質書〉）。「文人相重」在這裏具體地表現了出來，而曹丕也以實際行動證明他確是「徐、陳、應、劉」的「桓譚」。他曾為文集寫序否，已不可知，但序的心理背景未嘗不能由此窺見。《文選》任彥昇〈王文憲集序〉（卷四十六）唐五臣之一李周翰注曰：

集者，錄其文章；序者，述集所由。

以「述集所由」四個字來界定序的性質，雖然可以接受，但稍嫌籠統。若進一步分析，「所由」至少包括「事」和「意」兩部分。「事」指作者一生事跡以及文集編纂過程之類；這是文集的外在緣由。「意」則指作者的內心意向，即孔穎達疏〈關雎・序〉所謂「序論作者之意」。因此為相知的文集作序，重點尤在「意」而不在「事」。庾信向宇文逌求序主要還是因為後者是他的文學知音，心意相通。趙汸為宋濂寫〈潛溪後集序〉也特別說明：「宋公以書來，俾汸序其意。」（《皇明文衡》卷三十八）即以上引任昉之〈序〉而言，他最後仍強調曾追隨王儉十二年，有「知己」之感。〈序〉中兩引王儉詩句，闡釋其涵義，可見他很能把握「作者之意」。

清代論學的「序」是這一系統的最高發展，上面已說過了。現在我要指出，這正是「同聲相應，同氣相求」的精神的充分體現。清代是中國學術史上一個極有光輝的時期，其流風餘韻一直延續到二十世紀。但清代特殊的學術風格的形成，從主觀方面看，是和當時學人到處「嚶鳴求友」的努力分不開的，特別是其中幾位最有影響力的開山大師。試以顧炎武為例，他「五十以後，篤志經史」，因深感「獨學無友，則孤陋而難成」，遊踪所至，必擇友而交。他有〈廣師〉一文（《文集》卷六），列舉了十位各有特長的友人，而坦承自己「不如」。其中「獨精三禮，卓然經師，吾不如張稷若」一條，便是上面提到的張爾岐，可見他為《儀禮鄭注句讀》寫序確是真心推重。（按：《文集》卷三〈給汪苕文書〉也說「其書實似可傳」。）他在〈與人書十二〉中說：

> 吾輩學術，世人多所不達；一二稍知文字者，則又自媿其不如。不達則疑，不如則忌，以故平日所作，不甚傳之人間。然老矣，終當刪定一本，擇友人中可與者付之爾。（《文集》卷四）

他在學術上求「知音」的決心和困難，同時和盤托出。

下至乾隆時期，情形仍然如此。戴震於乾隆十九年（一七五四）入都，得交錢大昕、紀昀、秦蕙田、王鳴盛、盧文弨、王昶、朱筠諸人，互相印證；二十二年（一七五七）遊揚州與惠棟論學有合。這都是「同聲相應，同氣相求」的明證。他認為論學之友「無妨交相師而參互以求十分之見」（《戴東原集》卷九〈與姚孝廉姬傳書〉），也和顧炎武〈廣師〉之義先後呼應。章學誠持「文史校讎」與戴震的「經學訓詁」抗衡，但當時解人難索，他只好向史學大家錢大昕求援。〈上錢辛楣宮詹書〉結尾說：

若夫天壤之大，豈絕知音；針芥之投，寧無暗合？（見《章氏遺書》外集二，卷二十九）

這更是明白地期待錢大昕為他的「知音」了。

所以清代的學人社群，也和建安的文人社群一樣，是結合在「同氣相求，同聲相應」的共同心理基礎之上。建安文人「各以所長，互輕所短」，清代學人則更強調「各以所短，互重所長」。這在他們互寫的論學序中表現得十分清楚。就前引清代諸大師文集中所收的序而言，他們的寫作態度都十分嚴肅，一方面盡量發揮「作者之意」，另一方面卻本所知所信，在專門學問上進行商榷，甚至不避獻疑質難。他們決不會僅僅由於敷衍人情的關係，為沒有真實貢獻的作品寫互相標榜的序文。顧炎武說得最懇切：

某君欲自刻其文集以求名於世，此如人之失足而墜井也。若更為之序，豈不猶之下石乎？惟其未墜之時，猶可及止；止之而不聽，彼且以入井為安宅也，吾已矣夫！《文集》卷四〈與人書二十〉

這是「君子愛人以德」，清代諸大師幾無不如此。

總之，「同聲相應，同氣相求」的結果是作者與序者之間達成了一種互為「知音」的精神交流，而且是既自由又平等的交流。作者固然必須有自己的真知灼見，序者也必須言出肺腑。顧炎武說得最好：「惟自出己意，乃敢許為知音者耳。」（《亭林文集》卷四〈與友人書十六〉）經史考證在清初是在少數「知音」之間展開的，但隨著時間的推移，「知音」愈來愈多，到乾隆中期形成了一個可觀的學人社群，經史考證（或「漢學」）終於躍居主流的地位。在這一長時期的發展中，旨趣相投的學人為專門著作互相寫序顯然發揮了推波助瀾的作用。

以經史考證為主流的清代學術基本上是在學人社群中成長起來的，並非朝廷提倡所致。當時所謂「漢學」從未與科舉考試發生關係，因此治「漢學」的人主要出於對學術本身的興趣，與漢代經生為了「利祿」而治經不可同日而語。事實上乾、嘉「漢學」大師中多次考不上進士的大有其人，如戴震、焦循、陳澧都是顯例。不但如此，乾、嘉學人標榜「漢學」正是為了與「宋學」作對，而「宋學」（程、朱理學）恰恰是欽定的「官學」，用現代的話說，即官方的意識形態。戴震甚至公開指斥宋儒「以理殺人」，並發展了一套以訓詁為根據的新理學，欲取程、朱而代之。梁啟超從現代的眼光一再強調清代學人體現了「為學問而學問」的精神，確有堅強的根據（見《清代學術概論》）。

但是寫到這裏，一個疑問出現了：清代文網甚密，文字獄屢興，一直到乾隆朝都是如此。為什麼這樣一個專制的異族政權竟能容忍學術界在「官學」之外別樹一幟呢？對於這一複雜的問題，我當然不可能在此展開討論。我只想指出一點，即作為官方意識形態的所謂「程、朱正學」，至遲在乾隆後期已虛存其名。朝廷上下雖然仍奉之為社會控制的工具，它似乎已不配稱為一套具有精神力量的信仰系統了。乾隆在皇子時代寫過幾篇有關程、朱理學的短文，大概是讀書時期的習作（收在《樂善堂全集定本》）。即位以後的幾部《御製文集》便看不出他對理學有任何真正的興趣了。中年有〈書程頤論經筵劄子後〉（《文集》二集卷十九），則是駁斥「天下治亂繫宰相，君德成就責經筵」兩句話的。他對程、朱理學所持的態度可以推想。在上者如此，臣下自然風行草偃。據嘉慶時期北京一位書賈的回憶，二十多年來書店已不收集程、朱一系的理學著作，因為完全沒有市場了（昭槤《嘯亭雜錄》卷十〈書賈語〉）。官方對於「漢學家」的宋學批判視若無睹，這應該是一個很重要的原因。

在這樣的情況下，經史考證終於持續了下來，並隨著新材料的不斷擴充而推陳出新。我之所以特別重視清代經史考證的傳統，不僅因為這一傳統產生了許多有價值、有影響的論學序文，而且更因為二十世紀中國的「國學」研究是直接從這一源遠流長的傳統中衍生出來的。「五四」以後所謂「整理國故」的運動便建立在清代「漢學」的基礎之上，不過在觀念和方法上增加了一套西方參照系而已。我們只要檢查一下二十世紀上半葉有關文、史、哲方面的著作，便立即可以發現：其中貢獻最大的幾部都繼承了清代學術的傳統。正因如此，清代為專門著作寫序的遺風也由早期「國學」研究者延續了下來。這裏只用舉幾個最著名的例子便夠說明問題了。

胡適《中國哲學史大綱》上冊出版於一九一九年。這是一部劃時代的著作。在清代經史考證的基礎上建立了嶄新的研究典範。乾、嘉「漢學」一變而為現代「國學」，當以此書為其象徵。蔡元培為此書作序便將這一從「傳統」到「現代」的轉變及其意義充分地傳達了出來，不愧為學術上的「知音」。蔡〈序〉捨文言而用白話更是出於一種「護航」的苦心，所以胡適晚年也特別強調此〈序〉的「保護」的作用。

一九二三年，羅振玉為王國維《觀堂集林》寫序也同樣透露了「漢學」如何轉向「國學」的消息。王國維開疆闢土，為現代「國學」的創建作出了最輝煌的功績，而羅振玉則在很長的時間內扮演著他的「護法」(patron-saint)的角色。他們在學術上的合作比元稹與白居易之間的文學因緣有過之而無不及。以「知音」的資格為《觀堂集林》作序，羅當然是首選。他深知王的治學過程，序中敘述了王怎樣從早年深好西方哲學到中年以後專心於經史考證。他對〈殷周制度論〉尤為心折，讚歎其「義據精深……自來說諸經大義未有如此之貫串者」。但由於文化保守的立場，他把王的成就完全歸之於「由文字聲韻以考古代之制度文物」。他似乎不知道或不願承認，王之「貫串」正是得力他早年的西學訓練。現代「國學」與傳統考證之間的一大區別即在「概念化」(conceptualization) 之有無或強弱。「概念化」是達到「綱舉目張」的不二法門，系統的知識由此而建立。王國維雖然後來完全放棄了哲學，但早年反覆閱讀康德與叔本華使他在「概念化」方面高出同輩的考證學家，似乎是很難否認的。

在現代的「國學大師」中，有「乾、嘉殿軍」之稱的陳垣是最熱心求學術「知音」寫序的一位。他的《敦煌劫餘錄》、《元西域人華化考》和《明季滇黔佛教考》三書都由陳寅恪寫序；他的《元典章校補釋例》則載有胡適的長序。一九四五年他完成了最後一部專著《通鑑胡注表微》，也曾請胡適作一篇〈後序〉，但因時局關係，此〈序〉終於胎死腹中（見一九四五年三月二十五日胡致陳的信，收在《陳垣來往書信集》，頁一八八）。必須指出，這四篇序都是現代「國學」史上的重要文獻，對於「概念化」的進展各有不同的貢獻。胡適的〈序〉事實上是一篇「校勘學方法論」。他以西方為參照系，對中國校勘學的發展作了一次有系統的初步總結。站在整體觀察的高度上，他比較精確地發掘出原書的價值所在，肯定它「是中國校勘學的第一次走上科學的路」。陳寅恪的三篇序影響更大：〈劫餘錄序〉拈出「預流」的觀念以凸顯敦煌新材料的重要性，有功於中國敦煌學的倡導；〈華化考序〉分辨清代經、史兩途考證異趨，旨在闡明「今日史學之真諦」，即「分析與綜合」不容偏廢；〈佛教考序〉則強調宗教史與政治史互相關涉，大致與現代「宗教的俗世史」（the secular history of religion）相應。後來陳垣續寫《清初僧諍記》和《南宋初河北新道教考》，便刻意朝著這一方向加以發揮。

由上引諸例可知乾、嘉「漢學家」論學序文對於早期「國學家」產生了多麼深遠的影響。傳統在現代轉化的過程中，如果進行順適，不但不會消失而且更能展現巨大的創新力量。「同聲相應，同氣相求」的精神傳統便提供了一個生動的實例。這一傳統並不限於考證學家及其社群，繼承了「宋學」遺產的現代思想家也同樣尋求「知音」之間的精神交流。一九三一年，馬一浮序熊十力《新唯識論》便是中國現代哲學史上一「大事因緣」。馬一浮因為作者「謬許余為知音」，寫了一篇思精文茂的序，熊十力覆信說：

序文妙在寫得不誣，能實指我現在的行位，我還是察識勝也。……「乾道變化，各正性命」，吾全部只是發明此旨。兄拈此作骨子以序此書，再無第二人能序得。（見《馬一浮集》，浙江古籍，一九九六，第二冊，頁二九）

《新唯識論》最後衍生出「新儒家」一派，而其最初發端則在熊、馬間的互為「知音」。這又折射出「序」之功能及其現代流變的一個側面。

以上論「為人作序」以二十世紀上半葉為斷代。這是因為從下半葉始，政治生態與文化生態頓時改弦易轍，「國學」、「宋學」同歸消歇；「皮之不存，毛將焉附」、「為人作序」自然也不能不隨之告一段落。陳寅恪的最後一篇序文——〈楊樹達論語疏證序〉——寫於一九四八年十月七日，在他即將告別清華大學的前夕，以後便不再「為人作序」了。早在一九四二年他還為楊樹達《積微居小學金石論叢續稿》寫過一篇序，但由於楊書出版遲了十年，陳〈序〉所遭遇的便是另一種命運了。一九五二年五月二日，楊樹達在日記中說：

編譯局來書言：《積微居金文說》序文經研究後，陳寅恪序立場觀點有問題，于思泊（按：省吾）序無刊登之必要，自序可保留云。（《積微翁回憶錄》，上海古籍，一九八六，頁三四五）

如果從皇甫謐（二一五——二八二）序左思〈三都賦〉算起，為並世相知的著作寫序，至二十世紀中葉，已足足在中國延續了一千七百年。前面已說過，序的心理起源於「同聲相應，同氣相求」，它體現了中國知識人追求彼此之間在心靈上的自由交流。這一追求是中國文學、思想、學術得以不斷推陳出新的精神根據，即使在異族統治的時代（如元、清）也未嘗中斷。所以我特別追溯了這一千七百年序的流變，供讀者賞音。

余英時

二〇〇八年二月十八日序於普林斯頓

會友集
——余英時序文集

目次

下冊　外篇

內篇

金春峰《周官之成書及其反映的文化與時代新考》序

清代經學家曾發出「《大易》、《春秋》，迷山霧海」的歎息。對於《周禮》這部經典，我們也不免有「迷山霧海」的感覺。但《易》和《春秋》之為「迷山霧海」又和《周官》略有不同，前者的迷霧主要是瀰漫在意義的解釋方面，如《易》有「一名三義」，又有象數和義理兩大流派，《春秋》有「微言大義」，董仲舒已謂「其指數千」。《周禮》一書在內容上是比較確定的，即所謂「體國經野，設官分職」，是一種政治社會的全盤設計，所以現代人常常把它看作中國古代烏托邦的一種具體表現。環繞著《周禮》的迷霧，主要是發生在考證方面。兩千年來，經生學人所問的大致不外以下幾個問題：《周禮》的作者是誰？如果不能確指作者的主名，那麼它究竟是在什麼時代出現的？又是在什麼地區產生的？《周禮》如果是一套有意識的政治社會的設計，那麼它的用意究在何處？

這些問題都是很難解答的，但兩千年來都不斷有人試圖提出種種不同的答案。我對於《周禮》原典未曾下過研究的工夫，因此對於這一經學史上的懸案根本沒有資格發言。不過我曾有幸受業於錢師賓四之門，對《周禮》在中國思想史上的地位的問題一向很感興趣。錢先生民國十八年在《燕京學報》上發表了〈劉向歆父子年譜〉，根據《漢書》中的史實，系統地駁斥了康有為的《新學偽經考》。這是當時轟動了學術界的一篇大文字，使晚清以來有關經今古文的爭論告一結束。那時中國的國學界還在經學的餘波盪漾之中，康有為和章炳麟的門徒遍布國中，人人心中都存在著「《周禮》是不是劉歆所偽造」這一問題。所以〈向歆年譜〉所引起的震盪決不是今天的學人所能想像的了。兩年以後錢先生又在《燕京學報》上刊布了〈周官著作時代考〉一篇長文，從《周禮》中所表現的宗教、制度、文化各方面論證其書成於戰國晚期，且當在漢代以前。在這篇專論中，錢先生又隨後說明《周禮》為什麼既不可能是周公致太平之書，也不可能出於劉歆的偽造。又過了四十年，錢先生續寫〈讀周官〉一篇筆記，補證了有關《周禮》成書時代者數十事，與前文相足（收入

《中國學術思想史論叢》(二)，臺北，東大，一九七七)。

錢先生有關《周禮》的著作是我先後研讀過很多次的。由於興趣所在，我也一直留意其他學者的相關論著，特別是《古史辨》第五冊上編所收關於漢代今古文經學的考辨文字。我不敢斷定錢先生〈周官著作時代考〉中所論證諸端是否都確切不易，但是我相信錢先生的研究取徑(approach)是比較踏實的。〈向歆年譜〉和〈時代考〉兩文之所以得到多數專家肯定，正是因為其論證是建立在堅強的歷史事實之上。當時錢玄同先生是唯一堅信康有為《新學偽經考》的人。但是讀了〈時代考〉之後他的信心也不免開始動搖了。他在〈重論經今古文學問題〉中說：

> 凡好學深思之士，對於《周禮》，皆不信其為周公之書。但又有以為係晚周人所作者，如錢穆與郭沫若二氏皆有此說。錢氏撰〈周官著作時代考〉(載《燕京學報》第十一期)，謂以何休所云「《周官》乃六國陰謀之書」之說為近情。郭氏撰〈周官質疑〉(見其所作《金文叢考》中)，謂「《周官》一書，蓋趙人荀卿子之弟子所為，襲

其師『爵名從周』之意，纂其遺聞佚志，參以己見而成一家言。」我以為從制度上看，云出於晚周，並無實據；云劉歆所作，則〈王莽傳〉恰是極有力之憑證；故仍認康氏之論最確。即使讓一步說，承認《周禮》出於晚周，然劉歆利用此書以佐王莽，總是無可否認的事實。（原載《古史辨》第五冊，頁四六——四七。現收入康有為《新學偽經考》，北京，中華，一九五六，頁四〇七——四〇八）

上引最後一句話便是「讓步」的明確表示。顧頡剛先生最初受錢玄同先生影響很大，推重《新學偽經考》，相信劉歆偽造之說。但晚年在〈周公制禮的傳說和周官一書的出現〉中，顧先生也改變了態度，斷定《周禮》出於齊國和別的「法家」之手（見《文史》第六輯，中華，一九七九）。總之，自〈向歆年譜〉和〈時代考〉刊布以來，學術界大體上傾向於接受《周禮》成於戰國晚期的論斷。儘管諸家在具體結論上還有很多分歧，但是探索的方向則已漸趨一致。最重要的是：放棄了《周禮》作者究竟是周公還是劉歆的問題。在我看來，這是現代歷史考證學在觀念上的一個很重要的進步，即對於考證方法的內在限制已有高度的自覺。

清初閻若璩說：「古人之事，應無不可考者，縱無正文，只隱在書縫中，要須細心人一搜出耳。」（《潛邱劄記》卷六）這個看法表現了考證學初興時代的樂觀精神，但事實上決非如此簡單。「古人之事」之不可考者遠比可考者為多，固不待說。即使可考之「事」，其可確定的程度也往往因材料之多寡和「事」本身的性質而異，未可一概而論。如《周禮》成書的過程及其作者的問題便屬於最難確定的一類。以今天所能看到的有關《周禮》的材料而言，我們根本不可能指實作者的姓名。說《周禮》為周公所作固屬荒唐，說它出於劉歆的偽造也無異是信口開河。其關鍵即在於根據嚴格的考證標準，我們沒有充足的證據來提出「誰是《周禮》的作者」這樣的問題。讓我介紹西方辨偽學上的一個最新的例案來說明這一點。

一九一二年十二月十八日倫敦地質學會宣布了一個震驚考古學界的重大「發現」，即所謂「辟當原人」(Piltdown man)。一位業餘地質學家道森 (Charles Dawson) 宣稱他在英國的辟當村發掘出原人的頭蓋骨和顎骨，這一「發現」之所以轟動一時是因為「辟當人」的大腦特別發達，足以「證明」人的進化是從大腦開始的，這樣一來，人類進化的理論便必須重新建立了。「辟當人」原來是一個偽造的證據，所謂「原人」的頭蓋骨其實不過是幾百年前的一個死人的。但是這一偽造的發現整整過了四十年才為科學家所偵破。那麼是誰偽造的呢？道森當然是最大的嫌疑犯。但此外至少還有五、六個人也涉嫌在內，其中包括《福爾摩斯探案》的作者科南．道爾 (Sir Arthur Conan Doyle) 和與中國考古學有很深淵源的法籍德日進神父 (Pierre Teilhard de Chardin)。德日進神父是一位卓越的古生物家，他在中國住了二十年以上，參加過周口店的發掘。在華期間，他寫了一本哲學著作——《人的現象》（*The Phenomenon of Man*，英譯本出版於一九五九年），後來又集結了一本論文和講演集——《人的未來》（*The Future of Man*，英譯本出版於一九六四年），由於教廷的禁止，這兩部書都是在他一九五五年逝世以後才問世的，但出版後立即引起巨大的回響，到了一九六〇年，他的人文進化論已席捲了法國的思想界。在存在主義漸衰、結構主義未興之前，德日進主義 (Teilhardism) 代表了法國思想的主流（詳見 Claude Cuenot, *Teilhard de Chardin: A Biographical Study*，英譯本，London, 1965; H. Stuart Hughes, *The Obstructed Path*, New York, 1968, pp. 247–261）。

科南．道爾和德日進為什麼成為「辟當人」的造偽嫌疑犯呢？科南．道爾住在辟當村附近，和道森很熟，同時又對化石有很大的興趣。由於他的想像力特別豐富，因此有人懷疑「辟當人」的「發現」是他故作狡猾。德日進的嫌疑更深，他參加了道森的發掘，「辟當人」發現時，他是兩個見證人之一。不但如此，他的人文進化論即假定人的「意識」早起於「人類」（Homo sapiens）出現之前。「辟當原人」的大腦特別發達，從「思想線索」而言，恰好為他提供了「科學的」證據。

一九五三年「辟當人」偽造案初被揭破時，大家的注意力主要集中在道森一個人的身上。後來才有學者逐漸懷疑道森的後面一定還有別人。四十年來這一辨偽工作已引出了無數考證的文字，上述科南．道爾和德日進的涉嫌不過是其中兩項而已。一九九○年六月五日《紐約時報》報導，今年秋季英國牛津大學出版社將刊行美國人類學家斯賓塞（Frank Spencer）一部辨偽專著——《辟當：一個科學的偽案》（*Piltdown: A Scientific Forgery*），據專家的意見，這部專著大概真正揭破了造偽的內幕，也找到了偽案的主犯。在斯賓塞之前，澳洲的史學家蘭罕（Ian Langham）已懷疑造偽的主角可能是基斯（Sir Arthur Keith）。基斯是二十世紀初崛起於英國科學界的新人；他有顯赫的家世，而且野心勃勃。那時他正提出一種新的進化理論，認為現代人的祖先並不是已發現的爪哇原人之類，而當遠在其先。真正的人類祖先的大腦應該發達得多。「辟當人」正是他的理論所最需要的證據。但是僅僅憑「思想線索」，決不足入人於罪。重要的是研究者在基斯的一九一二年十二月日記中找到了證據，證明他在地質學會宣布「辟當人」發現的前兩天已寫好了一篇不署名的報導文章，發表在十二月二十一日出版的《醫學學報》上。此外，基斯和道森也早有往來，他們在前一年曾會面討論過一些科學問題。「辟當人」頭骨的偽造需要高度的技術處理，決非業餘地質學家道森所能為力。基斯的專業則恰好在這一方面。所以研究者推斷「辟當人」的頭骨和牙齒都是基斯精心炮製出來的，然後交給道森去埋在待發掘的地方。在「發現」的那一天，道森故意約了德日進和大英博物館古生物學的保管人伍德華 (Arthur Smith Woodward) 一同前去，這兩個人因此便成為此一重大「發現」的現場見證人。德日進既治古生物學，又是神父，當然不會說謊；伍德華是古生物學界的領導人，更可以取信於科學界，所以正式宣布「發現」的任務便落在他的頭上。總之，據斯賓塞的考證，「辟當人」是刻意偽造的案件，基斯由此而取得在英國科學界的崇高地位。道森事實上還是從犯，他雖然也因此成名，但是他的本業是律師，所得到的好處是有限的。其餘涉嫌的人，包括德日進、科南·道爾、伍德華等則都已因這次的新考證而獲開脫了。蘭罕和斯賓塞的考證是自「辟當人」辨偽以來最具說服力的理論，足以解釋此案中一切重要的疑點，但是據專家判斷，此案仍不能說已達到了百分之百的確定性，因為造偽者都已逝世，不能當面對質，使他們認罪了。

我介紹這一嶄新的辨偽案和專家的評估，其目的是讓大家瞭解今天科學辨偽的觀念是多麼的嚴格。中國自清末以至「五四」，辨偽考證之風盛極一時，成績也相當可觀。但若細加檢查，則輕率斷案的情況往往而有。康有為的《新學偽經考》便是一個最突出的例子。考證辨偽又帶來一種好發驚人之論的風氣，有些人竟動不動便自稱發數千年未發之覆。因此說全部《詩經》都是尹吉甫一人所作者有之，斷定徐福即日本神武天皇者也有之，而且都是以莊嚴的考證面目出現的。康有為根據《漢書·王莽傳》中一句話便敢斷言《周禮》是劉歆所偽造，而錢玄同先生也竟堅信這句話具有「證據」的力量，這和科學研究所要求的「證據」的標準相去實在太遠了。徐復觀先生晚年撰《周官成立之時代及其思想性格》

（臺北，學生，一九八〇），又回到廖、康的立場，而為說則大異。這裏也有必要略加討論。

徐先生中年以後，專力治學，精神極為可佩。他治學的特色是一方面徘徊於學術與政治之間，另一方面則游移於義理與考據之間。這部晚年作品也具有這兩大特色。徐先生在性格上則頗具「推倒一世之豪傑」的氣概，這也在本書中充分流露了出來。由於《周禮》出於戰國無名氏之說在「現代似已佔有優勢」（頁二），因此他決意要為《周禮》找出有名有姓的作者。但劉歆偽造說早已為廖平、康有為等宣揚得人人皆知，徐先生當然不甘心完全隨聲附和。因此他不得不略變其說，主張《周禮》是由「王莽草創於前，劉歆整理於後」（頁五一）。他在書中主要運用了兩種論證的方式，一是所謂「思想線索」，一是所謂「時代背景」。無論是根據哪一種論證，他斷定《周禮》都祇能出現於王莽、劉歆的時代，徐書立說甚繁，我無法在此一一評述其論點。而且我不是《周禮》專家，也不夠資格細論這個專門的問題。現在我祇想稍稍檢討一下他斷定王莽草創《周禮》的歷史根據。這是一個具體的問題，可以與「思想線索」和「時代背景」完全分開，所以我們不妨「攻其一點，不及其餘」。

據徐先生的看法，王莽從公元前七年黜免大司馬到公元前一年再拜大司馬，「這中間有五年多的韜光養晦的時間，以莽的性格，也必有所作為」（頁五一）。徐先生因此推測在這五年多的時間內，王莽一直在「制禮作樂」，也就是草創《周禮》。但他第二次以大司馬執政之後，便沒有「親自制作」的時間，祇好委之於「典文章」的劉歆，由他整理成書（頁五二）。現在讓我們再看看這部由王莽草創、劉歆整理的《周禮》是在什麼時候出現的，又是以什麼方式出現的。《漢書．王莽傳上》：居攝三年（公元八年，按：是年十一月改居攝三年為初始元年，徐先生誤為六月改元）九月劉歆與博士諸儒七十八人曰：

攝皇帝遂開祕府，會群儒，制禮作樂，卒定庶官，茂成天功。聖心周悉，卓爾獨見，發得《周禮》，以明因監。則天稽古而損益焉，猶仲尼之聞韶，日月之不可階，非聖哲之至，孰能若茲！綱紀咸張，成在一匱。此其所以保佑聖漢，安靖元元之效也。

這是《周禮》和王莽、劉歆發生聯繫的唯一的文獻證據。康有為便因「發得《周禮》，以明因監」一語而斷定《周禮》「與莽所更法立制略同，蓋劉歆所偽撰也」（《偽經考》，頁七六）。

徐先生對這一段話則有出人意表的理解。他說：

細按上下文字，則表面謂《周禮》為莽所發得，實際乃暗示係由莽所製作。在「發得《周禮》」一語之上謂「攝皇帝遂開秘府，會群儒，制禮作樂，卒定庶官，茂成天功。聖心周悉，卓爾獨見」，這是很奇特的一些話。開秘府而發得《周禮》，怎麼會扯得到「會群儒，制禮作樂，卒定庶官，茂成天功」的上面去。若《周禮》是周公所作或前人所作，更扯不到制禮作樂、卒定庶官這些事上去。而由「卒定庶官」這句話，可知莽所制之禮，係以官制為主的禮，這不是暗指《周官》，還能作何解釋？若謂此係泛說，則何以前面「遂開秘府」，而後面承之以「發得《周禮》」。縱然王莽對《周禮》特別重視，又如何用得上「聖心周悉，卓爾獨見」這兩句話。因此，前面這幾句話，實際是說的王莽「會群儒」以製作《周禮》的過程。假定劉歆不是暗示《周禮》是由王莽會群儒所製作，則在「發得《周禮》，以明因監」下面的「則天

> 稽古，而損益焉」的話，怎能安放得下去。再接著是「猶仲尼之聞韶，日月之不可階，非聖哲之至，孰能若茲」：從秘府中發現一部書，這部書再有價值，對於發現者怎樣也不能用這些不倫不類的話去歌功頌德。何況「綱紀咸張，成在一匱」，分明是指〈冬官〉尚未製成的情形。因此，上面這些話，是指王莽制造的《周禮》的價值而言的。故結之以「此其所以保佑聖漢，安靖元元之效也」。（頁四四——四五）

我不得不說，徐先生真是求深反惑，極盡曲解之能事。上引〈王莽傳〉中劉歆等人的話明明都是歌頌王莽自己「制禮作樂」的，而徐先生卻讀作全是講《周禮》這部書的。康有為說所發得的《周禮》「與莽所更法立制略同」，至少對原文還沒有誤解。「以明因監」既取自《論語》「周因於殷禮，所損益可知也」和周「監於二代，郁郁乎文哉」等語，則王莽自己的制作自然也是「因」於《周禮》，「監」於周而有所「損益」（原文「則天稽古而損益」）。這段文字是要突出王莽「制作」的貢獻，而不是歌頌他一切照抄《周禮》。不過「因監」「損益」都必須以「稽古」為先決條件，所以王莽才不能不「開秘府、會群儒」。「開秘府」

而「發得《周禮》」當然更增加了王莽「制禮作樂」的價值，因為他參考了前所未見的周代禮制的記錄。

但此時王莽的制作尚未完成，故文中又有「綱紀咸張，成在一匱」之語。「成在一匱」顏師古以為引自《論語》「譬如為山，未成一簣，止，吾止也」是可信的，不過解釋不確而已。劉攽以為此語是說「莽制作已成，尚有未足」，在意義上是正確的，但他以為當引「功虧一簣」作注則反而不妥，因為此處所強調的是「成」而不是「虧」。總之，劉歆等的意思是說王莽的制作大體已就，再加一點點努力便大功告成了。徐先生卻說此語指〈冬官〉尚未制成而言，實在是想入非非。他認為以〈考工記〉補〈冬官〉是由於「王莽迫切地政治需要，《周官》並沒有全部完成，便把它公開了」（頁五二）。但他沒有想到這個說法和他的基本理論不相容。因為《周禮》如由王莽草創，再由劉歆整理，則不可能到了居攝三年（公元八年）還缺〈冬官〉部分。照徐先生的推測，「王莽草創」《周禮》是在公元前七年至一年之間，「劉歆整理」此書則是公元前一年到公元八年，先後經過了十五年的時間（7 B.C.-A.D. 8）。即使這十五年中他們並不是全力偽造《周禮》，也不至於還是一部殘稿吧。不但如此，徐先生又認為元始四年（公元四年）王莽所引《周官》即是居攝三年（公元八年）劉歆等所說的《周禮》。他說：

> 我推測，制定《周官》，莽在哀帝罷政時已先事草創。及劉歆典文章（按：公元前一年），除完成《三統曆》外，並將王莽所已草創者整理成今日所謂《周官》，至次年而開始援引。又越四年為初始元年（西元八年），為適應政治的要求，乃將《周官》改名為《周禮》。（頁五一）

換言之，劉歆整理了四年的《周官》仍是一部未成之稿，但王莽已開始援引。又過了四年改《周官》為《周禮》而仍然是一部缺了〈冬官〉的殘書，但這部書對於王莽的改制和受命又是如此的重要，這還能算是「合理的推測」嗎？又上引劉歆的一段話，徐先生一再說是暗示《周禮》為王莽所創製，故「發得《周禮》」之「發」可解釋為「發現」，也可解釋為「發明」。依徐先生的理解，王莽之所以偽造《周禮》是因為非假托之周公，則其書不尊，而劉歆等之所以「暗示」《周禮》為王莽所造，則因為「若不透出王莽創製之實，而僅係由秘府中發現一部古典，則王莽自身的勳德不著，將縱有比附周公攝政之名，而無周公所以成為周公之實」（頁四六）。這更是非常奇怪的邏輯。王莽一方面造偽，另一方面又唯恐人不知其造偽，這樣才可兼得兩者的好處。這真合乎西諺所謂「既食餅又欲餅在」（To eat the cake and have it）了。其實如我們在前面所指出的，原文「發得《周禮》，以明因監。則天稽古而損益焉」根本便明說王莽既「因」於《周禮》，又有創製，此中本無矛盾，更何須「暗示」呢？

徐先生之所以在〈王莽傳〉原文上如此橫生波瀾也許和他的政治經驗不無關係。他對於現代中國的政治有深刻的瞭解，因此往往不免有以今度古的傾向。這正是他所謂「時代經驗必然在古典研究中發生偉大地啟示作用」（原書〈自序〉）。康有為「托古改制」的觀念已不免有「以今度古」、「以己度人」之嫌。徐先生則更進一步，認為王莽不但「托古改制」，而且唯恐他的「改制」為「托古」所掩，得不到「制作」的美譽，因此必須以「暗示」的方式自暴其偽。在王莽、劉歆的時代，「誠」、「偽」之辨還是很重要的；「則天稽古」也是基本價值。王莽是否曾「托古改制」已是一問題，即使確有「托古改制」之事，他是否願意把這一內幕向社會和盤托出更是一問題。當時社會怎樣看待這種偽造經典的「托古改制」則尤其不能不成為一問題。如果說王莽政權的合法性完全建立在他偽造的《周禮》上面，而這一偽造的事實又必須婉轉「暗示」給人知道，然後才能更顯得王莽的偉大，這樣曲折矛盾的心理恐怕不僅不能求之於漢代，而且也不是任何現代社會所能具有的。事實上，我們祇要稍稍回想一下劉歆爭立《左傳》、《毛詩》、《古文尚書》、《逸禮》時所遭到的強烈抗拒，便不難推想經典真偽在當時儒生心中有多麼重要了。劉歆強調《左傳》等是「古文舊書，皆有徵驗」（見《漢書．劉歆傳》）正是要說明這幾部書同是源遠流長的儒家經典，與已立學官之諸經具有同等的價值。但劉歆雖得到哀帝的支持，終不能壓服朝廷諸儒以及執政大臣，最後祇有倉皇求去，出補河內太守。在這種極端崇古的風氣下，說王莽、劉歆竟會自暴其偽造《周禮》的隱秘以求增加政治上的聲望，那簡直是不可想像的事。徐先生引《呂氏春秋》、〈王制〉等為解，殊屬比擬不倫，一點說服力也沒有。

前面所引關於「辟當人」偽造案的研究可以使我們瞭解：指控某人作偽是一件極其嚴

重的事，如果沒有十分證據，是不能輕率斷案的。據現存有關史料，我們最多衹能說劉歆曾利用《周禮》助王莽改制。劉歆是否竄改了《周禮》，我們已無充足的證據可資判斷。如果再進一步指控劉歆偽造了全部《周禮》，那便是在製造冤案了。現在徐先生在全無證據的情況下，竟把偽造罪硬加在王莽的身上，這就不符合考證學的基本要求了。胡適之先生提倡考證學，有「大膽的假設，小心的求證」的名言。但是這個口號的上半句如果不加分析是很容易引人誤入歧途的。在科學研究中，「假設」(hypothesis)的地位並不是很容易取得的。凡是能提升到「假設」的地位的問題，都預設研究者對於本行的研究現狀和問題的背景知識有一通盤的瞭解。有了這種瞭解之後，他才能判斷怎樣建立「假設」，以及建立什麼樣的「假設」。背景知識也包括材料在內。「假設」縱然有趣，但如果材料不足，則仍然衹有放棄。「假設」往往是學術發展的內在理路逼出來的；例如某一問題研究到某一階段遇到了障礙，這便需要建立新的「假設」使研究可以繼續下去。所以在通常的情形下，「假設」的可能性是有限的。什麼樣的「假設」獲得證實的可能性較高，這是研究者必須事先慎重考慮的。因此所謂「大膽的假設」，必須理解為在有限可能的範圍內盡量「大膽」，而不是漫無邊際的即興聯想。讓我舉西方考證史上一個「大膽假設」的有趣例子。佛洛伊德(Sigmund Freud) 在一九三七年發表了一篇轟動一時的論文，題為〈摩西與一神教〉("Moses and Monotheism"，英譯本刊於一九三九年，現有 Vintage 普及版)。在這篇論文中，他提出了一個驚人的「假設」，即摩西不是猶太人，而是埃及人，據他的推測，摩西原來是一個埃及的貴族，甚至王室子弟，與公元前十四世紀中葉的埃及名王伊克拿頓(Ikhnaton，即 Amenhotep IV，在位年代是 1375–1358 B.C.) 關係極為密切。伊克拿頓創立了一個全新的一神教，由於這個新的一神教 (Aton Religion) 非常不容忍，它未為一般埃及人所接受，祇有伊王左右的少數人成了它的信徒，摩西即其中之一人。伊王死後，被迫害的舊教人民起而反抗，埃及的第十八王朝從此走上了衰落的命運。摩西既是新教信徒，伊王死後他在埃及也住不下去了。他當時大概是埃及邊郡 (Gosen) 的領民官，境內恰好有一些猶太人部落，因此他便利用他的政治權威向他們傳播新宗教，而獲得成功。最後他帶領著這批猶太人離開了埃及。這便是《舊約．出埃及記 (Exodus)》一段故事的歷史背景。

佛洛伊德為什麼會建立這樣一個「大膽的假設」呢？首先是根據當時宗教史和宗教心

理學的研究，《舊約》中的宗教心理現象衹有通過這一「假設」才能講得通。他當然也承認《舊約》研究的傳統中有很多不利於這一「假設」的證據，但是在權衡了正反兩方面的證據之後，他覺得還是可以作為一個「假設」而提出來。其次是當時埃及考古和歷史的研究也為他的新說提供了線索。例如據當代埃及古史的權威布列斯德 (James Henry Breasted) 的研究，摩西 (Moses) 毫無疑問是埃及人的名字。佛洛伊德更加以補充，指出許多埃及王的名字後面都帶有 mose 一字，如 Ah-mose，Thut-mose，和 Ra-mose 等。此外當然還有些別的證據，這裏不能詳說了。這個例子可以說明：「假設」無論怎樣大膽，多少總有某些學術發展的內在理路可尋，決不是研究者一時「心血來潮」便可以建立起來的。摩西的事蹟太古遠了，宗教的傳說又經過了種種「神化」，這個「假設」也許如有些專家所批評的，衹是一個「壯觀的空中樓閣」（"a spectacular castle-in-the-air", Salo W. Baron 語，見 Bruce Mazlish, ed., *Psychoanalysis and History*, Grosset's Universal Library edition, 1971, p. 55），但更值得指出的是佛洛伊德自始至終都僅僅把他的新說看作一個「假設」，全書也都出之以假定的語氣：「如果摩西是一個埃及人。」(If Moses was an Egyptian.) 他坦白承認證據不足，僅備一說，而把證實的希望寄托在未來的地下發掘上面。但到現在為止，中東的考古還沒有證實這一假設（參看 Robert Waelder, "Psychoanalysis and History: Application of Psychoanalysis to Historiography" 一文，收在 Benjamin B. Wolman, ed., *The Psychoanalytic Interpretation of History*, Basic Books, 1971, pp. 25–27）。

回到《周禮》的問題上，康有為斷劉歆偽造一案便語氣極為堅定，徐復觀先生持「王莽草創、劉歆整理」之說也是如此。他們都給人以「鐵案如山移不動」的強烈感覺。「鐵案如山」的考證當然也是有的，如閻若璩《古文尚書疏證》即是其中之一。但即使「鐵案如山」，也未嘗完全沒有商榷的餘地（參看張蔭麟〈偽古文尚書案之反控與再鞫〉，收入《張蔭麟文集》，臺北，中華叢書本，一九五六，頁一——四九）。何況如康、徐兩先生之說最多不過是「假說」而已，而且即使作為「假說」也是屬於最弱的一類。建立「假設」必須掌握住學術上的分寸，這一點中國傳統的考證學家也早已見到。毛奇齡〈經問〉論及《周禮》有云：

> 《周禮》自非聖經，不特非周公所作，且並非孔、孟以前之書。此與《史記》、《禮記》皆同時雜出於周、秦之間，此在稍有識者皆能言之。若實指某作，則自坐誣妄，

又何足以論此書矣！（引自張心澂《偽書通考》，上海，商務，一九三九，頁三〇二）

這是十分通明的見解，到今天仍不失效。故毛氏在〈經問〉中力闢劉歆偽造之說。

劉歆偽造《周禮》之說出於宋人，而宋人為此說則因激於王安石引用《周禮》為變法的根據。這是大家都知道的事實。但是這兩件事究竟在宋代是怎樣連繫在一起的，還是值得根據第一手資料略作檢討。邵博《邵氏聞見後錄》卷三云：

昔孟子欲言《周禮》，而患無其籍，今《周禮》最後出，多雜以六國之制……晁伯以更生為新室之書也……予頗疑之。後得司馬文正公〈日記〉，上主青苗法曰：「此《周禮》泉府之職，周公之法也。」光對曰：「陛下容臣不識忌諱，臣乃敢昧死言之。昔劉歆用此法以佐王莽，使農商失業，涕泣於市道，卒亡天下，安足為聖朝法也？且王莽以錢貸民，使為本業，計其所得之利，十取其一。比於今日，歲取四分之息，猶為輕也。」……是文正公意，亦以《周禮》多新室之事也。自王荊公藉以文其政事，盡以為周公之書，學者無敢議者矣。

司馬光是最反對王安石變法的人，因此他疑心《周禮》是劉歆所偽，不是周公之書。司馬光的話是當面駁神宗的，說得較為含蓄，但言外之意十分明白。邵博是邵雍之孫，雍與司馬光同居洛陽，交遊頗密，見雍父伯溫《邵氏聞見錄》卷十八。伯溫因此得讀司馬光〈齋記〉、〈日記〉、〈記聞〉諸原稿並有摘錄（見《聞見錄》卷十一）。所以上引〈日記〉決可信為實錄。司馬光之疑及劉歆正合乎徐復觀先生所謂「時代經驗」的啟示。司馬光也許是劉歆偽造說的始作俑者（按：朱彝尊《經義考》卷一二〇引羅璧論宋人疑劉歆偽作《周禮》即首舉司馬光）。下逮南宋初期，此說已以學術面目出現。洪邁《容齋續筆》卷十六「周禮非周公書」條云：

《周禮》一書，世謂周公所作，而非也，昔賢以為戰國陰謀之書，考其實，蓋出於劉歆之手。《漢書・儒林傳》盡載諸經專門師授，此獨無傳。至王莽時，歆為國師，始建立《周官經》以為《周禮》，且置博士。而河南杜子春受業於歆，還家以教門徒，好學之士鄭興，及其子眾往師之，此書遂行。歆之處心積慮，用以濟莽之惡，莽據以毒痛四海，如五均、六筦、市官、賒貸，諸所興為，皆是也。……王安石欲變亂祖宗法度，乃尊崇其言，至與《詩》、《書》均匹，以作《三經新義》……則安石所學所行實於此乎出。……嗚呼！二王託《周官》之名以為政，其歸於禍民，一也。

這已是清代姚際恆、方苞、廖平、康有為一派人的理論的雛型，但王安石變法所發生的刺激作用仍然清楚地流露了出來。

但「時代經驗」的啟示祇能改變我們對古代經典的意義的理解，而無助於解決古典的作者問題。宋人因王莽、王安石假托《周禮》行「禍民」之政，而疑及劉歆偽造，這是由於他們抱著一種牢不可破的「曾謂聖人而有是」的觀念。周公是「聖人」，《周禮》若為「聖人」所作，則不應實行起來反而招亂。劉歆恰好是提倡《周禮》、助王莽「制禮作樂」的人，因此「天下之惡皆歸之」，偽造的罪名便落到了他的頭上。不但如此，細讀上引司馬光〈日記〉和洪邁《容齋續筆》之文，不難看出他們是以劉歆來影射王安石，前者偽《周禮》，後者著《周官新義》，前後如出一轍。所以在檢討了劉歆偽造說的發生歷程之後，我們可以斷定此說是北宋政爭的產物：它起於意識形態的需要，而不是從《周禮》研究過程中發展出來的「假設」（按：司馬光熙寧二年〈論風俗劄子〉說：「近歲公卿大夫好為高奇之論……，新進後生未知臧否，口傳耳剽，翕然成風，至有……讀《禮》未知篇數，已謂《周官》為戰國之書。」（《溫國文正公文集》卷四十五））。可見北宋初期學者多以《周禮》為戰國時代作品，司馬光且以輕疑為戒。近代持此說最力、影響也最大的是康有為，但《新學偽經考》顯然更是一部提倡「變法」的意識形態之作，並非出於學術上的真知灼見。梁啟超說得很明白：

有為早年，酷好《周禮》，嘗貫穴之著《政學通議》。後見廖平所著書，乃盡棄其舊說。（《清代學術概論》，頁五六，《飲冰室專集》第八冊，北京，中華，一九八九）

可見康氏對《周禮》一書本無定見，早年「貫穴之著《政學通議》」也同樣出於意識形態的要求。總之，作為學術史的研究言，劉歆偽造說自始即不足以構成一個嚴格意義上的「假設」。康氏《新學偽經考》加以穿鑿鋪張，雖能眩惑一般讀者，此說的破綻卻也因此而畢現了。但是《偽經考》自有其不可磨滅的價值，梁啟超又論此書曰：

諸所主張，是否悉當，且勿論。要之，此說一出，而所生影響有二：第一，清學正統派之立腳點，根本動搖。第二，一切古書皆須從新檢查估價。此實思想界之一大颶風也。（同上）

這一評價是很公允的。陳寅恪在清末親歷這一場思想界的「颶風」，他回憶當時情況說：

曩以家世因緣，獲聞光緒京朝勝流之緒論。其時學術風氣，治經頗尚《公羊春秋》……後來今文公羊之學，遞演為改制疑古，流風所被，與近四十年間變幻之政治、浪漫之文學，殊有連繫。……考自古世局之轉移，往往起於前人一時學術趨向之細微。迨至後來，遂若驚雷破柱，怒濤振海之不可禦遏。（〈朱延豐《突厥通考》序〉，收入《寒柳堂集》，上海古籍，一九八〇，頁一四四）

陳寅恪並不同情康氏今文公羊之學（見〈讀吳其昌撰梁啟超傳後〉，同上書，頁一四九），但這裏說到《偽經考》的客觀影響，竟比之為「驚雷」、「怒濤」，正可與梁啟超的「颶風」互證。

徐著《周官成立之時代及其思想性格》一書，其得其失與《新學偽經考》多有相似之處。從學術研究的觀點看，王莽、劉歆合偽說不但證據更為薄弱，曲解也更為嚴重。但以「時代經驗」的啟示而言，其中確有十分深刻甚至沉痛的地方。徐先生的「時代經驗」是現代極權主義。這一切身的經驗使他把《周禮》的政治社會設計看成了極權主義的雛型。他基本上斷定《周禮》是一部法家的著作，儒學在此書中祇有「緣飾」的作用。「讀法——以吏為師」一節便清楚地表明了這一觀點。在論「賦役」和「刑罰」兩節中，他簡直在《周禮》和現代極權主義之間劃下了等號。我不想進一步討論他的說法是否能夠成立，因為這不是幾句話講得清楚的。但是必須說明，如果我不能完全接受他的看法，那並不因為我有任何先入的偏見在作祟。相反的，《周禮》是王莽與劉歆合偽的法家著作這一論斷如果真能成立，在我將是十分歡迎的。因為這為我所謂「漢代儒學法家化」提供了一個最有力的例案（參看我的〈反智論與中國政治傳統〉一文，收在《歷史與思想》，臺北，聯經，一九七六）。我在這裏衹想指出，他因現代極權主義的經驗而對《周禮》採取了徹底否定的態度，這一點確具有重大的時代意義。《周禮》無疑是中國思想史上一部「烏托邦」作品，對整個社會有一套完整的、全面的、系統的設計。這一套烏托邦的設計特別受到儒家型知識人的重視，因為儒家的特色之一便是要「改造世界」。《周禮》既是「周公致太平之書」，兩千年來它對中國知識人的號召作用始終不衰，特別是在危機的時代。因此康有為早年酷好《周禮》，而孫詒讓花了二十年的時間著《周禮正義》，也是由於他深信「處今日而論治，宜莫若求其道於此經」（《周禮正義．序》）。康有為後來斥《周禮》為偽書，我想主要是因為他已受到西方思想的激發而創造了一套新的烏托邦——《大同書》。今本《大同書》成書年代尚有爭論，但他的「大同」理想醞釀甚早，確在《偽經考》之前（參看湯志鈞《康有為與戊戌變法》一書中論《大同書》成書年代兩文，北京，中華，一九八四，頁一〇八——一二三。此兩文證實了錢賓四師在《中國近三百年學術史．康長素》一章中的「假說」，即康氏在一八八四年雖有「大同」思想，但《大同書》的撰成則遲在一九〇一至一九〇二年。他倒填年月，把《大同書》提早到一八八四年是為了掩飾廖平對他的影響）。自此以後，中國知識人便用各式各樣西方的烏托邦代替了周公的烏托邦。所謂「破舊立新」——即徹底掃除中國的舊傳統、建立一個全新的現代秩序——逐漸取得政治社會思想上的主導地位。

恰好西方自十七世紀以來出現了一個有力的社會思潮，即相信人類能憑著理性和科學知識建造一個全新的、系統整齊的、理想的社會，從霍布斯到馬克思都在這一思潮。但是設計和實現這一理想秩序也有一個必要的先決條件，即將舊秩序一掃而光。祇有徹底「破舊」之後才能開始「立新」。法國大革命便是這一思潮的體現，所以當時的革命家要改變一切，包括時間和空間的觀念。一星期不再是七天而是十天，度量衡也重新設計過了。這叫做「一切從一張白紙開始」(Starting with a clean slate)。但在實踐中，由於近代世界是以民族國家 (nation state) 為基本單位，因此每一國家都必須有一個巨大的「中心力量」(Central force) 在主宰一切（此即霍布斯所說的「怪物」Leviathan），所有的個人都像是原子一樣，祇能在中心力量規定的範圍內活動。這一設想顯然是仿照牛頓的太陽系 (planetary system) 而來。「中心力量」（實際上即是國家領導人，Sovereign）好像是「太陽」，社會的各部分（包括每一個個人）則如太陽系中的行星，都有其一定的軌道和位置。太陽系的穩定不能不靠「太陽」，社會系統的穩定也必須有一個強大的「中心力量」。這是吸引了許多西方知識人的一個現代社會系統，可以稱之為「大同國家」(cosmopolis)。西方近代思想史上有許多烏托邦的設計，但以上所刻劃的顯然是其中最有影響力的一型，它適用於列寧和斯大林的「無產階級專政」的國家，也適用於希特勒的「國家社會主義」（以上所論參看 Stephen Toulmin, *Cosmopolis: The Hidden Agenda of Modernity*, New York: The Free Press, 1990）。

這一型的西方「烏托邦」對現代中國知識人具有特殊的誘惑力，「五四」以後馬克思主義在中國的泛濫便是明證。我們對這一思想史的現象提出兩點可能的解釋：第一，是「五四」時代中國知識人對「科學」的無限信仰。「五四」思想的主流是實證主義，相信社會的發展也可以通過科學的研究而掌握其規律。例如在一九二三年「科學與人生觀」論戰的時期，陳獨秀便肯定孔德 (Comte) 分人類社會為三個階段之說「是社會科學上一種定律」（見陳獨秀先生序，收在《胡適文存》第二集，卷一〈科學與人生觀序〉附錄一，頁一四一。臺北，遠東，三版，一九七一）。其實陳獨秀這時已是一個馬克思主義者，他當然更相信唯物史觀的「五階段論」是「定律」了。「科學的社會主義」便是在這種思想狀態之下征服了許多中國知識人的。第二，「五四」時代雖然已經沒有人相信《周禮》可以「治國、平天下」了，但是根據一種理想的設計全面改造社會——即「聖人制作」——的傳統觀念則仍然保留在許多知識人的思想習慣之中。這兩個傳統的匯流，對於極權主義在中國的興起，的確發揮了在思想上清宮除道的作用。

為什麼我認為徐復觀先生從極權主義的角度來理解《周禮》中政治社會的設計具有重要的時代意義呢？因為這象徵著中國現代知識人的徹悟和轉向。一百年以來，烏托邦的追求在中國不僅深入人心而且迫不及待。許多知識人似乎都深信，祇要他們精心設計的社會改造的藍圖實現了，中國一切的具體問題都將迎刃而解。我們在前面已指出，全面「破舊立新」的想法在西方已有兩三個世紀的歷史。現在我們應該更進一步指出：這一想法在中國傳統中也早有根源。二十世紀四十年代，西方少數傑出的思想家已開始在打破烏托邦的信仰。海耶克 (Friedrich A. von Hayek) 揭露了社會主義的本質，說明它何以不可避免地將引向「奴役之路」(Road to Serfdom)。他的朋友卡爾．波普 (Karl Popper) 則將現代極權主義的源頭上溯至柏拉圖的《理想國》(*Republic*)。波普的《開放社會及其敵人》(*Open Society and Its Enemies*) 這部名著（撰成於一九四三年）最可說明「時代經驗」對於古典的理解所發生的啟示作用。歐戰爆發前後，波普深切體驗到人類的自由正在受到最嚴重的威脅。這威脅來自當時的兩股勢力：斯大林的共產主義和希特勒的法西斯主義。兩者有一個共同的特點，即主張對社會進行「大規模的計劃」(large-scale planning)。全面的或大規模的「計劃社會」必然離不開一個計劃中心，這當然非以「導師」或「領袖」為首的一黨專政莫屬了。所以波普也稱極權主義為「領航主義」(dirigism)，毛澤東時代中國大陸上流行的〈大海航行靠舵手〉那首歌便生動地表達了「領航主義」的意思。我們不難看出，極權主義正是上面所說的「太陽系」模式的社會結構的最高發展。波普早年讀柏拉圖的《理想國》和其他有關的著作時，已察覺其中有極權主義的傾向。此時在「時代經驗」啟示之下，重新細讀《理想國》，他更深信西方現代極權主義的思想來源是柏拉圖。

波普親身感受極權主義的威脅，於是徹悟一切全面計劃的烏托邦設想都衹能危害人類。他最初想採用另一書名《偽先知：柏拉圖—黑格爾—馬克思》(*False Prophets: Plato-Hegel-Marx*)，這更可顯出他對一切全面計劃的烏托邦都不信任。他反對計劃社會是有其知識論上的根據的。我們的知識是永遠不會完全的，而且我們隨時都會在知識上犯錯誤。「全面計劃」則必須預設全面的知識和永遠不犯錯誤，因為知識如果不全面或錯誤，那麼整個設計便陷入「一著錯，滿盤輸」的絕境了，其貽害全社會之大而深是不可估量的。波普因此看清了一點：即人間世界是永遠不可能完美的，我們也不能期望找到一副萬靈藥方，把一切社會病痛統統治好。波普的「開放社會」並不完美，而是對知識和批評開放的。它有自我調節的功用，因此無論什麼地方出了問題都可以根據最新的知識求得一種最合理的具體的解決辦法。總之，「開放社會」是對知識開放的，也是和知識共同成長的（以上所論參看 Karl Popper, *Unended Quest: An Intellectural Autobiography*, La Salle, Illinois: Open Court, 1976, pp. 13–19）。

波普對全面計劃的烏托邦所提出的批評是深刻而徹底的，但是其中所包涵的基本觀點並不新穎。事實上，這是一種局部改革論。胡適在一九一九年和李大釗關於「問題」和「主義」的爭論已接觸到這個基本觀點。由於當時全面設計的烏托邦在蘇聯也不過剛剛開始，弊端未著，所以很難引起人的深思。到了八十年代，中國的「時代經驗」已十分豐富，不少知識人都得到了深刻的啟示，徐復觀先生也是其中之一。他在一九八一年八月二十七日的《日記》上說：

閱《朱子論學切要語》至三七五頁答潘時舉問，謂「今學者幾多未求病根，某向他說顱痛灸頭，腳痛灸腳。病在這上，只治這便了。更討甚病根也。」看至此，不覺一驚。因我答石元康書中謂「頭痛醫頭，腳痛醫腳，這有什麼不對」，以糾正他說「不可頭痛醫頭，腳痛醫腳」的想法，不覺與朱子之意暗合。……但我了解到此，已比他遲了二十多年。（見《無慚尺布裹頭歸——徐復觀最後日記》，臺北，允晨，一九八七，頁一七〇）

據徐先生的自述，他放棄「求病根」的想法，在年齡上比朱子已遲了二十多年（朱子上項語錄大約記於他在五十多歲的時候）。這正是我上面所說的「徹悟和轉向」，也是拜「時代經驗」的啟示之賜。徐先生指斥《周禮》中的極權傾向和上述的局部改革的思路顯然是一貫的。波普的「開放社會」也祇能通過「頭痛醫頭，腳痛醫腳」的方式逐步改善。所以我認為徐先生對於《周禮》的現代意義的闡發恰好和波普對柏拉圖《理想國》的評論同其取徑，一東一西，互相輝映。研究《周禮》的專家也許會對徐先生的解釋提出種種異議，正如西方專治柏拉圖的學者對波普的論斷多方質難一樣（最近的駁論可看 C. D. C. Reeve, *Philosopher Kings: The Argument of Plato's Republic*, Princeton University Press, 1988, pp. 208–213, 231–234, 281–282）。但這完全是另一問題。經典之所以歷久而彌新正在其對於不同時代的讀者，甚至同一時代的不同讀者，有不同的啟示。但是這並不意味著經典的解釋完全沒有客觀性，可以興到亂說。「時代經驗」所啟示的「意義」是指 significance，而不是 meaning。後者是文獻所表達的原意，這是訓詁考證的客觀對象。即使「詩無達詁」，也不允許「望文生義」。significance 則近於中國經學傳統中所說的「微言大義」；它涵蘊著文獻原意和外在事物的關係。這個「外在事物」可以是一個人、一個時代，也可以是其他作品，總之，它不在文獻原意之內。因此，經典文獻的 meaning「歷久不變」，它的 significance 則「與時俱新」。當然，這兩者在經典疏解中常常是分不開的，而且一般地說，解經的程序是先通過訓詁考證來確定其內在的 meaning，然後再進而評判其外在的 significance。但是這兩者確屬於不同的層次或領域（關於 meaning 和 significance 的分別，可參看 E. D. Hirsch, Jr., *Validity in Interpretation*, Yale University Press, 1967）。徐先生《周官成立之時代及其思想性格》有訓詁考證，也有「微言大義」。其中考證的部分，特別是關於作者的考證，是大有商榷餘地的。但是他的「微言大義」則確是有感而發，透露了重要的時代消息。這是值得我們深思的。

金春峰先生最近寫成《周官之成書及其反映的文化與時代新考》一部專著。他回到了《周禮》成於戰國晚期的假設，但是他把這一假設推進了一步，指出這是秦統一前秦地學者的作品。他不但翻遍了一切相關的古代文獻資料，而且更大量地用了現代的考古材料。

這是王國維所謂的「二重證據」。這是有關《周禮》研究的一個全新的假設。金先生的假設是不是在本書中完全證實了，這必須要等待專家的詳細評估才能定案，我是不配說話的，但是我承認這是一個非常合理的假設。如果我們已能初步肯定《周禮》是戰國晚期的作品，下一步自然便要縮小此書的地域範圍，找出它究竟是戰國中哪一國的產物。現在雖有三晉（郭沫若）和齊國（楊向奎、顧頡剛）兩種說法，但論證都十分簡單，遠不如金先生此書的詳密周延。所以此書作為「一家之言」是相當卓越的。

由於徐復觀先生的考證最後出，且和金先生的看法處於完全相反的立場，因此金先生在他的書中不得不進行了大量針鋒相對的辯駁。金先生的原稿大部分留在新加坡，我沒有機會讀到他的議論的全部。金先生要我為此書寫一篇序文，我想泛泛數語未免對不住這部用大氣力寫出的專論，所以趁此機會把我平時對於《周禮》研究史的意見寫了出來，以答雅意。十年前承徐復觀先生寄贈《周官成立之時代及其思想性格》，讀後對他老年篤學的精神不禁萬分欽佩。我雖然不同意他的考證，但那時徐先生已患重病，且無緣相見，因此失去了向他當面請益的機會。必須說明，我在本文中對徐先生新說的批評絲毫也不減少我對他的敬意。我也不知道金先生的批評和我有何異同，但是我深信學術是非祇有通過往復論辯才能逐漸接近定案。以現階段而言，徐先生的假設未必全非，而金先生和我的假設也未必盡是。不過我和徐、金兩先生卻有一大不同之處：他們兩位都是《周禮》的研究者，而我則是一個旁觀的人，因此我的討論不限於《周禮》考證的本身，而引申到考證學方法論和古典的現代意義等一般的問題，程明道評論王安石有云：

> 介甫談道，正如對塔說相輪。某則直入塔中，辛勤登攀。雖然未見相輪，能如公之言，然卻實在塔中，去相輪漸近。

徐、金兩先生都已「直入塔中，辛勤登攀」，他們關於《周禮》的考證即使尚「未見相輪」，也已「去相輪漸近」。而我這篇討論《周禮》的序文則是不折不扣地「對塔說相輪」。我身在「塔外」，雖然橫說直說，卻始終未近「相輪」一步。這一點是必須向讀者鄭重聲明的。是為序。

一九九〇年六月十六日序於普林斯頓

（金春峰《周官之成書及其反映的文化與時代新考》，臺北，三民，一九九三）

黃仁宇《資本主義與廿一世紀》序

——資本主義的新啟示

黃仁宇先生（以下簡稱「作者」）近幾年來發憤研究資本主義在西方各國發展的歷史，寫成了這部《資本主義與廿一世紀》的鉅著。這是最值得史學界重視的一件大事。二十世紀初以來，中國知識界雖然人人都熟悉資本主義這個名詞，但是資本主義究竟在歷史上是怎樣發生、成長和變化的，則很少人有親切的認識。我們對於這樣重要的一個概念竟缺乏基本的知識，正是因為中國史學家在這一題目上完全交了白卷。現在這個缺陷已由作者填補起來了。

作者這部書有三個重要的特色：第一是對於資本主義的觀念作了適當的澄清。作者檢討了二十世紀有關資本主義的許多重要的理論，並指出其不足之處，使我們瞭解這一歷史現象的複雜性，不是任何現有的理論所能概括得盡的。這一點得到澄清之後，作者便引導我們進入本書的第二個特色，即根據西歐與北美各國的具體事例，分別討論資本主義的生產與經營方式的演變過程。這是本書的主要部分，作者是史學家，他不能安於抽象的原則，而必須把資本主義放在歷史的處境中，以取得具體的理解。資本主義雖然是經濟制度，但是它的影響及於整個社會體系的運作。作者同意法國年鑑派史學巨匠布勞岱 (Braudel) 的見解：「資本主義之成功端在它與國家互為一體，它本身即成為國家。」「新的交換方式產生動搖的力量……每一個社會受此衝擊，都會出現『歷史性的』的新頁。」因此作者認為把握歷史的動態是認識資本主義的一個最重要的途徑，他說：「資本主義之展開既在各國產生劇烈變化，則研究資本主義之專書應當根據其衝突的情形分國論列。」我完全贊同作者這一史學的取向。最使我詫異的是：作者廣泛搜集參考資料的結果，僅發現一部通論各國資本主義發展的著作，而且還是六十年前出版的，可見本書不僅在中國史學上為創闢之作，即在西方也已久成絕響。我相信，將來此書的英文版問世也一定能引起西方讀者的深厚興趣。

本書的第三個特色是作者所謂「以中國為本位的考慮」。作者下筆之際隨時考慮到此書的主旨怎樣能和中國以往的歷史和未來的發展發生有意義的聯繫。就這一點說，本書並不是一般性的資本主義通史，而是特別為中國史學界設計的專著。所以本書在〈導論〉部分特別討論了韋伯的論點，並進一步對中國為什麼沒有產生資本主義的問題提出了獨到的觀察。這是韋伯在《中國宗教》(*The Religion of China*) 一書中所首先提出但未能充分解答的重要題旨。本書最後一章更詳引宋代以來的史實，說明中國傳統的政治社會結構為什麼特別不容易接受現代化的改變，以致形成了一個「長期革命」的過程。作者對於這一歷史過程的艱難有獨特的見解，這在他的英文本《中國的大歷史》(*China: A Macro-History*) 以及其他中文論著中有更詳細的發揮，讀者宜兼觀並覽，以明作者的苦心孤詣。對這樣帶有根本性質的大問題，當然不可能祇有一種意見，史學家之間難免有見仁見智之異。但作者之說確有理據，足成一家之言。

本書以《資本主義與廿一世紀》為書名，其命意自然是預期資本主義在下一個世紀將可能與整個中國發生聯繫。作者不取唯物史觀的五階段論，而視資本主義為西方特有的產物，這一點我是完全同意的。如果我沒有誤解作者的意思，作者似乎認為資本主義是可以在某種程度上移植到中國的。但是作者對資本主義的內外限制也提出了明確的批評，因此他又似乎主張社會主義的某些原則足以濟資本主義之不足。這種態度是比較開放的，沒有一點武斷的意味。作者討論資本主義的著眼點是技術層次的；他基本上避開了意識形態的問題。所以他強調資本主義有「超越國界的技術性格」。他把技術性格歸納為三點：資金的廣泛流通 (wide extension of credit)、超越個人關係的經營方式 (impersonal management)，和技術上的支持因素的通盤使用 (pooling of service facilities)。從這一技術觀點來說，資本主義和現代化幾乎是同義語。技術是工具理性的產品，對一切價值都是中立的。這是作者主張資本主義可以而且必須引進中國的主要根據。作者一向持有一個特殊的觀念，即中國傳統的社會體制是不能以嚴格的數字管理的，而資本主義在他看來則恰恰提供了以數字管理的可能。能不能以數字管理，似乎是作者劃分「傳統」與「現代」的一項最重要的標準。

作者對中國現代化的關懷是十分迫切的。這一迫切感使他把中國近代的「長期革命」看作一個曲折迂迴、痛苦，但逐步接近現代化的進程。他斷定國民黨「創造了一個高層結構」，而共產黨則「創造出一個低層結構」，便是最明顯的例子。作者對歷史的進程不取任何決定論的觀點，但是他相信超個人的力量 (impersonal forces) 一旦形成運動以後，便有自己進行的軌道。這種看法當然也建立在一定的預設 (assumptions) 之上。我可以指出兩個預設：第一是歷史的客觀性，歷史的進程主要是由集體的客觀力量推動的，不受少數個人的主觀願望的支配。第二是他一再提到的「歷史的長期合理性」(long-term rationality of history)。例如資本主義的興起在他看來便是「歷史的長期合理性」的產物。因為作者有這些預設，所以他論史不尚「褒貶」，而注重客觀的可行性，史學的功能便在於指示長期的客觀發展的合理方向，及其內在的因果關係，使人——特別是在歷史舞臺上扮演主角的人——能看清「他們自己在歷史上的任務」，而知所抉擇。「長期的合理性」也是作者對中國的前景仍然保持著樂觀的主要理由。客觀主義的歷史觀則使作者避開了一切價值判斷，而對中國大陸所採取的政策盡量予以客觀主義的（也可以說是最理性、最善意的）解釋。我們無論是否接受作者的史學預設或同意他對於具體事件的解釋（包括十年改革和天安門悲劇），我們都不能不對他的知識真誠和故國情深表示一種同情。這部《資本主義與廿一世紀》正是作者的理智和情感交織而成的作品。

現在我想利用這個機會簡略談一談我自己對資本主義問題的看法。首先我願意指出，本書作者對資本主義所採取的肯定態度，雖然其著眼是在技術層面，卻透露出近四十年來史學家在觀感上已有重大的轉變。一九五一年在法國公開的一次關於資本主義的史學研討會上，英國的經濟史家艾施頓 (T. S. Ashton) 指出，一般經濟史家處理資本主義在歷史上的位置，往往出之以指斥的態度，他們首先根據恩格斯《一八四四年英國工人階級的狀況》一書，說明工人階級怎樣因現代工廠的出現而陷入悲慘不堪的生活境地。宋巴特 (W. Sombart) 和熊彼得 (J. Schumpeter) 等名家都強調資本家追求利潤的貪得無厭和工人階級的日益貧困。所以資本主義僅有利於資本家而帶給工人的則祇是無窮的苦難而已。雖然具體的史學研究早已證明這種說明與事實不符，工業革命也改善了勞動者的生活品質，但一般史學家對資本主義的惱恨並不因之而有所改變（最近約翰遜在《知識分子》論馬克思的一章中則指出恩格斯《工人階級的狀況》一書所根據的資料事實上是英國官方的調查報告，有些情況已經改變了，而恩格斯仍依之立論，見 Paul Johnson, *Intellectuals*, New York, 1988）。在同一討論會中，美國經濟史專家海

克爾 (L. M. Hacker) 則撰文論美國史學家的「反資本主義的偏見」，他特別著重地指出畢爾德 (Charles A. Beard) 在這一方面的重大影響。畢爾德抱著童年在印第安那農業社會所培養出來的成見，從道德的立場上排斥資本主義，但是他對資本主義的生產歷程及其在美國經濟成長方面的重大貢獻卻並未作過深入研究。後來受畢爾德影響而治經濟史的人則更進一步控訴資本家的重大「罪行」。他們說美國大資本家根本是「強盜貴族」(Robber Barons)，其財富是由欺詐獲得的；這些資本家在經營的過程中掠奪了美國的所有天然資源；私有財產的社會後果是階級不平等、農業退居次要，以及貧民窟的大量出現等等。總而言之，資本主義在歐洲和美國史學家的筆下一直受到最不公平的待遇，從十九世紀末到二十世紀上半葉，多數抨擊資本主義的史學家同時也必然是嚮往社會主義的知識分子，例如熊彼得便曾公開宣稱：「資本主義社會將不可避免地趨於解體，並從而不可避免地為社會主義的社會所取代。」（Ashton 和 Hacker 兩文皆已收入 F. A. Hayek, ed., *Capitalism and the Historians*, The University of Chicago Press, 1954）

四十年前西方史學家對資本主義的偏見之深如此。但是這種偏見在五十年代以後不但沒有消失，還普遍地加強了。這是由於一方面知識分子鄙視商業的心理源遠流長，另一方面，自十九世紀以來社會主義理想的吸引力始終不衰，直到最近十幾年，所謂社會主義國家的真相完全暴露了出來，大多數知識分子（包括史學家在內）才開始改變了看法，資本主義不再被看成萬惡之源了。

這裏我們有必要澄清一下資本主義與社會主義的關係。在二十世紀人的心目中，資本主義和社會主義似乎是兩種不同的經濟制度，可以由我們自由選擇。一般人即使不接受馬克思主義的歷史觀而肯定社會主義將必然取代資本主義，也不免以為這兩種制度各有優劣，取捨之間甚費斟酌。至於知識分子，基於公平原則的考慮，則多數傾向於社會主義。我覺得我們應該分辨兩種不同的社會主義：一是馬列主義一黨專政的社會主義，一是所謂民主社會主義。前者以暴力革命取消私有財產，實行全面計劃的經濟制度；後者採用議會民主的方式實行有限度的計劃經濟，但並不沒收一切私人財產。民主社會主義曾在英、法、北歐諸國以各種不同的程度出現。美國雖然沒有實行過民主社會主義，但它的累進稅制和社會福利政策也體現了民主社會主義的一部分的精神。以公平分配的原則而言，民主社會主義對現代文明的發展確有重大的貢獻。但是馬列主義的社會主義則完全是另一回事。以暴力革命沒收一切私有財產的結果是所有生產資料都控制在一個最具獨佔性而且全面專政的「黨組織」的手上。這個「黨組織」不但是唯一的封建領主，並且是唯一的大資本家，由於這個「黨組織」壟斷了所有的財富和權力，於是形成了一種祇有政府而沒有社會的局面。在西方而言，這是消滅了「公民社會」，在中國而言，也是消滅了「民間社會」。由於私有財產廢除，每一個個人都失去了自由和尊嚴，他們必須在「捧人的碗，受人的管」的狀態下向「黨組織」討生活。社會力量既不存在，「黨組織」成了不受任何約制的怪物。在五十年前，祇有蘇聯一國是這樣的「社會主義國家」，而蘇聯的真相又不為外人所知；即使偶有真實的報導，由於知識分子普遍地同情社會主義，也無法取信於世人。第二次世界大戰後出現了一個「社會主義陣營」，其內情已很難盡掩。但是最近幾年來，特別是一九八九年以後，東歐「社會主義國家」幾乎在一夜之間全部崩潰，蘇聯大帝國也面臨經濟破產和政治瓦解的邊緣，馬列主義的社會主義才開始在知識分子之間失去了往日的光彩。

今天我們已看清了以暴力革命建立的所謂「社會主義國家」的本質。這樣的「社會主義」是不能和資本主義相提並論的。資本主義誠然是西方文明的特有產品，然而它是在長期歷史的進程中，通過各種特殊因素的配合，自然而然的出現的。誠如本書作者所言，它是「歷史的長期合理性」的產物。這與以暴力建立並永遠以暴力維持的「革命社會主義」恰好背道而馳，後者是文明的一大逆流，是少數現代知識分子的狂妄的結果。為什麼是「逆流」？因為私有財產是文明的基礎，每一個個人都有足以保障獨立生活的私產才是文明的極致。所以一切文明的社會，包括初民社會，都以不同的形式建立了私有財產的制度。西方現代的資本主義不過是把財產權建立在更精密的法律系統之上而已。中國的孟子強調「有恆產者有恆心」，強調「仁政」必須「為民制產」，也早已道破了文明的奧秘。為什麼說是「狂妄」？文明的秩序是無數複雜的因素，通過幾千年的歷程，逐漸演進而成的。最近海耶克 (F. A. Hayek) 在 *The Fatal Conceit: The Errors of Socialism* (The University of Chicago Press, 1989) 的新著中分析市場的出現和成長，已展示得很清楚。其實何止市場，一切文明秩序的出現和發展也無不如此。除非是上帝，人的智力再高也不能憑空設計並創造出一個文明的秩序。現在少數知識分子竟要做祇有上帝才能做的事，這豈不是「狂妄」？不但海耶克如此說，科學哲學家涂爾明 (Stephen Toulmin, *Cosmopolis: The Hidden Agenda of Modernity*, The Free Press, 1990) 和思想史家柏林 (Isaiah Berlin, *The Crooked Timber of Humanity: Chapters in the History of Ideas*, Alfred A. Knopf, Inc., 1991) 分別討論全面「破舊立新」和西方烏托邦理想的興衰，也都不約而同地得到與海耶克相似的結論。總之，文明秩序祇能局部改進，不能徹底摧毀了之後重新設計重造。這也是司馬光所說的，舊房子如果還能勉強居住，不必拆了再建。

我並不認為西方的資本主義是使我們十分滿意的制度，更不敢說它可以原樣不動地照搬到中國或其他非西方地區。如果說日本已成功地移植了資本主義體制，我們也必須承認日本的「資本主義」仍有自己的文化特色，與美國顯有不同。但是中國大陸如果想重回文明的正流，首先必須恢復文明的基礎——私有財產，至於是否必須轉化為西方式的資本主義社會，反而是一個無關緊要的問題。

一九九一年七月四日於臺北旅次

（黃仁宇《資本主義與廿一世紀》，臺北，三民，一九九一）

唐翼明《魏晉清談》序

《魏晉清談》是唐翼明先生（以下簡稱「作者」）費了好幾年研究工夫所寫成的一部專著。作者對於這一專題在現代的研究狀態，包括中國的、日本的和西方的，作了一番通盤的檢查。他很驚奇地發現，儘管現代研究者涉及這一題旨的文獻汗牛充棟，我們還是沒有一部專書全面地論述「魏晉清談」的形成和演變。由於作者的辛勤努力，中國學術思想史上這一空白點現在即將因本書的出版而填補上了。

作者是非常富於分析力和批判力的。他很不滿以前人的著作往往把「清談」和魏晉思潮、玄學，以至政治和社會的關係等混而不分。因此他決定把「清談」從這種種藤葛中抽離出來，當作一個獨立的歷史現象來處理。這是禪家所謂「截斷眾流」的本領。他自己經過一番慎思明辨之後，給「魏晉清談」下了一個十分簡明的界說。他說：

所謂「魏晉清談」，指的是魏晉時代的貴族知識分子，以探討人生、社會、宇宙的哲理為主要內容，以講究修辭與技巧的談說論辯為基本方式而進行的一種學術社交活動。（頁四三）

他曾列舉了六條理由，說明他為什麼對「魏晉清談」作如此的界定。我覺得他的理由都是足以成立的。從這一觀點看，清談的重要性不僅在它的思想內容，而更在它的表現的方式。作者在本書一再強調「清談」是一種「智力遊戲」，是一種「社交活動」，而不能看作是純粹的學術研究（見第二章）。這是一個十分準確的觀察。先師錢賓四先生〈略論魏晉南北朝學術文化與當時門第之關係〉一文（見錢穆《中國學術思想史論叢》（三），臺北，東大，一九七七）正是從這一角度來解釋「清談」的。錢先生論「諸名士共至洛水戲」一條（即本書所引「言語」二三條）說：

此事尚在渡江前，已見時人以談作戲。……各標風致，互騁才鋒，實非思想上研覈真理探索精微之態度，而僅為日常人生中一種遊戲而已。

又論「謝胡語庾道季」條（「言語」七九條）曰：

此故事在渡江後。益見時人以談作戲，成為社交場合之一種消遣與娛樂。謝道蘊為小郎解圍，一時傳為佳話，亦只是騁才情見機敏而已。故知當時名士清談，特如鬥智。其時又好圍棋，稱之曰坐隱，又曰手談。正因圍棋亦屬鬥智，故取擬清談也。

又評「殷中軍為庾公長史」條（「文學」二二條）云：

此是殷浩新出，將有遠行，王導作集，為之邀約諸賢，共作一夕之懽也。此如法國十八世紀有沙龍，亦略如近人有雞尾酒會，自是當時名士一種風流韻事。既不作灌夫之使酒，亦不效謝安之攜妓，僅是清談玄理，豈不風雅之絕。英雄如桓宣武，席中尚不獲儳言插論。退席語人，猶以時復造心自喜自負。可見即是清談，亦猶有儒家禮法密意行乎其間。此乃當時人一種生活情調，即今想像，猶在目前。若認真作是一哲理鑽研，則誠如隔靴搔癢，終搔不到當時人癢處所在矣。

我特別引錢先生三條評語於此，以與本書主旨相互印證，是因為作者並沒有機會讀到此文，而所見大端相同。可見學術研究的客觀性是無法否認的。但本書是一詳盡的專題研究，與錢先生的觀其大略不同；後者的「孤明先發」因此對本書的學術價值衹是加強了，而不是削弱了。

依照這個理解，「清談」可以說是魏晉士大夫的生活方式的一個最重要的具體表現。用當時的語言說，即是士大夫的「風標」或「風操」；用現代的話說則是「精神」。那麼「清談」所表達的是一種什麼精神呢？傳統的說法都很重視以下這段記載：「魏晉之際，天下多故，名士少有全者，故阮嗣宗言必玄遠，而未嘗評論時事，臧否人物。」（《三國志．一八．

魏書》引王隱《晉書》）並由此而推衍出「清談」是從漢末「清議」演變而來的結論。錢先生在上引文中也一再以「激於世變」或「時代苦悶」為清談的歷史背景。我決不否認「清談」確有「激於世變」的一面。不過我始終認為自漢末到魏晉，士大夫的精神還有其積極的、主動的、創造的新成分，不僅僅是因為在政治上受到壓迫和挫折才被動地走上了虛無放誕的道路。我認為這個新成分便是「個體自覺」（見《漢晉之際士之新自覺與新思潮》）或「自我發現」（self-discovery，見英文論文〈個人主義與魏晉的新道家運動〉"Individualism and the Neo-Taoist Movement in Wei-Chin China" 收在 Donald Munro, ed., *Individualism and Holism: Studies in Confucian and Taoist Values*, University of Michigan Press, pp. 121–155, 1985）。正因如此，我才要特別修正「清談」出於「清議」的傳統看法。在英文論文中，我認為「清談」在二世紀中葉事實上已開始出現，雖然當時尚無其名。除了《後漢書》中所記黨錮時代的故事外，我又補充了王符（九〇？——一六五？）《潛夫論．務本》中「今學問之士，好語虛無之事」一條證據。我特別看重蔡邕入吳得王充《論衡》，秘玩以為「談助」的傳說（《後漢書．王充傳》注引《袁山松書》）。「談助」這個名詞的出現說明「談」已正式成立了。而且漢末以來，以《論衡》為「談助」的證據不少，如孔融與禰衡的「放言」，阮籍叔侄之用《論衡》中的議論。這些都是以思想為主要內容的「談」了。

本書作者雖以「魏晉清談」為斷限，但是他在第四章討論清談的起源時也大致同意我的看法，這是我很高興的。但是他在名詞分析方面卻比我精密多了。第一章〈清談名義考辨〉不但把「清談」的原義和今義各析出三義，而且對「清議」一詞的古今沿革也作了儘可能詳盡的追溯。這也是作者的一個重要貢獻。

為了使這篇序不致於成為一種學術的應酬，我現在願意提出兩三個具體的問題和作者商榷。第一，作者的名義考辨在原則上是我們都必須接受的，因為這樣才可以避免「失之毫釐，差以千里」的危險。然而這種考辨也有它的限制。古語說：「寸寸而量之，至丈必差；銖銖而較之，至兩必失。」中國古人運用名詞一向不以謹嚴精密著稱，而現代的語義分析則又愈來愈細緻。我們是不是一定能把古人的言詞都完全分析得恰如其分，恐怕不能不是一個問題。尤其是這種名相辨析如果再和歷史的演變結合起來，以中國的歷史的長遠和文獻的浩瀚，恐怕誰也不能保證把追源溯流的工作做得正確無誤。例如作者在〈「清議」

詞義考〉中考定「清議」一詞用以指漢末「處士橫議」之風始於趙翼的《廿二史劄記》。他還特別為了這問題檢查了《資治通鑑》和胡三省的注。他的結論是司馬光尚未用「清議」指「處士橫議」，而胡三省則仍以「清議」為「鄉論」（見頁四九——五〇）。但是我要請作者讀《通鑑．五三》質帝本初元年「自是遊學增盛，至三萬餘生」條的胡注：

遊學增盛，亦干名蹈利之徒，何足尚也！或問曰：太學諸子三萬人，漢末互相標榜，清議此乎出，子盡以為干名蹈利之徒，可乎？答曰：積水成淵，蛟龍生焉，謂其間無其人則不可；然互相標榜者，實干名蹈利之徒所為也。禍李膺諸人者，非太學諸生，諸生見其立節，從而標榜，以重清議耳。不然，則郭泰、仇香亦遊太學，泰且拜香而欲師之，泰為八顧之首，仇香曾不預標榜之列，豈清議不足尚歟？抑香隱德無能名歟？（中華書局標點本，頁一七〇五——六）

在這一段長注中，胡三省三用「清議」，無不指漢末太學的「處士橫議」。胡三省（一二三

○——一三〇二）是南宋遺民，一二五六年與文天祥、謝枋得、陸秀夫同中進士。他有感於南宋末太學生和權相賈似道互相標榜，所以寫此長注（參看陳垣《通鑑胡注表微．出處篇》）。他的用法至少證明南宋人已有「漢末清議」的觀念，比趙翼要早五個世紀。但這不過是我們偶然看到的一例，並不表示這個觀念是從胡三省開始的。未見是一事，未有又是一事，我們不能以未見為未有。

第二個例子是「清談誤國」的問題。作者雖引《晉書．王衍傳》，定此說最早見於王衍臨死前的自責，但立刻又解釋王衍之說其實未必真指清談。他引了幾條晉人資料，都不曾直斥「清談誤國」，而且謝安還有明駁「清言致患」的話。因此作者最後引《日知錄》「劉、石亂華本於清談之流禍」，而肯定顧炎武必須對「清談誤國」說負責（頁三三一——三三二）。我是完全同意作者的論斷的，「清談誤國」並不是一個有效的歷史解釋。而且作者此節有言外之意，更能博得我的同情。但是我們既然討論「清談誤國」的起源問題，便必須同時搜集正面的和反面的證據，不能因為主觀上同情「清談」便忽略指斥「清談」的材料。東晉南朝期間，難道便沒有人再說過「清談誤國」或「清談亡國」之類的話了嗎？《梁書．五

六．《侯景傳》說：

先是，丹陽陶弘景隱於華陽山，博學多識，嘗為詩曰：「夷甫任散誕，平叔坐談空，不意昭陽殿，化作單于宮。」大同末，人士競談玄理，不習武事；至是，景果居昭陽殿。（中華書局標點本，頁八六三）

不但陶弘景的詩斥責王衍、何晏，其言與顧炎武《日知錄》如出一轍，而且此詩在梁武帝時代又成讖語，再一次為當時的人證明了「清談亡國」的道理。至於「大同末，人士競談玄理」一語，則更是南朝「清談」史上的重要材料。

以上兩點都是小節，我不過是為作者做一點拾遺補闕的工作。這一類偶有未照之處是任何作者也不能完全避免的，此書的價值並不因此而稍有減損。我之所以不肯放過這些枝節問題，則是因為它們有警惕作用，可以加強我們對於方法的自覺。最後我要提出一個無關宏旨但是很有趣的考證問題，一方面向作者請教，一方面批評和改正我自己以前的一個疏失。

《南齊書．三三．王僧虔傳》的〈誡子書〉是有關「清談」的重要文獻，但其中尚多待發之覆，如「荊州《八袠》」究竟何指，便有爭議。我現在要討論的是下面這一句話：

> 設令袁令命汝言《易》，謝中書挑汝言《莊》，張吳興叩汝言《老》，端可復言未嘗看邪？

這裏的「袁令」、「謝中書」和「張吳興」三人到底是誰呢？先師錢先生早年著《國學概論．魏晉清談》章，以袁粲、謝朏、張緒三人當之（上海，商務，一九三一，上冊，頁一六三）。最近周一良《魏晉南北朝史札記》則說「指尚書令袁粲、中書令謝莊、吳劭（按：「興」字之誤）太守張劭」（北京，中華，一九八五，頁二四五）。兩家之說大不同，但都視為當然而沒有說明理由。本書作者對這個問題也有考訂。他在一條附注中（頁三三〇，注一五七）說：

按傳中說此書作於宋世，書中「袁令」當指尚書令袁粲（四二〇——四七七），「謝中書」當指中書令謝莊（四二一——四六六），「張吳興」當指吳興太守張永（四一〇——四七五）。周一良《魏晉南北朝史札記》「王僧虔誡子書」條說「張吳興」指張劭，恐誤。張劭，《南史》、《宋書》並作「張邵」，卒於其兄張茂度之前，即四四一年前（參看《宋書．張茂度傳》及〈張敷傳〉），其時王僧虔（四二六——四八五）尚未成年也。

作者不從周一良的「張劭」說，以年代不合為據，足見讀書得間，考證入細。張茂度名裕，避宋武帝諱，以字行，見《南史．三一．張裕傳》。茂度卒於宋元嘉十九年（四四二），作者誤前一年耳。一九八〇年我寫英文論文，曾有一條長注考證這個問題，與上述三家都有異同。但其時周一良《札記》尚未屬稿，故僅能就《國學概論》的說法作商榷。我改子（謝朏，四四一——五〇六）為父（謝莊），也是因為年代不合。謝朏任中書令已入齊代，在四八九或四九〇年，其時王僧虔墓木已拱，所以他生前不可能以「中書」稱朏。剩下來的祇有「張

「吳興」是誰的問題還待解決。我在英文附注中討論張緒（四三三？——四九〇？）的可能性時犯了兩個錯誤：第一、我誤以張緒是吳興人；第二、我誤以為「張吳興」是指郡望，而不是官名。事實上，張緒是吳郡人，而此處「吳興」也必指官名，因為這是當時的習慣稱呼。周一良和作者分別以張邵、張永當之，這是因為此二人都曾任吳興太守。以時代言，張永自遠勝於張邵，但張姓任吳興太守而時代又符合者並不止張永一人。如張岱也在「泰始末（四七一），為吳興太守」（《南齊書．三二》本傳）。我們又怎麼能確定誰是〈誡子書〉中的「張吳興」呢？但我經過反覆推敲之後，仍然斷定「張吳興」指張緒的可能性最大。為什麼呢？試看原書中「設令……端可」之問辭，則此三人非是第一流清談名家不可。張邵、張永、張岱雖符合「吳興」的稱號，但詳讀三人傳記，其中沒有一個以清談著稱於世，因此也就不可能有資格與袁粲、謝莊鼎立而三。這是理解〈誡子書〉此語最為關鍵的所在。至於張緒，則情形不同。袁粲曾說他「有正始遺風」，其「風流」實為當世之冠。然則又何以解於「吳興」之稱？我現在傾向於相信「吳興」或是「吳郡」之訛。《南齊書》本傳說：「時袁粲、褚淵秉政……出緒為吳郡太守。」這大概是四七四年到四七六年之間的事（按：

《資治通鑑・一三三》「元徽二年（四七四）九月」條載褚淵以褚澄為吳郡太守。但《南齊書・二三》及《南史・二八・褚澄傳》都說他建元（四七九——四八二）中為吳郡太守，《通鑑》此處若非繫年有誤，則是澄任期甚短）。我疑心《南齊書・王僧虔傳》〈誡子書〉中的「張吳興」原作「張吳郡」。可惜《南史・二二》本傳中的〈誡子書〉是節本，缺了這一段，我們已無法通過本子的對校來解決這個問題了。不過我們恰好碰到了一個校勘上的例子，至少可以證明我的推測不是完全沒有根據的。《南齊書・三三・張緒傳》：

復領中正。長沙王晃屬選用吳興聞人邕為州議曹，緒以資藉不當，執不許。晃遣書佐固請之，緒正色謂晃信曰：「此是身家州鄉，殿下何得見逼！」（頁六〇一）

《南史・三一・張緒傳》記此事的文字如下：

復領中正。長沙王晃屬選用吳郡聞人邕為州議曹，緒以資籍不當，執不許。晃遣書

於緒固讀之，緒正色謂晃信曰：「此是身家州鄉，殿下何得見逼。」乃止。（頁八一〇）

兩文基本相同而小有歧異。「藉」與「籍」的不同以《南齊書》於義為長。但最重要的是《南齊書》的「吳興」，《南史》恰作「吳郡」。那麼何以知道聞人邕必是「吳郡」人而不是「吳興」人呢？這是因為張緒此時領「中正」之職，即是「本郡中正」（見《南齊書》，頁六〇〇）。張緒雖然也曾一度領過「本州大中正」（同上），但此時他領的是「中正」，而不是「大中正」。這就是說他是吳郡中正。因此長沙王晃想選用聞人邕為州議曹才不能不徵求他的同意。他的答語有「此是身家州鄉」更毫無可疑地證明這是吳郡的事。這一校勘工作使我們清楚地看到：在這段記載的原始史源裏，聞人邕的籍貫是「吳郡」而不是「吳興」。現存的《南齊書》大概由於唐以後輾轉傳抄之故，「吳郡」已誤成「吳興」，但《南史》在此處則沒有發生這個錯誤。錢大昕《廿二史考異．三六》「《南史．二一．褚彥回傳》後為吳郡太守」條說：「吳郡當作吳興。《南齊書》本傳及王儉碑文俱無守吳郡事。蓋傳寫之譌。」（商務排印本，上冊，頁六八〇）尤可證「吳興」和「吳郡」在《南史》和《南齊書》中常發生互訛。

所以我說《南齊書．王僧虔傳》中的「張吳興」很有可能是「張吳郡」之訛。如果此說成立，那麼張緒是最有資格被王僧虔提名的人，因為他在「清談」世界中的聲望是和袁粲、謝莊銖兩悉稱的。最初我也考慮過張緒的從弟張融（四四四——四九七），因為《老子》是他最嗜愛的三本書之一。但由於《南齊書．四一》本傳說他「非治民才」，一生「求郡不得」，無論如何都和〈誡子書〉上的稱謂合不上拍，最後祇好放棄了。

我為這一個小問題寫了兩千字的考證，並不是我有什麼「考據癖」，而是借這個機會為我自己補過。不用說，本書作者的細心考證也使我忍不住技癢。僅從結論看，我現在的看法和英文論文的附注毫無改變。但是十幾年前我獲得同一結論所持的理由和推理程序則是完全錯誤的。我沒有經過考證和校勘的必要曲折便輕下斷語，這是不足為訓的。我把張緒寫成了吳興人，更是不可寬恕的疏忽。現在我恰好在作者的考證中遇到了這個老問題，如果我避而不談，那便等於有意掩飾自己的錯誤了。我必須感謝本書作者，因為他的好學深思才使我得到這個補過的機會。這是我在接受寫序的任務之前完全沒有想到的。但是由於史料的限制，我的結論仍然祇是一個待證的假設。作者的「張永」說和我前面提到的「張岱」說也沒有失去其假設的地位。我詳細記錄了我對於這個問題重新研究和思考的過程，我盼望本書的作者和讀者都能給我以切實的指教。

一九九二年八月二十日序於普林斯頓

（唐翼明《魏晉清談》，臺北，東大，一九九二）

費正清《費正清論中國：中國新史》序

《費正清論中國：中國新史》是費正清生平最後的一部著作。一九九一年九月十二日上午他親自將這部書的原稿送到哈佛大學出版社，下午他的心臟病復作，兩天後便逝世了。從五十年代開始，費正清在美國的中國研究領域中取得了領導的地位。關於這一方面，我已在〈費正清的中國研究〉（收在傅偉勳、周陽山主編的《西方漢學家論中國》一書，正中，一九九三）一文中有較詳細的分析，讀者可以參閱。在這篇短序中，我祇準備略談費氏晚年寫此書的背景，以為中譯本讀者之一助。

費氏的史學專業限於中國近代史的對外關係方面；他在哈佛大學的教學工作也以鴉片戰爭以後的中國史為斷。那麼他為什麼在垂暮之年集中精力寫出了一部新的中國通史呢？

這裏必須指出，早在三十多年前，他已與日本史權威賴世和 (Edwin O. Reischauer) 合寫了一部兩厚冊的《東亞文明史——偉大傳統與現代轉變》。其中有關中國的部分後來又單獨合為單行本。這是他們在哈佛本科每年合教東亞文明概論一課的結晶。這是一部有深度而且流行很久的教科書，但是其中古代至唐宋各章是由賴世和執筆的，費正清則負責明清以下的近代和現代部分。這一背景大概也為本書的撰寫提供了契機。

其次，費正清的專業雖是中國近代、現代史，但是他一向承認中國文化不但連續不斷而且自成一獨立系統；如果不對中國的傳統有所認識，便不能清理它的現代變遷。因此他對近代以前的中國史確有求瞭解的意願。

最後，這部書是他接受哈佛大學出版社的邀請而撰寫的，按其時間，則正在一九八九年六月四日天安門屠殺之後。「六四」對於整個西方，特別是美國，是一幕驚心動魄的悲劇，幾乎在一夜之間動搖了他們對於中國大陸的認識，美國人一向信任專家，他們對中共政權的理解是通過中國研究者的解釋而得來的。一般而言，美國的中國研究者解釋中共的興起與發展都或多或少帶上一層理想主義與浪漫主義的色彩。天安門前的槍聲徹底驚破了這種理想和浪漫，一般美國人感到十分困惑，因此而有重新認識中國歷史和文化的要求。出版社約請費正清撰寫新史便是應這一要求而起。

「六四」屠殺對於美國的中國研究者原是一當頭棒喝。不少以前相當同情中共政權的人都在一夜之間轉變為暴政的譴責者和人權的維護者，費正清也不例外。他的書名叫做「新史」，這個「新」字恐怕在潛意識中含有「覺今是而昨非」的意思，特別是有關中共政權的歷史論斷。我曾指出，他以前把中共的興起定性為「不可能被壓制的」一種「革命運動」，因為它體現了「農民解放和五四以來所揭櫫的民主和科學種種理想」（見他在一九八二年出版的回憶錄：*Chinabound: A Fifty-year Memoir*，頁二八六）。但在這本《新史》中，他已把中共政權看作是專制王朝的現代翻版了。他也承認，如果不是日本的侵略，南京政府也可能逐漸導使中國現代化，而中共的興起也並不是「不可能被壓制的」了（見本書英文原本，頁三一一）。這不能不說是一個根本的改變。以前他對中共的一切倒行逆施及其所導致的災難都輕描淡寫地一筆帶過。例如他在一九八三年《美國與中國》第四版修訂本中，對於「大躍進」的三年（一九五八——一九六〇）災害，祇說：「營養不良廣泛流行，也有些餓死的人。」（頁四一四）

但在《新史》中，他有專章（第十九章）討論「大躍進」，而且開宗明義即說：「由於中國共產黨所強行的政策，在一九五八——一九六〇年，兩千萬到三千萬人民死於營養不良與飢餓。」（頁三八六）這也是「覺今是而昨非」的一個顯例。最有趣的是他公開表白過去為中國諱飾的心理。他說，西方漢學家有一種職業病，大概出於「第二愛國」或「愛中國」的心理，即不肯暴露他們所研究的對象的壞處。他特別在附註中加上一條「夫子自道」：我在一九七二年十月號《外交季刊》(*Foreign Affairs*)的一篇文章中竟說：「毛澤東的革命」對於中國人民而言，是數百年來僅此一見的「最好的事」（頁一七六）。這樣公開的自責，確表現了學人的良知。

這本《新史》既有中譯本行世，其得失，中國的讀者可以自作判斷。序文不應該是書評，因此我不想說得太多，以致使全書為我個人的偏見所籠罩，對於作者和讀者都有失公平。但是在結束之前，我願意再補充幾句話，說明此書的性質，以釋中文讀者可能發生的疑惑。

本書雖起自舊石器時代而終於天安門屠殺，但嚴格地說，它不是一般意義的所謂中國通史，從全書的詳略取捨上看，費正清似乎也無意把它寫成一部通史教本。他的敘述大體遵守著三條主線，即詳近而略遠，重政治而輕文化，取統一而捨分裂。最明顯的是春秋戰國和南北朝這兩大分裂時期在本書中祇有一兩句話提到而已。這當然不是寫通史的態度。所以本書的主旨事實上仍在於闡釋近代中國的發展及其未來的演變。至於其近代的部分則是作為歷史背景來處理的。讀者著眼於此，自可分辨全書的得失所在。但讀者又必須參考他以前的著作如《美國與中國》和《偉大的中國革命》（*The Great Chinese Revolution: 1800–1985, 1986*），才能瞭解他的「晚年定論」之所在。

費正清在本書中提出了不少有關中國史的論斷，頗近於中國史學史上所謂「欲成一家之言」。但是他並非憑空發議論，而是以最近三十年來西方漢學的研究成果為根據的。全書正文中明引近人之說極多，這也不是一般歷史教本的寫法。本書之所以稱為「新史」，這也是一個關鍵，因為它如實地反映了中國史專題研究在美國的新方向和新收穫。例如本書第三卷 (Part Three) 用「公民社會」的概念來說明中國現代化的一個方面便是目前一部分史學家討論得很熱烈的新問題。

中國或日本的讀者也許會對本書提出下面的批評：作者既未直接運用原始史料，也未參考中、日史學家的大量研究，因此其中論斷的有效性是相當有限的。這個批評雖然有道理，但是卻與本書的主旨不相干，因而是有欠公允的。費正清寫這部書主要是以西方尤其是美國的一般讀者為對象的，全面總結中國史研究並不在此書的設計之中。總之，費正清以八十多歲的高齡，孜孜不息地融會了近二三十年來無數西方研究的成果，寫出一部條理清楚的大綱，直到死前兩天才完稿，這種精神無論如何是值得欽佩的。對於東方的讀者而言，這正是一冊簡明的現代漢學提要，其價值也是不可否認的。

一九九四年五月序於普林斯頓

（費正清《費正清論中國：中國新史》，臺北，正中，一九九四）

劉笑敢《兩極化與分寸感：近代中國精英思潮的病態心理分析》序

《兩極化與分寸感》是劉笑敢先生最近幾年中經過慎思明辨而撰寫的一部專著。笑敢撰寫期間曾在普林斯頓寄寓了一段較長的歲月，我們常有晤談的機會。因此我不但深知其治學的勤苦，而且也分享過他的創作的樂趣。現在此書即將問世，笑敢要我為此書寫一序文，我不敢堅辭，因為我覺得這一段文字的因緣是值得紀念的。

大概是一九八八——八九年之間，我的老朋友孟旦（Donald Munro）先生寫信向我介紹笑敢，說他在北京大學訪問時期結識了笑敢，是研究老莊哲學的一位傑出學人。不久我便邀請笑敢到普林斯頓大學東亞系來作了一次演講，這是我認識笑敢的開始。我覺得孟旦的介紹一點也不誇張。

笑敢那一次講演的內容便是本書主旨的一個方面。講演以後，我們又有私下交談的機會，於是我發現他原來在思想上是我的同調。那時《河殤》正在美國不少校園中流行，引起了中國知識分子的巨大迴響。笑敢雖然對於《河殤》所表現的抗議精神有同情的瞭解，但在談話中他一再表示不能同意《河殤》對中國文化的過分貶斥和對於西方文化的過分頌揚。我追憶這一段談話，是為了說明笑敢在本書中所發展的中心概念遠在六年前已形成了。笑敢的志業在研究與教學。他關心中國的前途、關心文化的出路、關心思想的動態，但是對於現實政治卻毫無興趣。這幾年來，他在海外仍然潛心於中國哲學思想的專業工作，除了用英文撰寫道家哲學外，更廣泛地接觸了西方現代的思潮。他的眼界比我們初晤面時已大為開闊了。本書取精用宏，正可為笑敢在學問上的進境作最有力的見證。

笑敢此書以「兩極化與分寸感」為正題，而以「近代中國精英思潮的病態心理分析」為副題。合此兩題，我們便知道此書的主旨是為二十世紀的中國思想界診斷病狀。面對著這樣廣大的思想現象，笑敢所寫的自然祇能是一部通論，而不是學院式的專題研究。但是學術工作者大致都承認，通論遠比專題更難下筆，因為它不但涉及具體的分析，而且還需要整體的判斷，故「學」與「識」缺一不可。更重要的是，通論在求雅俗共賞，與專題之以少數專家為立言的對象者迥異。因此，通論又必須能取譬於淺近，而不能遠離常識。這些通論的基本條件本書大致上都具備了。

我自然不能在這篇短序中詳細討論本書的論旨，但是我願意提示書中幾個重要的概念，以為讀者理解之一助。

副題中的「病態」是相對於「健康」的概念而成立的，如果沒有「健康」，便無所謂「病態」了。什麼是思想的健康狀態呢？這便是本書正題中的「分寸感」。作者以「分寸感」代表「健康」，而以「兩極化」形容「病態」，故本書有「破」有「立」，一反過去幾十年來大陸上流行的「破字當頭，立在其中」那種純否定的思路。這一轉變，作者或不自覺，但卻是很有意義的。因為它透露出作者立說的時代背景和思想的新動向。

作者在本書第三部分特別發展了一套關於「分寸感」的原則和方法，並鑄造了「中為」這樣一個新鮮的名稱。值得指出的是，作者所謂「中為」，不僅是「思想」的原則和方法，同時也是「行為」的原則和方法，而且行為似乎比思想更受作者的關注。這裏又透露了作者的生活經驗。作者在高中畢業時便恰好遇上了所謂「文化大革命」，親受「兩極化」思潮所造成的社會行為的摧殘。宋代程伊川提出過一個「真知」的觀念，他用的例子是被虎咬過的人才真正知道什麼是「虎咬」的滋味，這和我們僅僅聽過老虎傷人的事件，在感受的深淺上是不可同日而語的。所以本書作者因親歷「兩極化」的巨創深痛，而鄭重提倡「中為」的原則，我們對此決不可等閑視之，以為不過是另一套觀念的遊戲。王靜安最欣賞尼采「一切文學余愛以血書者」之語，作者在這本新著中力斥「兩極化」而倡「中為」，每一篇文字都可以說是「以血書者」。

作者關於「中為」觀念的正面闡釋，在本書中僅限於〈中庸、無為與「中為」〉一章；在這一章裏，他檢討了分寸感和中國傳統哲學的關係。其餘各章都是「中為」原則的實際應用。但是這個觀念包含著極其複雜的成分，決不是一篇文字所能發揮盡致的。我希望作者將來能在這一方面繼續努力。也許作者受到了「中為」字面的拘束，僅僅把這個觀念和「中庸」與「無為」聯繫在一起。其實在中國的思想傳統中，分寸感是一直受到重視的。如果作者將來擴大他的研究視野，他一定可以找到更豐富的傳統思想資料，以充實並加強他的論證。但是本書〈人物篇〉和〈歷史篇〉的具體解析都寫得十分生動，可見作者對於「分寸感」與「兩極化」在方法上的運用已達到「得其環中，以應無窮」的境界。本書第一篇文字以孫中山和毛澤東對比，以凸顯「中為」和「兩極化」的差異，便是開宗明義之作。我們由此可以窺見作者的用心不僅在於現代思想史的研究，而更在於為未來的文化重建尋求出路。所以全書以討論多元文化作結束。

其次，我願意略略討論一下本書所提出的「顯文化」和「潛文化」的概念。作者這兩個概念都是用以描述他所謂「精英文化」的。「精英文化」是西文 elite culture 的漢譯，並不含價值判斷的意味。作者關於這兩個概念的分疏大致見於第五章〈洗不盡的污泥濁水〉中的序論部分，原文較長，不便徵引。如果我沒有誤解作者的本旨，我想他的論點可以簡括如下：第一、近代中國，精英文化發生了一個大轉換，傳統時代的顯文化變成了潛文化。第二、近代中國的顯文化主要來自西方，最初是西方近代的主流文化，稍後則是馬克思主義。第三、近代中國的潛文化則可以傳統的儒、釋、道三教為代表，但是也包括了作者所謂「帝王意識」、「家長制」之類的東西。這樣的分類自然有一定的根據，不過也存在著有待進一步澄清的問題。舉例言之，在「五四」以後和一九四九年以前，西方近代思潮雖然已在中國廣泛流行，但是傳統的精英文化──以儒、釋、道為代表──也還沒有達到「潛文化」的階段。我們不能過分重視「全盤西化」這個口號，以為「五四」以後「全盤西化」已在中國「佔主導地位」或「在自覺意識中，受到多數人的認同」。事實上，如果我們研究一九一九──四九年之間討論文化問題的作品，我們找不到幾個人可以稱之為「全盤西化論者」。祇有在八十年代「文化熱」的時期，中國大陸才真正出現過「全盤西化」的思潮，然而也僅僅是曇花一現，是否可以稱之為「顯文化」恐怕還有爭論的餘地。此其一。作者以儒、釋、道與帝王意識、家長制之類在一九四九年以後同淪為「潛文化」，這是可以成立的說法。但是儒、釋、道與帝王意識、家長制之類這兩支潛文化究竟是什麼關係？二者所「潛在」的領域有什麼異同？這些都是很吃緊的問題，值得繼續發掘。此其二。作者以馬克思主義代表一九四九年以來的中國「顯文化」，自然因為它是統治集團的意識形態，而且在最初三十年絕對地宰制了每一個中國人的命運。但是「馬克思主義文化」的概念是否能夠成立則要看「文化」兩個字作何解釋。當我們說「中國傳統文化」或「西方近代文化」

時，這裏「文化」一詞是指幾千年或幾百年逐漸在日常生活中發展出來的種種價值和創造，馬克思主義顯然沒有這樣的分量，足以當「文化」之稱號。意大利馬克思主義者格蘭西也祇說「實踐哲學」（即馬克思主義）是「現代文化」的一個「時刻」或一個「方面」(moment)。至於大陸上四十多年來的「馬克思主義」則完全是以暴力與恐怖為後盾的極權統治。其原型來自俄國的「一黨專政」，它對於一切文化祇有破壞而毫無建樹。所以，如果我們要說馬克思主義是當代中國的「顯文化」，我們也必須瞭解「文化」這個名詞的用法在這裏已與「中國傳統文化」、「西方近代文化」中的「文化」根本不同。一黨專政下的馬克思主義僅僅是極權統治的一種意識形態，與法西斯主義或納粹主義同其性質。我似乎沒有見過「法西斯文化」或「納粹文化」這樣的提法。而且今天的東歐與俄國也未見有人把以前的官方馬克思主義看作一種「文化」。此其三。

以上關於「顯文化」與「潛文化」的討論，並不表示我與作者之間有什麼分歧。我不過是想進一步展示這兩個名詞背後所潛存的複雜涵義，以為讀者解讀本書之一助。事實上，「文化」一詞早就有種種不同的用法，五十年代的人類學家已指出它有一百六十多個定義，今天更不知道增加了多少。祇要我們能隨時就本書上下文而理解「文化」的實際指涉，則「顯文化」與「潛文化」的劃分是非常有用的。就我個人的感受而言，由於本書研究的對象是「精英思潮」，書中「文化」一詞往往與「思想」是同義語，不過所指有廣有狹而已。因此，「顯文化」和「潛文化」的分別在許多場合都可以理解為思想上的「明潮」和「暗流」的不同。如依此解，統治集團的意識形態當然可以說是「顯文化」。作者在當代「潛文化」中分辨出傳統的主流思想（儒、釋、道）和「帝王意識」、「家長制」之類的傳統心理習慣兩支；這一點是他的卓識，最能摧破馬克思主義儒家化的誤解。讓我舉一個實例來支持作者的論點。以「帝王意識」而言，儒家的原始理論是所謂「從道不從君」，因此君臣關係從來不是片面的盲目服從，而是所謂「以義合」。孟子最為激烈，至有「聞誅一夫紂矣，未聞弒君也」和「君之視臣如草芥，則臣視君如寇讎」等說法。後來唐玄宗時的李華撰〈中書政事堂記〉，仍說：「政事堂者，君不可以枉道於天，反道於地，覆道於社稷，無道於黎元。此堂得以議之。」這在基本上還是「從道不從君」的原則的延續。至於明末黃宗羲《明夷待訪錄》中對傳統帝王的嚴厲批評更代表了後期儒家的新發展。所以，大陸上自一九四九年以來所暗中滋長的「帝王意識」決無可能是來自儒家的理論。但是另一方面，我早已指出秦漢以後「君尊臣卑」的政治現實是由儒家法家化所逐步造成的，其結果則是形成了一個長期的心理習慣，不知不覺地把「人主無過舉」、「善則歸於君，惡皆歸於臣」等觀念當作「天經地義」而接受了下來。後世所謂「君為臣綱」的三綱教條也直接源於《韓非子．忠孝》篇。毛澤東晚年特別提倡「法家」，真可謂「讀書得間」。由於這種心理習慣持續已久，韓愈才能說出「臣罪當誅兮，天王聖明」的名言。宋代蘇軾因烏臺詩案而下獄，而他在獄中寫寄弟子由詩，開頭兩句便說：「聖主如天萬物春，小臣愚暗自亡身。」這正是把韓愈的名言詩化了。韓、蘇之言究竟出自肺腑抑或僅屬文學上的「反諷」，都無關緊要，但恰可坐實晚清譚嗣同的觀察：「二千年來君臣一倫，尤為黑暗否塞，無復人理！」這種黑暗的君臣關係顯然由法家「君尊臣卑」的原則在傳統政治的運作中逐步發展而來。作為一種普遍的心理習慣，它又是通過民間文化的長期宣揚而滲透到社會的每一角落。戲劇、小說、說書、彈詞、寶卷等等民間說唱藝術中充滿了有關「三綱」觀念的發揮；民間文化可以說是使「帝王意識」、「家長制」之類的心理習慣凝聚起來的一股力量。這些心理習慣才是一黨專政下個人崇拜的基本養料。

最後，我必須指出，一般而言，「顯文化」與「潛文化」的對比祇有在相對的意義上才能成立。作者強調這一對比則是和他的生活經驗分不開的：他成長在一個完全封閉的、徹底一元化的、全面壓制的政治體制之下，任何與官方意識形態有最細微歧異的思想或觀念都見不到天日。即使是官方意識形態，也祇容許有一個「正確的解釋」；誰在黨內奪到最高的權力便同時佔有「解釋」的最後權威。所以作者對「顯文化」的氣燄逼人，感受甚深。但是作者成學在八十年代，適值官方意識形態衰落和「文化熱」流行，因此他對「顯文化」和「潛文化」之間的緊張關係也有親切的體認。

然而這不是文化轉換的正常狀態。從清末以來，西方的思想、制度、技術、以至日用品便已不斷傳入中國，「五四」以後更出現了「全盤西化」的呼聲。這是胡適所謂「長期滲透」型的文化轉換的過程。在二十和三十年代，中國知識界確有一種傾慕西方思想的傾向——包括自由主義與馬克思主義，但是中國傳統文化仍然有存在的空間，並不需要潛藏在地下。也許在西化派那裏，西方文化已取得「顯文化」的地位，而中國傳統則退居於「潛文化」層次。胡適是西化派的一位主將，他在一九三三年英文本《中國文藝復興》的〈序〉中說：

> 慢慢地、悄悄地，但又毫無可疑地，中國的文藝復興正在一步步地變成事實。這個再生的產品初看使人疑心是西方的。可是剝開它的表層，你就會發現它的構成質料主要還是中國的根基；經過多少風雨侵蝕之後，這個中國的根基現在顯露得更清楚了。——這便是人文與理性的中國，因接觸到科學和民主的新文化而復活了。

胡適在這裏確以「顯文化」與「潛文化」來解釋中國現代的文化轉換：二十世紀的中國在表面上具有「西方的」色彩，但在骨子裏面仍然是「中國的」傳統。但是胡適所描寫的文化轉換是在中西兩大文化自由接觸、自然交流的情況下發生的。這兩種文化的關係並不是西方的「顯文化」取代或壓制中國的「潛文化」，而是前者誘發後者所原有但未能暢發的某些精神因子——如人文與理性的精神，以促進中國的現代化。更值得注意的是，胡適雖然分別繫屬西方文化和中國文化於「顯」與「潛」的兩個範疇之中，他給予「潛文化」的分量卻遠比「顯文化」為重。這是他堅持把「五四」的新文化運動定名為「文藝復興」的根本原因。換句話說，他認為中國的現代化基本上衹能是中國文化自身的轉化與新生，西方文化不過在開始的階段起著接引作用而已。

無論我們是否同意胡適關於文化變遷的觀察和論斷，他以西化派領袖的身分說出上面的話，至少說明了：在一九四九年以前的中國，「顯文化」與「潛文化」的分別不但是相對性的，而且二者之間有一種互相依存的關係。這種情形並不限於現代中國，其他時代或其他文化也有過文化轉換的事例。例如佛教初入中國時有所謂「格義」，即表面上是佛教而暗地裏附會老莊及其他中國思想；宋、明以後的理學也有人稱之為「陽儒陰釋」。以西方史而言，希臘古典文化與希伯來宗教文化便曾一再發生過互為表裏的轉換。甚至十八世紀啟蒙運動，旨在摧破中古基督教的定於一尊，但是專家曾指出，啟蒙哲學家所建構的理想世界依然不脫聖奧古斯汀的「天國」模型，不過運用了科學革命以後的新材料而已。這也是「顯文化」與「潛文化」在轉換中互相依存的一個例證。總之，如果我們採取相對的觀點，那麼「顯文化」與「潛文化」這一對概念是大有助於文化研究的。這是本書的一個重要論點。

笑敢要我為本書寫序，但我不願寫一篇應酬式的文字，敷衍了事，所以挑出我讀此書所得到的幾點感想老實地寫出來，以答他的誠意。如果這篇序文可以引起讀者深探本書旨趣的興趣，那便超過我最大的奢望了。

一九九四年十一月十七日於普林斯頓

（劉笑敢《兩極化與分寸感：近代中國精英思潮的病態心理分析》，臺北，東大，一九九四）

田浩《朱熹的思維世界》序

田浩的《朱熹的思維世界》英文原本出版於一九九二年。我曾為該書寫過一篇簡短的〈前言〉，略述其特色與貢獻，以備西方的讀者參考。現在這本書的中譯本問世，作者也希望我再寫一篇前言，我覺得義不容辭，欣然接受了這一愉快的任務。但中文本並不僅僅是英文本的單純翻譯，在中譯的過程中，作者對原著又進行了擴充和修訂，所以呈現在中文讀者眼前的，其實是一部更完備、更縝密的新著。正因如此，我這篇前言也不能不另起爐灶，而且面對中文的讀者，我事實上也必須重新寫一篇不同的前言。限於時間，這篇前言仍然衹能是很簡短的。

首先我要指出，此書不但是一部思想史的研究，並且注重思想的社會背景，因此也可以說是思想史與社會史交互為用的研究。這和一般哲學史的取徑頗有不同，而各有短長，但決無法互相取代。在學術多元化的今天，我們必須尊重不同的研究方式同時並存。我自己的傾向自然是和本書作者比較接近的，但是我也深知思想史與社會史的研究方式有其本身的限制。這種研究的長處是能把思想的發展放在當時的文化、學術、社會、政治等情境中求得瞭解，因而予讀者以既生動又具體的印象；其短處則是稍不經意即容易流入某種方式的化約論以至決定論，使思想的自主性消失在外緣情境之中。本書恰恰發揮了這一研究方式的長處，而避免了它的短處。作者運用史法的圓熟和整體論斷的均衡是特別值得讚揚的。

《朱熹的思維世界》事實上是一部南宋道學史。作者在本書中用「道學」為總持的概念以通貫全部的討論，這不失為一個明智的抉擇。作者認為「理學」一詞專指程朱一派的哲學立場，不能用來範罩整個南宋時期；他又指出英文「新儒學」(Neo-Confucianism) 之稱現在已泛指「宋學」，未免失之過寬。這個「正名」的問題十分緊要，但又確實相當麻煩，很難得到滿意的解決。語言雖然是「約定俗成」之事，可是名詞的涵義在不斷使用之中便會發生或廣或狹的變化，例如 Neo-Confucianism 一字，最初正是卜德 (Derk Bodde) 用來譯馮友蘭《中國哲學史》下冊第十章和第十五章所標「道學」之名的，但卻在不知不覺之中擴大了涵義，超出原來「道學」的範圍了。

「道學」一詞更是變化多端，難以董理，作者在此書中則對它的內涵加以明白的規定。作者不取《宋史．道學傳》的「道學」觀念，因為這是程朱學術變成欽定的「正統」以後的狹義用法。相反的，作者主張回到北宋早期對於「道」和「道學」那種較為寬闊的理解；因此他說道學涉及儒家理論中互相關聯的三個層次：（一）哲學思辯，（二）文化價值，（三）現實政論。不但如此，他更明確地指出，現代學人過度醉心於宋代「形而上學」——即第一個層次——的研究，因而不免對其他兩個相關的層次有所忽略，這正是我在前面所說的思想史研究和哲學史研究之間的不同。

我很同情作者所採取的立場，祇有對「道」和「道學」作廣義的解釋，才能較好地處理南宋儒學的內部問題，包括它的多樣性和實踐性。《宋史．道學傳》中的程朱「道學」雖然因為正統化的緣故變得狹化和僵化，但朱熹本人對「道」和「道學」的看法仍然保持了早期的闊大的氣象。在他所輯《五朝名臣言行錄》中，保存了劉彝對於他的老師胡瑗的一個素描：

> 臣聞聖人之道，有體有用有文：君臣父子、仁義禮樂，歷世不可變者，其體也；詩書、史傳、子集，垂法後世者，文也；舉而措之天下，能潤澤其民，歸於皇極者，其用也，國家累朝取士，不以體用為本，而尚其聲律浮華之詞，是以風俗偷薄。臣師瑗當寶元、明道之間，尤病其失，遂明體用之學以授諸生，夙夜勤瘁二十餘年。專切學校，始自蘇、湖，終於太學。出其門者無慮二千餘人。故今學者明夫聖人體用，以為政教之本，皆臣師之功也。（卷十之二，「安定胡先生」條）

今人徵引此節往往從《宋元學案．安定學案》轉手，不知其文曾經朱熹編定。程伊川也出於安定門下，他在太學時所寫〈顏子所好何學論〉今仍存文集中。我們可以說程、朱關於「道」和「道學」的見解大概也曾受到胡瑗的啟發。作者的三分法自然與胡瑗體、用、文的判劃不同，但以範圍而論，則不得不說是大體相近（作者在英文本中曾提到胡瑗的體、用、文，中譯本則已略去）。

作者把南宋道學史分為四個時期，其著眼點主要在於學術與政治之間的關係。這一分期很有助於讀者對於南宋道學的演變過程的認識。根據這一分期，我想提出以下的觀察：第一時期（一一二七——一六二年）是南宋道學的準備階段，但同時也是儒學從北宋轉入南宋過渡階段。北宋時代二程已提出了「道學」的新觀念，而且道學的基礎也已在周、張、二程手上穩固地建立起來，但是道學在當時僅僅是儒學復興中的一個旁支，尚未能取得主流的地位。北宋儒學主流其實是王安石所代表的新經學和司馬光所代表的新史學。這是熙寧、元祐黨爭的學術核心之所在，二程在其時並沒有太大的社會影響力。即以道學的內部而言，程門高弟對道學的信仰究竟堅定到什麼程度，也還是一個值得研究的問題，否則朱熹也不會慨歎他們「下梢都流入禪」了。用當時的話說，道學在北宋還沒有「鞭辟入裏」。南宋道學的第一期便是為道學的再出發作準備的。

道學真能「鞭辟入裏」是第二、第三期的事。這是朱熹、張栻、呂祖謙、陸九淵、陳亮諸巨儒在學術思想上特別活躍的時代。這裏所謂「鞭辟入裏」並不僅在哲學思辯的層次為然，即在文化價值和政論的層次上也是如此。舉一個最明顯的例子：二程雖有不少弟子問學，但並沒有正式講學的機構和組織。程頤退休洛陽時，甚至謝絕門人追隨前來。書院成為道學的傳播中心是朱熹和陸九淵時代的新發展，如白鹿洞書院和象山書院之類，尤其是道學得以流布天下的關鍵。若以作者所採取的廣義而言，道學在第二、第三期不僅規模宏大，而且創造力也十分旺盛。陳亮所反對的「道學家」是所謂「閉眉合眼，朦朧精神」一流人物，這正代表著最狹義的「道學」的頹波，他決沒有把朱熹、陸九淵包括在這種「道學家」之內。相反的，從廣闊的觀點說，朱、陸等人也未嘗不認為陳亮仍是「吾道中人」，否則「道不同不相為謀」，他們之間便不會發生那麼熱烈的討論以至爭辯了。

第四期始於朱熹身後，下至南宋之亡。道學雖在這個階段被朝廷尊為正統，但已失去第二、第三期的多彩多姿和蓬勃活力。朱子一家的道學成為政治上的正統思想發生在宋理宗一朝（一二二五——六四年）。以「理」字為廟號、古今祇此一家，這正是因為他「升濂、洛九儒，表章朱熹《四書》……以理學復古帝王之治」（《宋史·理宗本紀贊》）。但事後回顧，這毋寧是一個辛辣的反諷。理宗皇帝不但象徵了「理學」的式微，而且也標誌了宋朝的衰亡。宋太祖早年詠月，嘗有「才到中天萬國明」之句，氣象萬千，一直被看作是宋朝興起的朕兆。理宗題詩於太祖詩後，竟作「併作南樓一夜涼」的蕭瑟語，故元儒劉因題〈宋理宗南樓風月橫披〉之二云：「誰知萬古中天月，只辦南樓一夜涼。」（《靜修集》五，文淵閣《四庫全書》影印本）誠可謂慨乎其言之。我覺得劉因的詩句也恰好可以移用於南宋道學的盛衰。道學在朱熹的時代正如「萬古中天月」，但到了理宗之世也不免使人生「南樓一夜涼」之感了。

最後，我想談一談本書所流露的作者的思想傾向，以為讀者理解之一助。作者是二十世紀的美國史學家，他自己的文化價值自然偏向於多元、寬容，而不能接受學術思想之定於一尊。但是作者治史則尊重客觀，不以一己的好惡進退古人。現在作者寫南宋道學史，最後必須歸結到程朱成為欽定的道學正統，他自己的價值取向和他所處理的歷史事實之間恰恰發生了直接的衝突。我相信作者在材料的取捨和組織方面必不免因此而大費斟酌。本書不列朱熹為專章，而每一章都有朱熹，其原因之一也許便是要避開道學正統問題的困擾。

這樣的處理方式若在哲學史論述中自有商榷的餘地，但在以呈現南宋「思維世界」為主題的思想史研究中，卻不失為別開生面。作者對朱熹的歷史地位的尊重是無可置疑的，但是他自己的價值取向則在有意無意之間阻止了他把朱熹推向道學正統的位置。在南宋時代，朱熹代表了道學中的主流，這是無可否認，也不必否認的歷史事實，本書充分地揭出了這一客觀的事實，但正統則是權力結構的產物，這是作者所不肯認同的。承認主流而不認同正統，作者的自由主義的立場在這裏表現得十分明朗。

在作者所處理的幾位南宋儒學大師中，我發現他對於呂祖謙最具有同情的瞭解。這可能是由於呂祖謙代表了寬容、開放和多元的一種儒家典型。呂祖謙無論對於朱熹、陸九淵或陳亮都表現出十分寬容的精神，朱、陸的鵝湖之會也是他一手安排的。更有趣的是，作者特別引了呂祖謙「善未易明，理未易察」的話來證明他的「包容傾向」，但是作者似乎並不知道這句名言是中國自由主義者胡適曾經大力宣揚過的，並且在五十年代的大陸引起了廣泛的「清算」。作者和胡適不謀而合，特別欣賞這句話，正因他們的價值取向基本上是相近的。歷史的客觀和歷史家的主觀是相反相成的，歷史在每一個時代都必須重新研究、重新撰寫，這是因為史學工作不僅是已往事實的重建，而且也是當前意義的創新。

一九九六年三月十五日序於普林斯頓

（田浩《朱熹的思維世界》，臺北，允晨，一九九六）

柳存仁《和風堂新文集》序

——明清小說與民間文化

柳存仁先生是我生平最敬重的一位學者。自五十年代末以來，柳先生刊布了大量有關中國文史哲的研究論著。就我所見到的專集而言，下面四種是最重要的：

一、Liu Ts'un-yan, *Buddhist and Taoist Influences on Chinese Novels*, vol. I, Otto Harrassowitz, Wiesbaden, 1962（《佛道教影響中國小說考》）

二、*Selected Papers from the Hall of Harmonious Wind*, E. J. Brill, Leiden, 1976（《和風堂論文選集》）

三、*New Excursions from the Hall of Harmonious Wind*, E. J. Brill, Leiden, 1984（《和風堂散策新集》）

四、《和風堂文集》（上、中、下三冊），上海古籍，一九九一。

此外柳先生還有不少單篇論文散見於中外學術刊物中，並未收入集內，其著述之富，至可驚羨。但是認識柳先生的人都知道，他不但取精用弘，而且厚積薄發，胸中還不知積蓄了多少題目和資料，尚待一一寫出。

現在柳先生將最近幾年來的研究論文收集在一起，編成一部《和風堂新文集》，這對於柳文的愛好者真是一項莫大的功德。因為這些論文大部分都發表在各種學報和專刊之中，一般的讀者如果沒有現代大型圖書館的便利是很難有機會見到的。《新文集》顧名思義自然是《和風堂文集》的續編，體例和分類也一脈相承。此編分為四個部門：第一分經、史，第二分道教史，第三分小說史，第四分文學雜著。《和風堂文集》雖未明標四分，事實上也是這樣排列的，這從目錄的分段中可以一目瞭然。

承柳先生雅囑，要我為他的《新文集》寫一篇序言。受寵若驚之餘，我不免既惶悚，又躊躇。惶悚，因為柳先生是我的學術前輩，依照中國文化的傳統，我萬無寫序之理；躊躇，因為柳先生「高文博學」（錢默存先生的用語），我不足以窺見其造詣之精微於萬一。

但是幾經考慮之後，我還是決定承擔下柳先生交給我的任務，這是因為我在下面寫的並不是傳統的「序」，而是現代的「引言」(introduction)，旨在將柳先生的治學精神和學術淵源介紹於《新文集》的讀者，限於時間，下文所述極為簡略，且恐不免多誤，好在原書俱在，讀者不難自作判斷。無論如何，我願意借這個機會說出我個人對於柳先生的學問的理解。

以中國現代的學術分類而言，柳存仁先生的專業領域是中國小說史和宗教史（特別是道教史）的研究。但是柳先生並不僅僅是所謂「窄而深」的專家，他同時也是對中國文化的各方面都具有睿識的通人。事實上，他的小說史和道教史的背後有一部貫通著古今的中國文化史。關於這一層，任何人祇要仔細讀過《和風堂文集．序》便可以得到充分的印證。在這篇長序中，作者從《四庫全書總目提要》起講，中間特別強調「三《禮》」研究的重要，其著眼點主要便在於追溯「古代的社會制度和人民生活」是怎樣一直演變到現代的。這正是作者現身說法，從多方面指示我們如何通過古籍的精密探討以疏導中國文化的源與流。所以在我的認識中，柳先生是一位廣義的文化史家，小說史和道教史則為他進入中國文化史這一廣大的世界提供了兩條新途徑。這兩條新路雖然不是他最先開闢的，但他在這兩條路上披荊斬棘的勞績卻比任何人都要大，這是學術界所公認的事實。

柳先生開始以小說和道教為門徑探索中國文化，至少是四、五十年前的事了。但是有趣的是：他的研究取向今天卻恰好在西方史學界大為流行。最近一二十年來，西方史學研究的重點明顯地朝著文化史方面移動。這一動向的原因很複雜，這裏不能深談。照一般的分析，下面兩個學術上的動力是比較值得注意的：第一是史學家已不能再心安理得地接受經濟、社會決定論的歷史解釋。甚至馬克思主義派和法國的年鑑學派 (Annalistes) 也有不少人改絃易轍，投身於文化史的研究。第二是解釋派的人類學 (interpretive anthropology) 注重文化符號在一般人的生活中的「意義」(meaning) 對於文學家發生了很大的影響。人類學和史學的合流是文化史興起的一個重要原因。更應當指出的是今天流行的文化史，其研究重心完全偏向「民間文化」或「通俗文化」(popular culture) 方面，這和以往的文化史之注重上層文化（elite culture 或 high culture）截然異趣。民間宗教、巫術、戲文、小說或其他通俗文字因此成為史學家的主要研究素材。這一新風氣最近也吹進了西方的中國史領域，明清時代的「民間文化」已開始受到廣泛的注意。演義小說、雜劇、地方戲、善書、寶卷文學等都在民間文化的角度下獲得新一代史學家的重新檢討（可參看 David Johnson, Andrew J. Nathan, and Evelyn S. Rawski, eds., *Popular Culture in Late Imperial China*, University of California Press, 1985）。又如明代「功過格」的發展與社會變遷以及道德秩序之間的關係，最近也有英文專書討論（見 Cynthia J. Brokaw, *The Ledgers of Merit and Demerit: Social Change and Moral Order in Late Imperial China*, Princeton University Press, 1991）。其書雖未標「民間文化」之名，事實上也是關於明代民間文化的專題研究。在這些新論著中，柳先生的英文著作都是不可或缺的參考文獻。我可以毫不遲疑地斷言，隨著明清民間文化研究的不斷擴大，柳先生在小說史和道教史方面所取得的巨大業績將越來越受到史學界的重視。因為從史學的觀點說，柳先生過去四、五十年來的工作恰恰是為中國民間文化史奠定了一個最堅實的基礎。但是柳先生對小說史和道教史的深入研究是從中國文、史、哲的綜合傳統中引申出來的，並不是無源之水。新史學家恐怕還要經過幾代的努力才能充分地認識到他的全部中英文著作的價值。這裏涉及了上層文化與民間文化之間的關係，在中國和西方的整體傳統中有種種微妙的差異。無論如何，我們必須承認下面這個事實：即本世紀中國學人治戲曲史、小說史、宗教史而卓有成績者無不植根於經、史、子、集的舊傳統，如王國維、魯迅、胡適、陳垣、余嘉錫等都是顯例。用中國傳統的語言說，似乎學者若不能盡「雅」（上層文化），則也不易深入地賞「俗」（民間文化）；「雅」與「俗」之間存在著千絲萬縷的牽繫。柳先生的小說史和道教史研究便直接來自這個學術傳統。

已故戴密微 (Paul Demiéville) 先生為《和風堂論文選集》寫序，提到柳先生有一部小說體裁的長篇自傳——《青春》，敘述他二十年代在北京的童年生活。可惜我至今還沒有眼福讀到。在《和風堂散策新集》中，柳先生附錄了一篇英文講詞，回憶他童年時代的片斷生活，雖然趣味盎然，但於早年讀書的經過卻語焉不詳。不過從戴密微的序中，我們知道柳先生十八歲那一年（一九三五）已出版了一部中國文學史，那麼他在入大學前中國文史修養所達到的深度也就不難推想了。

從柳先生論著中所偶然流露的一些自傳材料，加上最近發現的若干相關文獻，我現在已可斷定他的學術取向是在他考進北京大學以後奠定的。柳先生入北大國文系在一九三五年，這是一個關鍵性的時間，因為上一學年北大國文系剛剛發生了一場重大的變動。胡適

〈一九三四年的回憶〉說：

這一年北大方面的改革有一點足記：我兼領中國文學系主任……中國文學系減去三個教授，添的是我，傅斯年（半年），和羅常培，也是一進步。我今年開始擔任「中國文學史概要」，是我第一次「改行」，雖然吃力，頗感覺興趣，有許多問題，向來不注意的，此時經過一番研究，都呈現新的意義，大概我的文學史是可以寫的了。

中國文學系的大改革在於淘汰掉一些最無用的舊人和一些最不相干的課程。此事還不很徹底，但再過一年，大概可以有較好的成績。（見《胡適的日記》，第十二冊，臺北，遠流，一九八九）

胡適在這裏雖然輕描淡寫，但其實這是北大國文系的一件大事，當時曾引起風波，〈回憶〉中所說「無用的舊人」主要是指林損（公鐸）和許之衡（守白）兩位教授。周作人在〈北大感舊錄．林損〉中告訴我們：

他算是北大老教授中舊派之一人，在民國二十年頃，北大改組時，標榜革新，他和許之衡一起被學校所辭退了。……他大寫其抗議的文章，在《世界日報》上發表的〈致胡博士〉（其時任文學院長兼國文系主任）的信中，有「遺我一矢」之語，但是胡適之並不回答，所以這事也就不久平息了。（見《知堂回想錄》，香港，三育，一九七〇，下冊，頁四八六——七）

由於這次的「改組」，北大國文系才正式進入了「整理國故」運動的軌道，其結果不但是胡適講授「中國文學史概要」，而且孫楷第（子書）也得以繼馬廉（隅卿）之後在北大開小說史的課程（馬廉卒於一九三五年二月十九日，見《知堂回想錄》，下冊，頁三七〇及五〇七——五一一。其時孫楷第任職於北平圖書館，故在北大當屬兼任。一九三七年三月六日孫楷第有一封長信給胡適，始討論北大國文系聘他為專任的問題。原信影印本見耿雲志主編《胡適遺稿及秘藏書信》，合肥，黃山書社，一九九四，第三十二冊，頁六一〇——四）。

上面簡略地介紹了一九三四年以後北大國文系的新氣象，這對柳先生的學問路向實在發生了決定性的影響。柳先生認真治小說史始於《封神演義》作者的考證，事在一九三六年春，也就是他在北大第一年第二學期的時候。那時他正是胡適中國文學史班上的學生，同時他大概也聽了孫楷第小說史的課。關於這一點，他後來在論文中曾屢屢提到（如《和風堂文集》下冊，頁一二三二及一二六一——二）。但是最能說明這種影響的還是我最近發現的柳先生給胡適的四封信，收在《胡適遺稿及秘藏書信》第三十冊（頁六三〇——九）。《秘藏書信》僅影印原件，絕大多數有月日而無年份，以致次序往往錯亂，柳先生這四封信也是如此。我根據內證，可以斷定第一信寫於一九三六年十二月二十二日，第二信一九三九年八月三十日，第三信同年三月二十四日（此二信顛倒了），第四信一九四〇年六月八日。現在將第一信全錄於下：

適之先生：

暑假前聽先生「中國文學史綱要」課，言及《封神傳》著者問題，曾說大概是揚州陸長庚作，後讀《獨立評論》，見先生與張政烺先生通訊，頗證此說。今年秋間，學生對《封神傳》與陸氏之關係的問題，甚感興趣；曾加詳考，頗有所獲。近日寫有一篇東西（約萬字），題為「封神傳與陸西星」。曾請孫子書先生審正，孫先生並加意見及修改。大概這個問題，很近具體化，頗可成立了。因此說前曾由先生及子書先生提出，故生那一篇小文，並擬呈政，不知您有空暇可以抽出賜正否？便中敬懇示知為禱。專此，敬請

鈞安

學生柳存仁敬上十二月二十二日

張政烺和胡適關於《封神演義》作者的通訊分別作於一九三六年六月八日和十日，刊在當時《獨立評論》第二〇九號上，故柳先生此函必在同一年。由此可知他入北大國文系的第一年，便為《封神傳》作者的問題深深吸引住了，第二年秋季已寫成了一篇長達萬言的考

證文字（第三封信說：「生前作陸西星作《封神傳》考證，曾蒙在《北大文史週刊》發表。」當即指此文）。從此他踏上了小說史研究的漫長征程。由於陸西星是道教中人，而《封神傳》也以道教為主體，他又更進一步展開了道教史的系統整理。我們可以說：柳先生通過小說和宗教的「雙修」以闡明中國文化史的性質，其始點便是一九三六年的《封神傳》考證。屈指算來，今天恰好是六十週年。

我讀柳先生這四封信，最受感動的是他的鍥而不捨的精神。這四封信先後跨越了五個年頭，不但封封涉及《封神傳》作者的考證，而且每一封信都報告了最新的發展，或是新材料的發現，或是考證的新收穫。所以《封神演義》的最後編寫人是陸西星這一假設雖然是由張政烺、胡適、孫楷第等人最早提出的，但是此說之獲得完全證實則必須歸功於柳先生一人的長期辛勤的努力。如果我們要尋找一個前例，則清初閻若璩考證《古文尚書》適可比類。疑《古文尚書》為偽者早有吳棫、朱熹、梅鷟、焦竑諸人，但他們的說法都祇能算是不同程度的「假設」，必待《古文尚書疏證》出然後方可謂之「證實」。柳先生的《佛道教影響中國小說考》及其他有關陸西星的中英文論文便是《封神傳》考證方面的《古文尚書疏證》，這是毫無可疑的。

中國的「國故整理」運動在三十年代已達到了完全成熟的境界。這個運動一方面繼承了清代考證學的舊傳統，另一方面則吸收並融合了西方現代學術的新眼光。所以三十年代是中國文、史、哲各方面的研究最有光彩的一段時期，一時大師輩出，傳世名著往往而有。錢賓四師回憶當時北平學術界的情形說：

要之，皆學有專長，意有專情，世局雖艱，而安和黽勉，各自埋首，著述有成，趣味無倦，果使戰禍不起，積之歲月，中國學術界終必有一新風貌出現。（《師友雜憶》，臺北，東大，一九八三，頁一五八——九）

這是親身體會的話，句句真切，不但北平如此，推之全國亦然。柳先生的學問便是在三十年代「整理國故」這一新學術氣氛中孕育出來的。

柳先生在北大祇讀了兩年，便碰到了蘆溝橋事變，他最後兩年則是在上海光華大學借讀完成的。一九三九年三月二十二日致胡適函云：

> 生自離北平後，即來滬。因舍下向住滬，生亦在光華大學借讀。教授有張歆海、蔣竹莊、呂誠之諸先生。今夏即算卒業。

同年八月三十日又函胡適（即《秘藏書信》中的第二封信）云：

> 生現僥倖已在北大國文系卒業，刻任光華大學史學系講師，並略兼太炎文學院課務。

因為是「借讀」，所以他仍算「北大國文系卒業」。信中提到的三位教授，張歆海是白壁德 (Irving Babbit) 的入室弟子，在哈佛的博士論文是《安諾德的古典主義》(*The Classicism of Mathew Arnold*)；蔣竹莊即蔣維喬，佛學造詣尤深；呂誠之即呂思勉，是史學大家。所以柳先生在北大和光華各讀兩年，得以兼攬南學與北學之長，這更是一種最難遇的機緣。

據一九四〇年柳先生致胡適第四封信（信中提到「錢賓四先生亦將由蘇州來滬」和「最近林語堂先生返國」，這兩件事都發生在一九四〇年），他在七月間即將去香港，追隨許地山在香港做研究。許地山也治宗教史，曾有關於摩尼教與道教的論著。這時似乎正在研究《道藏》（見《陳垣來往書信集》頁六六八，陳垣與其長子樂素往函第五七通，一九四一年二月三日。上海古籍，一九九〇）。更巧的是陳寅恪這一學年也在香港大學擔任客座教授。柳先生自然不會放過向他們問學的機會；他後來精治《道藏》，一部分的淵源或亦在此。一九四一年（辛巳）錢鍾書過香港贈柳先生詩，有「論交多巨子」之句，恐怕也是就地取材吧。總之，柳先生以特殊因緣，早年轉益多師，擇善而從，他所取得的巨大成績，不僅是個人才性的充分發揮，而且也是「國故整理」成熟時期最具典型意義的一種研究結晶。

柳先生曾指出，中國的學術傳統比較偏重綜合，而西方的科學方法應用到人文研究方面則特別以分析的嚴密見長。因此他強調我們必須結合中西之長，「才能夠綜合之中有分析，分析之後再綜合，達到現代人希望的做中國學問的一個境地」。這正是三十年代中國國學界的一個共識。他說：

任何一個特定的問題研究的對象都有它的小範圍和大範圍。小範圍自然集中在和那問題本身直接有關的時、地、人、事各方面的情態，但是小範圍內直接的問題也有時候不是單從排比一下它本身已經具有的材料就一定可以解決的，否則這問題也就不成為什麼問題了，那麼進一步就得從大範圍落墨。（《和風堂文集．序》，頁二九）

這是對於「綜合中有分析，分析之後再綜合」在研究程序上的具體說明，也是柳先生以「金針度人」的現身說法，他的一切論著都體現了這一研究程序。

柳先生在中國學術的博雅傳統方面具有深厚的修養；他同時也承受了清代以來經、史研究所發展出來的一切專技訓練，如訓詁、校勘、目錄、版本之類無一不擅其能事，但其治學方式則徹頭徹尾是現代的。這一點特別表現在他的專業精神上。他選定了小說史和道教史為專業之後，便全力開拓這兩個知識領域的疆土。第一是盡量搜集一切有關的資料並施以全面而有系統的整理。因此在小說史上他有《倫敦所見中國小說書錄》（*Chinese Popular Fiction in Two London Libraries*，香港，龍門，一九六七）之作；在道教史上則有《閱道藏記》數十冊筆記（惜尚未刊布）。他在一九六七年已讀《道藏》兩遍，今天更不知又讀了多少遍了。他把清代的目錄、版本、校勘的功夫大規模地應用在小說和《道藏》上面，並寫成無數篇的「提要」，這就為這兩門新興的學問奠定了最可靠的基礎。第二是他的論著，無論是偏重分析還是綜合，都嚴密到了極點，也慎重到了極點。我在他的文字中從來沒有看見過一句武斷的話。胡適曾引宋人官箴「勤、謹、和、緩」四字來說明現代人做學問的態度，柳先生可以說是每一個字都做到了。

第三，柳先生在《和風堂文集．序》開宗明義便點出：研究中國學問需要「努力爬羅剔抉，就前人的業績上去蕪存菁，希望能夠在一個可以預計的時期內在某一方面做出一點成績來」。這更是現代學術專業化的一個中心觀念。在這個觀念中，我們清楚地看到每一門學問的客觀系統是主體，而從事這門學問的人反而是客體了。衹有如此，專業的學問才能發展，知識才能積累。柳先生的話使我聯想到陳垣下面一段關於現代學術論著的描述：

論文之難，在最好因人所已知，告其所未知，若人人皆知，則無須再說，若人人不知，則又太偏僻專門，人看之無味也。前者之失在顯，後者之失在隱，必須隱而顯或顯而隱乃成佳作。又凡論文必須有新發見，或新解釋，方於人有用。第一搜集材料，第二考證及整理材料，第三則聯綴成文。第一步工夫，須有長時間，第二步亦須有十分三時間，第三步則十分二時間可矣。草草成文，無佳文之可言也。（《陳垣來往書信集》，頁六五〇）

柳先生的論文，無論是小說史或宗教史方面的，篇篇都是這樣寫成的。他以專門學問為主體，「因人所已知，告其所未知」，故每一篇論文都有「新發見，或新解釋」。他「在前人的業績上去蕪存菁」，故往往能改正前人的錯誤，包括他以前業師的錯誤。因此中國小說史和宗教史這兩門學問也都在他的手上獲得了長足的進展。

前面曾指出，柳先生也是一位廣義的文化史家。不但如此，他從小說和道教兩個專門領域入手研究明清時代的民間文化，恰好落在今天文化史的主流之中。小說和宗教作品是明清文化兩個特殊部分的文字遺存；通過對這些文字遺存的分析和研究，柳先生最後使我們看到了明清文化的某些面相。但文化有種種不同的面相；而每一面相都有一部分的文字遺存與之相應。所以史學家必須分門別類進行研究，然後文化的全貌才能逐漸呈現。蘇東坡詠廬山詩有「橫看成嶺側成峰，遠近高低各不同」的名句。史學家從不同的方面研究同一時代的文化也是如此。不過廬山是一整體，每一時代的文化也是一整體，不同的局部觀察祇要大體上與事實相去不遠，彼此之間還是能夠互相溝通的。我自己在最近十年來也曾稍稍研究過明清商人意識形態的興起與當時民間文化如小說和三教合一運動的關係，現在讓我略舉幾件事實以印證柳先生的重要創獲。

柳先生前後論明代小說和道教的文字已充分證明了這一所謂民間文化或通俗文化與士人階層的密切關係。事實上，士人不但是這種通俗文化的參與者和消費者，而且也是創造者。這一事實進一步顯示中國的「雅」(elite) 文化和「俗」(popular) 文化之間具有更大的連續性，葉盛（一四二〇——七四）《水東日記》卷二十一「小說戲文」條云：

今書坊相傳射利之徒偽為小說雜書，南人喜談如漢小王（光武）、蔡伯喈（邕）、楊六使（文廣），北人喜談如繼母大賢等事甚多。農工商販，鈔寫繪畫，家畜而人有之；癡騃女婦，尤所酷好，好事者因目為《女通鑑》，有以也。……有官者不以為禁，士大夫不以為非；或者以為警世之為，而忍為推波助瀾者，亦有之矣。（北京，中華，一九八〇，頁二一三——四）

這段記載至少說明了三個問題：第一、「書坊射利」是小說大量刊行的商業背景；第二、「農工商販」透露出小說戲文的廣大讀者群；第三、「有官者」和「士大夫」對於小說戲文頗多「推波助瀾者」。這三點主要是從社會—文化史的觀點著眼的。如果從小說史內部著眼，當時南北讀者嗜好的不同當然更值得深究。

這裏我要特別指出，由於明清士與商的合流，戲文小說在這兩類人的日常生活中越來越佔重要的地位。先說士大夫。他們之中有許多人其實和「農工商販」或「癡騃女婦」一樣地喜愛小說，不過表面上不大肯承認罷了。我這裏所說的士大夫主要是指「儒林傳」型的人物而言，至於李贄、金人瑞這一類旁逸斜出的人物，那就不在話下了。柳先生曾屢次提到王闓運《湘綺樓日記》裏有考證《封神演義》撰寫時代的趣事，我在曾國藩的《日記》中也發現這位「理學名臣」常讀小說，包括《綠野仙蹤》、《儒林外史》、《水滸傳》、《紅樓夢》等。但像這一類詳細而忠實的《日記》太少了，其他士大夫讀小說的事迹大概都已淹沒無聞。不過有時我們也可以從側面找到一些士大夫讀小說的蛛絲馬迹。例如章學誠這位頗帶「衛道」成見的人，平時也攻擊士大夫混《三國志》與《三國演義》為一談，可是他自己寫〈華佗墓詩〉，所用的「典故」卻恰恰是《演義》中的虛構（可看余嘉錫〈書章實齋遺書後〉，收在《余嘉錫論學雜著》，北京，中華，一九六三，下冊，頁六一七——八）。

《水東日記》中提到士大夫從「警世」的觀點提倡小說的話。這也不全是門面話。明末的《警世通言》、《醒世恆言》和最近發現的《型世言》（陳慶浩先生從韓國找到的，臺北，中央研究院中國文哲研究所影印，一九九三）都實踐了這個想法。把這個觀念發揮得最為淋漓盡致的則是清初劉獻廷（一六四八——九五）。他一則曰：

余觀世之小人，未有不好唱歌看戲者，此性天中之《詩》與《樂》也；未有不看小說、聽說書者，此性天中之《書》與《春秋》也；未有不信占卜、祀鬼神者，此性天中之《易》與《禮》也。聖人六經之教，原本人情，而後之儒者乃不能因其勢而利導之，百計禁止遏抑，務以成周之芻狗，茅塞人心，是何異壅川使之不流。無怪其決裂潰敗也。

再則曰：

余嘗與韓圖麟論今世之戲文小說，圖老以為敗壞人心，莫此為甚，最宜嚴禁者。余曰：先生莫作此說，戲文小說乃明王轉移世界之大樞機，聖人復起，不能捨此而為治也。圖麟大駭，余為之痛言其故，反覆數千言。圖麟拊掌掀髯，歎未曾有。（見《廣陽雜記》，長沙，商務，一九四一，卷之二，頁九八）

這確是一番空前的大議論，但若不是在戲文小說極為盛行的時代，這種想法也決不可能出現。劉獻廷在此提出了「雅」文化起源於「俗」文化的理論，又毫不遲疑地逕稱六經是「成周之芻狗」，並進而主張每一時代都必須在「俗」文化的基礎上創造新的六經。他的議論顯然是建立在歷史變遷的新穎觀念之上。清末梁啟超寫〈論小說與群治的關係〉一文（《飲冰室文集》之十），提倡一切革新必須從「先新一國之小說」開始，可以說是劉獻廷議論的現代化翻版。這裏不能詳論小說的社會功能的問題。我祇想指出，這些發現小說戲文有「警世」作用的士大夫，首先必已成為它們的愛好者。他們沉浸在戲文小說的動人故事中的精神狀態大概和一般讀者也沒有什麼不同。

明清士大夫中當然也有不少人對小說戲文抱著深惡痛絕的態度。黃宗羲《明夷待訪錄．學校》篇便主張「追板燒之」，顧炎武也要將「淫辭艷曲」與「非聖之書，同類而焚」（見《日知錄》卷十三「重厚」條）。近人推尊黃、顧，甚至有以中國「文藝復興」或「啟蒙運動」的創始人相許者，他們似乎完全沒有注意到這種「焚書」的見解。但是就我所見，排斥小說最激烈的則是乾嘉時期的考證大師錢大昕。他不但在《十駕齋養新錄》（卷十八「文人浮薄」

條）中，抨擊演義與彈詞，而且特撰〈正俗〉一文論小說的危害性。原文不長，全錄於下：

古有儒、釋、道三教。自明以來又多一教，曰：小說。小說演義之書未嘗自以為教也，而士大夫、農、工、商、賈無不習聞之。以至兒童婦女不識字者亦皆聞而如見之。是其教較之儒、釋、道而更廣也。釋、道猶勸人以善，小說專導人以惡姦淫盜之事。儒、釋、道書所不忍斥言者，彼必盡相窮形、津津樂道，以殺人為好漢，以漁色為風流；喪心病狂，無所忌憚。子弟之逸居無教者多矣，又有此等書以誘之，曷怪其近於禽獸乎？世人習而不察，輒怪刑獄之日係緐，盜賊之日熾，豈知小說之中於人心風俗者，已非一朝一夕之故也。有覺世牖民之貴者亟宜焚而棄之，勿使流播。內自京邑，外達直省，嚴察坊市有刷印鬻售者，科以違制之罪。行之數十年，必有弭盜省刑之效。戒訾吾言為迂，遠闊事情，是目睫之見也。（《潛研堂文集》，《四部叢刊初編縮本》，卷十七，頁一六〇——一）

他的意見顯比黃宗羲和顧炎武更為極端，不但書要焚燬，出版者還要治罪。但是撇開他的道德判斷不談，這篇文字卻是明清小說史上的重要材料。第一，他明白指出：明清小說比儒、釋、道三教的影響力都大得多，因此他稱之為「小說教」。第二，「士大夫、農、工、商、賈無不習聞之」一語則說明小說的讀者群已包括了社會上各階層。十五世紀的葉盛尚衹說「農工商販」是讀者，士大夫不過「推波助瀾」而已；十七世紀的劉獻廷也衹說「世之小人」「未有不看小說者」。現在十八世紀的錢大昕卻劈頭便指出「士大夫」，這至少表示士大夫讀小說這時已經公開化了。所以我認為錢氏此文的史料價值很高，它把小說在明清文化史上突出的地位如實地概括出來了。

傳統的文人習用「士、農、工、商」一類的套語。事實上那個時代讀書識字者主要是士和商。十五、六世紀以來社會上有一個長期的「棄儒就賈」的趨向，許多不第秀才都跑到商人階層中去了。這些人才是小說的基本讀者。這裏衹用舉幾個事例便夠說明問題了。道光時有一個名叫舒遵剛的徽商說：

人皆讀四子書，及長習為商賈，置不復問，有暇輒觀演義說部，不惟玩物喪志，且陰壞其心，施之貿易，遂多狡詐。（見張海鵬、王廷元主編《明清徽商資料選編》，合肥，黃山書社，一九八五，頁二七六）

他的道德評論也可以置之不問。重要的是他指出了一個普遍的事實：商人「有暇輒觀演義說部」。這一風氣自然不限於徽商，山西商人也是如此。三十年代小說史研究蔚成風尚以後，北平書商收購的大批小說都是從山西搜羅出來的，包括極少見的古本《金瓶梅詞話》（見胡頌平《胡適之先生晚年談話錄》，臺北，聯經，一九八四，頁一九八）。不用說，這些小說的原藏者自然是明清的山西商人。讓我再舉一個毫無可疑的具體例證。顧憲成為他的父親顧學（別號南野）寫行狀，有云：

家大人生而倜儻負氣，不耐博士家言，獨遊於諸稗家，喜羅氏《水滸傳》。曰：即不典，慷慨多偉男子風，可寄憤濁世。……再徙涇，僦廛而市，平物價，一權度，廓然不較羸詘，出片言，婦人孺子皆信之。市道騶行。……晚年讀閩人龍江林氏《三教會編》，大悅。自是排擯二氏必援以為證。（《涇皋藏稿》，文淵閣《四庫全書》影本卷二十一〈先贈公南野府君行狀〉，頁一——七）

顧憲成的先世好幾代都是商人。他的父親早年便不好舉業，決意從商。因此小說成為他的主要讀物，他在晚年則變成了林兆恩三一教的信徒。這一點又足以證明當時民間宗教的流行也與商人階層有關。稍後徽商程雲章（一六〇二——五一）也繼林兆恩而起，倡一種三教合一的教派，這是大家都熟悉的事，不用我多說了。

明清小說和民間宗教的興起與發展都以商業文化為其共同的背景，因此我研究明清商人的精神活動往往碰到與小說史和宗教史有關的問題。柳先生的著作是我的重要參考資料。一九八五年我寫《中國近世宗教倫理與商人精神》時已引用過他當時在《明報月刊》上分期發表的〈全真教和小說西遊記〉。最近我更進一步注意明末清初所謂「商業書」的問題，又在柳先生這篇論文中獲得一個意外的發現。現在簡單報告出來以結束這篇序文，並就正於柳先生。

寺田隆信《山西商人の研究》曾轉引了題作「清憺漪子」的《士商要覽》一書中的部分文字（京都，一九七二，頁三〇五——三二二），原書現藏日本內閣文庫。最近山西人民出版社又將憺漪子《天下路程圖引》與黃汴《天下水陸路程》、李晉德《客商一覽醒迷》排印合刊（楊正泰校註，一九九二），書末附有「西陵憺漪子」的〈天下路程圖引序〉和金聲〈士商要覽敘〉。但這位「西陵憺漪子」究竟是誰，寺田隆信書中沒有提起，楊正泰在三書合刊的〈前言〉中也沒有交待。楊氏〈前言〉僅云：「《天下路程圖引》內題西陵憺漪子識，明天啟六年（一六二六）刊，現藏上海圖書館，亦屬稀有本。」（頁二）使我感到困惑的是原書既刊行於天啟六年，為什麼見過原本的兩位中日專家都毫不懷疑地接受了「清憺漪子」的斷代呢？柳先生因考證康熙刊本《西遊證道書》的關係，卻為我解決了這一困難。他告訴我們：

汪憺漪和黃笑蒼在明末清初都不是無藉藉名的人。《證道書》目錄題「鍾山黃太鴻笑蒼子、西陵汪象旭憺漪子同箋評」，正文又題「西陵殘夢道人汪憺漪箋評，鍾山半非居士黃笑蒼印正」兩行文字……汪憺漪的大名是汪淇，他是錢塘人，所設的書肆大概就在杭州。他編過些醫書，《保生碎事》一卷、《濟陰綱目》十四卷俱見《四庫全書總目・子部醫家類存目》，後者是他箋釋別人的著作（《四庫》卷一〇五說他字瞻漪，疑誤）。孫子書（楷第）先生的《中國通俗小說書目》卷三有他的《呂祖全傳一卷附軼事一卷》，是康熙元年（一六六二）刊本，託為呂祖撰，實係小說。這書卷首題「奉道弟子汪象旭重訂」。……呂祖也是全真教依託的純陽呂真君。汪憺漪既然敬奉全真教，《證道書》正文前端刊有《丘長春真君傳》，並且揭出《西遊》是丘處機撰的主張，他的表揚呂祖，也就無足異了。（見《和風堂文集》下冊，頁一三二五——六；並可參看上冊〈序〉，頁八——十）

原來憺漪子和黃笑蒼（周星，一六一一——八〇）都是明遺民，故入清以後，一個自署「殘夢道人」，另一個自署「半非居士」。如果不是柳先生善用《四庫提要》考證小說史和道教史，我們如何能夠知道這麼多關於憺漪子的生平事迹呢？但是柳先生似乎也沒有注意到憺漪子在小說、醫書、道教之外還編寫過《天下路程圖引》和《士商要覽》，特別是後一書中有許多關於商人倫理的思想，大可與他的全真信仰參互研究。前面說過，明清文化史必須史學家從各方面去分頭探討，但是局部觀察最後又必須互相溝通，然後才能由部分進窺全體。憺漪子這個具體的例子便充分說明了這一道理。

最後，我要附帶指出，上面提到明金聲天啟六年為憺漪子《士商要覽》所撰的〈敘〉是一件偽造品。它是從方一桂在天啟六年為程春宇編的《士商類要》的〈敘〉中摘抄出來的。我所看到的《士商類要》題作「新安原板」，又有「文林閣唐錦池梓行」一行字。方一桂的原〈敘〉頗長，偽金〈敘〉除了開始的兩句借用金聲的口吻外，其餘都是從方〈敘〉後半段摘取字句，略加點綴而成。也許是清初出版商（或憺漪子本人）有意借一位死節的明遺民替《士商要覽》作宣傳吧。

一九九六年六月十八日敬序於普林斯頓

（柳存仁《和風堂新文集》，臺北，新文豐，一九九七）

張朋園《郭廷以　費正清　韋慕庭：臺灣與美國學術交流個案初探》序

《胡適日記》「一九五五年三月二十六日」條記載：

寫一封信給朱騮先院長，凡四頁。其中關於新設近代史研究所一事，我寫了幾百字，指出此事所以引起談話會的建議，實因中研院籌辦近代史研究所而不能得史語所同仁的支持與合作，是最不幸的事。

此信很不好寫，寫了恰好李濟之來辭行，我請他看了才發出。濟之說，「先生若不說，誰肯說？」

這條記載所說的「談話會」是指同年三月十九日至二十日在紐約召開的北美中央研究院院士第一次談話會。

我對於近代史研究所成立的經過不十分清楚，但是從上引胡適的簡略日記中，我們已不難看出，近代史研究所從結胎時期開始便有許多不足為外人道的隱痛。在胡頌平先生的《胡適之先生年譜長編初稿》中，我們更可以讀到郭廷以先生創所初期所經歷的無數委屈和打擊，以致他一度堅決向胡適院長請辭籌備主任的職務。近代史研究所真是在「憂患」中成長起來的。大體說來，它在籌備階段所遭到的困擾是「內憂」，但在一九六二年獲得美國福特基金會的資助以後，則引發了一次又一次的「外患」。這些「內憂外患」，張朋園先生在這部專著中已根據第一手的史料予以扼要的敘述。張先生的史筆極盡客觀冷靜的能事，不帶絲毫個人的情緒，這是非常難能可貴的。

我讀完了張先生這部翔實客觀的專題研究，不禁引起了一段回憶和一個感想。現在簡單地寫出來，以答張先生囑我寫序的雅意。

我的回憶是關於郭量宇先生的。大概是一九七二年到七三年之間，我第一次在麻州劍橋(Cambridge)認識了量宇先生，那是他在哈佛大學訪問的時期。在這以前，我已經從楊蓮生師處獲知他在臺北的處境十分困難，而蓮生師則是很敬重他的。一九六八年蓮生師特別出席中央研究院院士會議，主要是為了投人文組兩位候選人的票：先師錢賓四先生和量宇先生。賓四師當選是可以預料的，但他老人家似乎不太願意接受這個虛名，蓮生師告訴我，他的任務是去勸駕的。但量宇先生方面則聽說有一點阻力，蓮生師是去為他護駕的。這次臺北之行，蓮生師完成了雙重任務，他自然很高興。但回美不久，他便在臺北的一份雜誌上讀到了一篇攻擊量宇先生和費正清互相勾結的文字。文字還點明蓮生師此行是奉費正清之命去為量宇先生助選的。蓮生師讀後十分氣憤；他在美國住久了，受不起這種莫須有的誣枉。他在激憤之下寫了一封措辭強硬的信去向那份刊物抗議。我讀了他的原稿之後，當即勸他不要把這種刊物上的文字看得太認真。我向他貢獻上、中、下三策：上策是置之不理，下策是寄出原信，中策是另寫一封平淡的投書，說明事實原委。蓮生師不肯接受上策，勉強採用了中策。但事實上中策的效果是給原作者提供了再一次血口噴人的機會。那位原作者在當時自屬「最忠貞的反共急先鋒」，但今天說不定已比費正清走得更遠了。這是中國現代政治文化的一個顯著特色，本身便大有研討的價值。

在七二到七三這一年，我曾多次和量宇先生交談過，時間越久我對他的敬意也越深，真是所謂「晏平仲與人交，久而敬之」。量宇先生是一位謹飭而寬厚的長者，他雖有黨籍，但在政治與學術之間劃分得十分清楚。他晚年的志願是要為中國近代史的研究奠定現代化的基礎，尤其注重在培養後起的研究人才。正因如此，他才和美國的同行建立了學術交流的遠大計劃。但是我當時並不知道他晚年旅美竟是在「白色恐怖」之下的自我流放。讀到張先生專著中關於這一段的紀事，不禁感慨繫之。我曾讀過量宇先生與人合著的《郭嵩燾年譜》，現在想來，他寫這部年譜也許有所寄託。郭嵩燾在晚清是最能看清世界局勢的極少數的先知之一，但也因此而負「漢奸」之謗。從長遠的歷史進程看，這種性質的「謗」其實正是一種最高的禮讚。

一九七三至七五，我在香港工作了兩年，回美後量宇先生竟已辭世。由於聞訊很遲，連撰文紀念他的機會也不曾有過。現在寫此一段回憶算是遲了二十二年的悼文，量宇先生地下有知也許會發出會心的一笑，我猜想。

我的感想則是關於國際學術交流對於近代史研究所的發展所作出的貢獻。正如張先生在本書中所論證的，如果不是由於福特基金會所提供的十年（一九六二——七一）鉅額補助，這個研究所的成長不可能那樣迅速，更不可能達到今天的規模和成就。張先生特別指出：福特基金會的支援主要是美國方面的費正清和韋慕庭兩位先生促成的。而量宇先生之所以能和費、韋二人合作無間則又同時具有主觀和客觀兩方面的因素：在主觀方面，量宇先生關於中國近代史研究的理念和費、韋比較接近，故能一拍即合。在客觀方面，則雙方各有功利的計算。近史所在創始階段需要大量的經費，而費、韋兩人則重視臺灣收藏的檔案資料和近史所為美國研究人員所提供的訓練基地。這是基於互惠原則的國際合作。不同觀點的政治論述可以對這種合作提出不同甚至相反的解釋。但一切國際合作的本質無不如此，即必須彼此各有所得，「無私的奉獻」在任何一方面都是不存在的。無論是頌揚或譴責都是不相干的。

在三、四十年後的今天，從客觀效果上說，近代史研究所的人才輩出和學術成績卻不能不溯源到量宇先生和費、韋兩位在最初十幾年中的合作互惠。但是此中有一段超越的精神，我覺得是特別值得抉發出來的，即郭、費、韋三位都能超出個人、團體以至國家的利益之外，而承認史學研究自有其客觀公認的學術標準。所以儘管他們三個人各有政治立場或主張，他們卻誰也沒有以個人的政治取向來妨礙史學研究的自由發展。這三人之中，費正清先生自然是最引起爭議的一位。然而事實俱在，費正清並沒有利用這個合作來實現任何不可告人的政治目的，也沒有企圖將他所認可的研究模式推廣到臺灣，使近代史研究所成為美國的史學殖民地。即使在他最具有直接影響力的哈佛大學之內，他最多也祇能控制研究資源的分配，而不能對中國近代史研究的方向維持較為長久的決定作用。事實上，大約從七十年代開始，他所建立的研究「典範」(paradigm)——如西方的衝擊和中國的反應，如傳統與現代化——便已不斷受到後學的質疑。而質疑最深切的正是他一手訓練出來的弟子。張朋園先生對於費正清的中國史觀作了一個簡明而扼要的提綱（見第四章第一節）。但是我們如果對近二十年來美國出版的有關中國近代史的著作稍加披覽，便會發現費氏當年所依據的基本假定和所關注的中心問題今天都已在若存若亡之間了。這恰好說明西方的研究傳統具有相對的自主性和開放性，所以能不斷地自我更新。我在這裏加上「相對的」形容詞，是因為學術研究並不僅是研究社群中的孤立活動，它自然也免不了要受外在因素的影響，包括時代思潮和經濟、社會、政治等各領域中的變動。但每一專門研究傳統的自主性則更為根本，這是上面所說的超越精神的寄身之地。

費正清先生出身西方史學研究的傳統，他自然知道中國近代史作為一個自主的研究領域是不斷在發展之中，因此也根本不可能有以自己的「一家之言」來支配這一領域的想法。量宇先生則出身「尊師重道」的中國學術界，謹守「師說」在中國的學統史上佔有很重的分量。即使在今天中國各地的研究團體中，我們也不難看到有些團體是以「大師」為中心的，因而形成了具體而微的「傳道系統」。這是中西文化背景不同之所致，我們也不必以此而輕議兩者之間的得失。但應該指出的是，以專門研究領域的客觀發展來說，以「學」為中心較有開放性，如易卦之「未濟」；以「大師」（或其學說）為中心則較帶封閉性，如易卦之「既濟」。上面所謂中西文化之異不過就大體而言，並不是絕對的。韓愈〈師說〉所謂「弟子不必不如師，師不必賢於弟子」和禪家所云「智過其師，方堪傳授」都有以「學」為中心的涵義，不過在實踐中往往不易見到而已。這和創立研究團體的學人的胸襟器識有關。量宇先生創辦近代史研究所自始便以「學」為中心，他既無意要弟子們發揮他個人所持的史學觀點和路向，更無意使他個人的政治取向介入研究所之中。在五十年代的臺灣而具此開放和超越的精神，實在是難能可貴的。近史所的多元發展和成績斐然，飲水思源，不能不歸功於創始者的胸襟器識。

張朋園先生運用第一手的檔案史料和當年參與者的證詞，寫成這一個案研究，用功之勤，用心之密，都最值得我們欽佩。這是臺灣四十年來史學史的重要一章，更是中央研究院院史上一大事因緣。我和量宇先生交往甚暫，對於他的成學過程所知尤淺。我在這裏表彰他的貢獻，自信決無「半是交情半是私」之嫌。我所關切的無疑是郭、費、韋三位先生通過中美史學合作而體現的超越精神。中國史學在臺灣的繼續發展仍然需要這一精神的支持，這是我讀完張先生大著以後所獲得的一個最重要的啟示。

一九九七年二月二十六日敬序

（張朋園《郭廷以　費正清　韋慕庭：臺灣與美國學術交流個案初探》，臺北，《中央研究院近代史研究所專刊》八〇，一九九七）

《論學談詩二十年：胡適楊聯陞往來書札》序

一九七六年初我還在哈佛大學和楊蓮生師共同講授中國史。在我生日那一天，蓮生師忽然笑吟吟地持一包東西相贈，說是特別為我準備的生日禮。從禮包的外形看，我猜想是一本書，打開一看，原來是胡適之先生給蓮生師五十多封信的複印本，共一百七十三頁。我當時不僅驚喜出於意外，而且十分感動。因為我知道這都是他在哈佛燕京社的複印機上一頁一頁地親手印製的。蓮生師並且告訴我：他一共複印了兩份，一份贈中央研究院胡適紀念館，一份贈我。我生平所收到的生日禮，以這一件最為別致，也最不能忘懷。

在他親手裝訂好的信冊扉頁上，蓮生師還有下面的題辭：

何必家園柳
灼然獅子兒
英時賢弟存念

聯陞持贈
一九七六年一（丙辰年元月廿二日應為一九七六年二月廿一日）月廿一日
即丙辰元月廿二日時
英時不惑已六年矣

他在另一頁的上端又題曰：「胡適之給楊聯陞的信，一九四三至一九五八。」這就是說，冊中包括了這十六年中胡先生給他的信。這當然不是全豹，但大致可以說：這些信最能表示胡、楊兩公之間的私人交誼，因此許多專門論學的長信都沒有收入此冊。

這些信都是適之先生在旅美時期寫的，一九四三和一九四四兩年屬於前期，即在他卸任駐美大使，移居紐約的時期；一九四九至一九五八屬於後期，即他在大陸政局遽變後流寓紐約的十年。一九五八年他回臺出任中央研究院院長後，便沒有太多的空間和蓮生師通信了。

由於蓮生師這一番贈信的因緣，今天我特別高興能看到《胡適楊聯陞往來書札》的問世。本書所收雙方往來書札已十分完備，為中國現代學術史提供了極為珍貴的新資料。陶英惠先生收集之功和劉國瑞先生的大力支持，是我們必須深深感謝的。陶、劉兩先生囑我為此書寫一篇序，我自然義不容辭。

在這篇序文中，我想敘述一下胡、楊（以下皆省去敬稱）交遊的經過，以為讀者提供一點背景的知識。他們相見始於何時今已不可考，但彼此熟識起來，奠定了終身的師友情誼大概是在一九四三年。這一年二月，胡適到哈佛大學參加遠東文明學系的「訪問委員會」(Committee on Far Eastern Civilization)，先後住了五天，二月十四日的晚上曾在趙元任家中和一些中國學生長談（見《胡適的日記》，臺北，遠流影印手稿本，第十五冊，一九四三年二月十一日至十五日）。楊聯陞是趙元任最欣賞的一個學生，想必是其中之一。所以本年十月初胡適再到哈佛為美國陸軍訓練班（當時的正式名稱是“The School of Overseas Administration”）作六次關於中國歷史文化的講演時，他似乎已和楊很熟了。《日記》本年「十月十日」條寫道：

與張其昀（曉峰）、金岳霖、楊聯陞同吃午飯，飯後同到Dunster House（曉峰寓）大談。

十月十四日的《日記》又記：

晚上在周一良家吃晚飯。同坐的楊聯陞、吳保安、任華，都是此間最深於中國文字歷史的人。周夫人也是有學問的。……在紐約作考證文字，無人可與討論，故我每寫一文，就寄與王重民兄，請他先看。此間人頗多，少年人之中頗多可與大談中國文史之學的。

這裏已可看出胡對於周、楊諸人的賞識，但語氣中也露出剛剛發現一批文史界後起之秀的喜悅。

但是胡和這批青年學人的交情發展得很快，到了第二年（一九四四），胡已打定主意要延攬周一良和楊聯陞到北京大學去任教了。一九四四年六月二十九日胡在《日記》中寫道：

喜見新黃到嫩絲，懸知濃綠傍堤垂。

雖然不是家園柳，一樣風流繫我思。

戲改楊聯陞的「柳」詩，卻寄楊君及周一良君。（我上週去信，約楊、周兩君去北大教書，他們都有宿約，不能即來。）（見《胡適的日記》，香港，中華，一九八五，頁五九八。詩中「傍」字誤印為「旁」，已據胡同日給楊的原信改正。）

六月二十一日胡致楊信之末說：

北京大學萬一能復興，我很盼望一良與兄都肯考慮到我們這個「貧而樂」的大學去教書。

這就是《日記》中所說的「上週去信」。此時抗戰尚未結束，胡也還不是北大校長，但他已開始為北大的復興設想了。如果不是他對於楊、周兩位的學問已有十分深切的認識，胡是決不會預作如此鄭重的表示的。但周是燕京大學保送到哈佛的，必須先回燕京服務，楊則已應張其昀之約，去浙江大學任教，所以都「不能即來」。

楊和胡的交情則更比其他青年學人為深厚。這不僅因為兩人性格都溫厚開朗，特別投緣，而且知識上的興味也最為接近。他們都喜歡歷史考據，都好研究中文的文法和語法，尤其是都愛寫詩。這些共同興趣很早便使他們兩人的交情進入了不拘形迹的境地。一九四四年十月到一九四五年五月，胡適正式接受哈佛遠東系的邀請，教八個月的中國思想史，長期住在康橋，他和楊的關係便益發親密了。據我所見到的一部分楊的未刊日記，楊不但旁聽胡的思想史課程，而且等於作了胡的助教，代為選英文教材，並在胡外出開會時代他監考（可參看胡頌平《胡適之先生年譜長編初稿》校訂版，第五冊，頁一八五四——五，一八六五。這些資料都是楊提供的)。

詩的唱和似乎是拉近兩人之間的距離的一個很重要的媒介。一九四四年十二月二十一日楊陪胡下鄉買一批老傳教士留下的中國舊書，胡在《日記》中寫道：

> 楊君在火車作小詩：
>
> 才開壽宴迎佳客，又冒新寒到草廬。
>
> 積習先生除未盡，殷勤異域訪遺書。
>
> (見《胡適的日記》，中華本，頁六〇八)

胡的生日是十二月十七日，這一年有不少朋友從各地來為他祝壽，先後有兩次大宴會，因此才有首句的「才開壽宴迎佳客」。但楊先生後來告訴我，此句的「佳客」原作「嬌客」，戲指胡的美國女看護。胡笑了一笑，把「嬌」字改作「佳」字。這便是我所說的，他們的交情已不拘形迹了。後來為了買書的事，兩人之間還續有唱和，這裏不必詳述了。楊在一九四五年一月二十九日日記中有一條簡短的記載，說：

上胡課（按：指思想史）。呈閱四年來所作詩，請勿廣布。

一九四九年四月胡適流寓美國，最初一年之內，心情十分黯淡，幾乎從一個「不可救藥的樂觀主義者」變成了一個悲觀主義者了。這一年五月以後的《日記》最能看出他全無興致的低潮心情。七月間楊寫信給他便想用詩來解開他的心結。胡在七月二十七日的回信中說：

謝謝你七月二十一日的信。

你勸我「多作幾首詩」，這個意思頗新鮮，我一定記在心裏。

可惜的是

待等秋風落葉，

那時許你荒寒？

詩是你的，？是我借加的。

這種細緻體貼的詩的感情，今天讀來還能使人低迴不已。

這種感情是相互的。胡對楊的關懷和愛護，也同樣地無微不至。一九五八年三月四日胡給楊的信說：

收到你三月二日的信，知道你有血壓過高的現象，我很掛念，很盼望你多多休息，多多聽醫生的話。……你實在太辛苦，得此警報是有益的。……那晚你來我家，我沒聽見你說起身體近狀，只在你走後我頗責怪我自己「幹麼不讓聯陞多談談他自己的工作，幹麼只管我自己的 talk shop！」現在我明白了，那晚上我說話固然太多，其實時間也太晚，你也太累了，已不是向來的你了，所以你說話特別少。

其實這已是楊在這年年底開始大病的朕兆，第二年他便入院長期治療了。一九五九年四月二十七日胡在臺北覆楊報告病癒的信說：

今天在臺大醫院裏收到你四月十八日的信，我看了信封上你的字迹，高興得直跳起來！拆開看了你說的「昨日（四月十七日）出院回家，這半年不用教書，還可以接著 take it easy。下月起想寫些短篇文字，但當愛惜精力，決不過勞」，我特別高興！我一定把這個好消息報告給我們的許多好朋友。他們都很掛念。

從胡的這兩封信——一寫在楊的大病之前，一寫於初癒之後——我們不難看到，胡對楊的健康流露出一種發自內心的關懷。

胡、楊之間的關係當然不止於詩的唱和或私交方面，更重要的是二十年間幾乎沒有間斷的論學往復。這裏讓我先說幾句關於胡適作為一個學人的風格。胡適一生的活動面極為廣闊，他的自由主義的政治立場尤其受到世人的注意，但從本質上看，他始終不失為一個學人。他一生最愛好的還是中國文學、史學、哲學各方面的研究。他不但自己一直保持著很高的學術興味，而且終身以推動「科學方法整理國故」為最大的樂趣。因此他隨時隨地留心人才，發現了人才之後則不斷加以鼓勵，並不辭「到處逢人說項斯」。同時他又深受現代價值的影響，完全接受了在知識面前人人平等的觀念。因此他對於後輩學人確能站在對等的地位上討論問題，從不露出居高臨下的姿態。一九四三年與楊聯陞、周一良等人訂交以後，他們之間的論學，無論是口舌的或文字的，都體現了一種蘇格拉底對話式的精神，而與中國的語錄傳統不同。胡適研究《水經注》一案始於一九四三年十一月。在以後兩三年的通信中，他曾為了其中梵文問題一再徵詢周一良的意見，也曾為校勘和考據的問題要楊聯陞替他嚴格地審查證據。一九四六年回到北平以後，他在百忙中仍然保持與周一良討論學術，儘管後者在政治上已逐漸左傾。一九四八年秋天，他還寫了一封長信與周商榷牟子《理惑論》的年代問題。這封信後來附在周的論文之後，刊於一九五〇年出版的《燕京學報》上。胡適生前在中國大陸上正式發表的文字，這大概算是「絕筆」了。

四十年代胡適在哈佛結識的後輩學友之中，楊聯陞是相知與日彌深而且終身不渝的一位。一九四九年胡重返美國時，楊在西方漢學界已如旭日初升。胡對他治學的精博，極為推重，故每有所述作必與楊往復討論。這一點在他們的通信中表現得很清楚，如果我們說，楊是胡晚年在學術上最信任的人，那是一點也不誇張的。胡在「遺囑」中指定楊為他的英文著作的整理人，決不是偶然的。

另一方面，楊對胡則終身以師禮尊之，所以他給胡寫信總是自署「學生」。楊是清華畢業生，但曾在北大「偷聽」課。我猜想他一定也旁聽過胡在三十年代所開的關於中國文學史的課程（可惜我當年忘記問問楊先生）。無論如何，楊在哈佛曾聽過胡一學年的「中國思想史」，這是已證明的事實。他事胡如師，是順理成章的。胡心中也未嘗不視楊為他的學生，不過，在文字上未嘗作此表示而已。「雖然不是家園柳，一樣風流繫我思。」這兩句詩便把他們之間的關係描寫得恰到好處。

現代的師生關係是戴震所謂古代的師與友之間，作學生的已不能如莊子所謂「暖姝者，學一先生之言」，更不容易作到恪守師說不變的地步。楊在治學方法上受胡的影響很深，這是不成問題的。但是他並不以胡所標榜的「科學方法」為治學的無上戒令。早年在清華時期，他已從陳寅恪治隋唐經濟史，畢業論文（關於中唐的稅制）便是在陳的指導下完成的。他的專業是中國社會經濟史，因此也接受了陶希聖以社會科學治史的主張。後來陶為他的《漢學評論集》（英文文集）作序，說他是「轉益多師而自成大師」，確不失為知言。故楊從胡遊真能作到擇善而從，而不致把胡的限制變作自己的限制。對於胡立說過當的地方，他往往獻疑質難，不稍假借。例如有關全祖望七校《水經注》的問題、《壇經》之「壇」是否「檀施」之「檀」的問題，楊都不同意胡的「大膽假設」。

但是楊在自己研究的範圍之內向胡求教則往往得到「小扣大鳴」的效果。從一九四九年到一九五八年，楊的不少重要論著都曾獲得胡的攻錯之益，其中有關於考證材料的，也有涉及基本論點的。舉其著者，英文論文中如〈南宋會子的考證〉、〈王莽新朝之「新」的涵義〉及〈中國社會思想史上「報」的觀念〉，中文論文中如〈《老君音誦誡經》校釋〉及〈自搏與自撲考〉等，都在撰述過程中容納了胡的許多批評和建議。他們之間反覆討論所發揮的積極效果是有目共睹的，上述幾篇論文之所以嚴密周洽正得力於胡一方面攻瑕抵隙，另一方面又傾其所知以相助。朱熹詩云「舊學商量加邃密」，於此見之。他們論學二十年，達到了相悅以解、莫逆於心的至高境界。這一知性的樂趣，寓雋永於平淡之中，自始至終維繫著兩人師友之間的深厚情誼。後世讀他們的書信集的人是不能不為之神往的。

最後，我還要指出胡楊交遊中另一個值得注意的特色，即他們之間從來不以政治為談論的題目。這並不表示他們在政治上有什麼基本的分歧，而是因為楊是一位純粹學院式的人物，對於實際政治不但沒有興趣，而且視為畏途。他告訴過我，在三十年代中期，他曾當選為北平大學學生聯合會的主席，那正是學生運動左右分化最為尖銳的時代。他這個主席一直處於左右兩派學生的夾攻之中，吃盡了苦頭。從此以後他便遠離一切政治活動了。胡很瞭解他的性格和想法，所以祇和他談學問，決不涉及政治。作為一個學人，胡的自由主義的重心也偏向學術和思想，與實際政治終不免有一間之隔。儘管四十年代末期的中國局勢逼使他不能不在政治上作出明朗的抉擇，但他的自由主義從未轉化為政治行動。由於他是一個學術本位的自由主義者，他完全可以作到讓政治的歸於政治，讓學術的歸於學術，使這兩個領域不相混淆。

一九四五年十二月十七日是胡適五十四歲的生日，楊聯陞寫了一副對仗工整但又很富於幽默感的壽聯為他祝壽。聯曰：

及門何止三千，更教碧眼兒來，紅毛女悅；
慶壽欣逢五四，況值黃龍酒熟，黑水妖平。

據他說，此聯在紐約的中文報紙上刊出後，他頗受到左派人士的譏刺。因為「黑水妖平」指共軍在東北被國軍擊敗的近事而言。以「黑水妖平」對「紅毛女悅」自屬妙手拈來，涉筆成趣。詩人遇到這種天造地設的對仗是不肯隨便放過的。但這個「妖」字卻也使他的政治同情偏向胡的一邊了。據楊在十二月九日的記事冊上的紀錄，初稿文字與定稿頗有不同，最後四個字原作「白日旗飄」，以文字而論，自遠不及改稿為工穩。但楊的日記又說：「十日與丁梧梓商改。」丁梧梓即丁聲樹，原為中央研究院歷史語言研究所的研究員，其時正在哈佛訪問。所以我們已不能斷定「黑水妖平」四字是作者自己的改筆，還是出於丁聲樹的建議。總之，楊雖然一生遠離實際政治，卻不是沒有政治意識和政治判斷的人，一九四五年四月三日他曾特別注意海耶克那部轟動一時的《到奴役之路》；四月十二日晚他又去聽哈佛經濟系和社會系的幾位名教授討論海氏的書。這一天適值羅斯福總統逝世，他在日記中寫了一首悼詩，起句云：「章憲煌煌告五洲，大西洋月印如鈎。」正是頌讚羅氏的「大西洋憲章」。他的政治傾向還是很清楚的。這兩天的記事為他的壽聯提供了一種思想的背景。從這個意義上說，楊和胡一樣，也是學術本位的自由主義者。正是由於愛好羅斯福所揭示的「四大自由」，他萬般無奈地作出了定居美國的抉擇。然而也幸虧如此，他才躲開了政治的紛擾，在哈佛燕京漢和圖書館裏，窮年累月地博覽群書，終於為西方漢學界放一異彩。

一九四九年胡適重返紐約時，當年哈佛校園中「可與大談中國文史之學」的群英祇剩下楊聯陞一人了。其餘幾位，借用胡的一句名言，不但都已失去了說話的自由，而且也沒有不說話的自由了。我們今天能讀到這一冊胡、楊書信集，真有說不出的意外喜悅。但從產生它的歷史背景看，這一冊書也未嘗不可以說是二十世紀中國學術史上的劫後餘燼。這一堆劫後殘灰，一方面固然足以供後世讀者憑弔二十世紀中國所經歷的滄桑，但另一方面也必將會激發來者的弘願，踏在前人所遺留的業績上，重振「中國文史之學」！

在結束這篇序文之前，讓我再回到個人的立場上說幾句話。蓮生師從遊於適之先生之門是他生平最為珍惜的一段經歷。一九七六年他贈我「何必家園柳」一句題詞便顯然借用了適之先生「雖然不是家園柳」那首贈詩。一九六五年夏天他和我一詩云：

古月寒梅繫夢思，誰期海外發新枝。
隨緣且上須彌座，轉憶當年聽法時。

「古月」指適之先生，「寒梅」是清華大學校長梅貽琦先生。他飲水思源，最念念不忘的還是適之先生當年「說法」的一番錘煉。一九七七年我離開哈佛之前，他又對我說起他先後二十年和適之先生文字往復，受益無窮，樂趣也無窮。因此他希望我去後依然能繼續我們之間長期論學的習慣。不用說，這也正是我所期望於他的。一九八五年我寫《中國近世宗教倫理與商人精神》，除函札往返外，在電話上更和他長談過無數次。最後他為該書寫〈原商賈〉的長序則是他晚年最用氣力的論學之作。他和適之先生互相攻錯在他學術生命中所發生的創造性的作用，於此可見。他不惜以晚年衰病之身從多方面啟發我，主要也是因為他要把他和適之先生的論學傳統延長下去。

我從來沒有見過適之先生，但是我在學術專業上受惠於蓮生師的則遠比他得之於適之先生的既深且多。這已不是尋常感謝的套語所能表達於萬一的。一九六六年我回到哈佛任教，這個新添的職位是他全力爭取得來的。我終於沒有能等到他退休便決定離開了哈佛，從私人情感上說，我對他的歉意是永久的。但是和適之先生一樣，他具有異乎尋常的寬容精神。他不但沒有半點介意的表示，而且尊重我的決定，鼓勵我在學術上充分發展自己的個性。從學術之為公器的一方面看，他肯定了我的決定的正面意義。這也是「何必家園柳」的更深一層的涵義。但是他早在一九七六年元月為我生日題詞時，大概沒有料到這五個字竟成為「一語成讖」的預言吧！

我寫這篇序文時，蓮生師逝世已滿七週年了。他生前最重視中國文化中「報」的價值。但「報」字之義也有從傳統到現代的轉化，可以用種種不同的方式表現出來。讓我謹將此序獻給他的在天之靈，算是我對他一種最誠摯的回報。

一九九八年元月二日敬序於美國珂泉（Colorado Springs）旅次

《論學談詩二十年：胡適楊聯陞往來書札》，臺北，聯經，一九九八）

金春峰《朱熹哲學思想》序

金春峰先生新著《朱熹哲學思想》刊行，希望我寫幾句話在卷首。我很感謝他的信任，但是我不敢對本書的內容有所評騭，祇能就作者成書的外緣略綴數語。

我這樣說，並不是故作謙詞，更不是因為作者與現代哲學名家有所諍議，而不願為左右袒。朱熹思想系統的廣博和複雜是有目共睹的。由於我從來沒有從哲學觀點全面研究過朱熹的著作，我所承受的學術紀律不允許我在這樣重大的題旨上，僅憑一些局部的觀察而輕發議論。這是必須請作者和讀者原諒的。

現代研究朱熹哲學的中外論著雖然數量可觀，但若與西方哲學史研究的情況作一種質的比較，則距離仍然很大。近人有以朱熹比擬於西方十三世紀聖多瑪者，以歷史地位而言，兩者未嘗不能相提並論。但西方關於聖多瑪的研究已不能用汗牛充棟這一成語來形容。即以德、法、英幾種文字的書目而言，已不免令人望洋興歎。何況書目是在日增月益之中，永無止境？所以關於朱熹思想的研究我們祇嫌其少，不嫌其多。而且我更盼望人文學術各部門的專家能從不同的角度對朱熹的學問和思想多作一些「小題大作」式的探究。祇有如此，我們的認識才會不斷深入。歷史上的大學者、大思想家，尤其是著述繁富的，後世的研究者往往不易獲得一致的定論，有時甚至南轅北轍。這可以說是必然的，因為不但他們自己在不同階段、不同領域中呈現出多樣的面貌，而且後世的研究者又不免多借古人的杯酒澆自家的塊壘，解釋紛歧是無可避免的。但是研究成績積累起來，形成一種比較穩定的狀態，那些過分荒謬的說法自然便難逃淘汰的命運。到了這一步，舉例言之，我們對於朱熹思想究竟「是什麼」雖仍不能有定論，但對於它「不是什麼」則漸漸會發展出一些共同的認識。這是一種消減法，即把決不可能成立的假設排除在外，逐步集中研究的焦距。今天的朱熹研究正處在一個新的起點上，金先生這部專著必會受到同行的歡迎。

金春峰先生早在六十年代初便在馮友蘭先生指導之下研究程朱理學，並寫了「朱陸異同」的畢業論文。他當時對馮先生的哲學觀點已發生懷疑，但由於學力未充、學術氣氛更在激變前夕，以致一擱便是三十多年，今天才能完成初願。但僅僅這一份鍥而不捨的治學精神，便是值得我們佩服的了。

金先生在本書〈緒論〉中提出了「理性與信仰」的問題。這不但是他另一部哲學著作的名稱，也恰好顯示出他研究朱熹的基本立場。他深信朱熹兼理性與信仰而有之，他自己也是如此。他一直是憑著理性而追尋信仰。不但追尋，而且是全心的投入。受現代西方分析哲學影響的人也許會在這個問題上發生疑惑，甚至會對這兩個概念提出層出不窮的質難。但這是不相干的事。理性與信仰是任何一個真正的人所不能不兼備的，更何況像朱熹這樣照耀後世的哲人？康德墓碑上據說刻著「頭上的星空和心中的道德律則是我深信不疑的」這樣的話，這是他的真信仰，並且是從理性中發展出來。康德在病重的最後幾天，醫生來看他，他一直站著。要等醫生坐下之後，他才肯坐下。坐下之後，他說：「人之所以為人的意識畢竟還沒有棄我而去。」(The sense of humanity has not yet abandoned me.) 我每讀到這一段話，便加深一層對於康德的景仰。因此我十分同意金先生關於理性與信仰的提法。

我想金先生和他的業師馮友蘭先生最大的不同也在這裏。馮先生內心深處也自然有他的信仰，但他似乎並不敢或不願把他的真信仰坦然公之於世。因此他的「接著」程朱理學講，祇不過想講出一套「言之成理」的空架子。他的「抽象繼承」說也仍然變的是老戲法。除了一點民族情緒以外，我始終看不到馮先生究竟信仰什麼具有實質性的東西。這大概是因為他深知在二十世紀的中國，一涉及實質性的信仰便會招人攻擊，祇有邏輯性的空架子可以「經虛涉曠」，推開每一實質性的批評。唯一安全的東西則是民族意識，因為二十世紀的中國人很少敢碰這條「聖牛」的。所以他最後在〈三松堂自序〉中又回到「舊邦新命」的問題上來了。但事實證明，空架子也同樣無法招架二十世紀中國的激進思潮。不但如此，「舊邦新命」又是一個空概念，因為馮先生對於它的實際內涵依然無肯定的說法。馮先生自承他自己的哲學「越發展越空」，可是由於他缺少投入信仰的決心，以致一再「以空易空」。這是十分令人惋惜的。

金先生則投入信仰的態度十分明朗，他對朱熹的理解和馮先生大相逕庭是事有必至的，信仰是個人之事，決不在討好時風眾勢。此所謂「舉世譽之而不加勸，舉世非之而不加沮」。在這一點上，我願意鄭重向學術界推薦這部《朱熹哲學思想》。

一九九八年三月二十日序於普林斯頓

（金春峰《朱熹哲學思想》，臺北，東大，一九九八）

《朱子文集》序

——談宋代政治文化的三個階段

「頌其詩，讀其書，不知其人可乎？是以論其世也。」在我開始這篇序文時，孟子這句名言是我的唯一指導原則。這部《朱子文集》是根據現存最好的幾種版本，精心校刊標點而成的。為這樣一部重要的經典寫序，我不敢不敬慎從事。

為了寫好這篇序文，我首先從「知人論世」的觀點重讀了全部《文集》和《語類》。由於王懋竑《朱子年譜》以考證詳實，取材廣博著稱，我也就大關鍵處對它反覆推究過好幾遍。在我最初的設想中，經過這樣的準備，我便可以心安理得地寫一篇不致誤導《文集》讀者的序言了。

我的理想中的「知人論世」既不是給朱熹（一一三〇——一二〇〇）寫一篇傳略，也不是撮述其學術思想的要旨，更不是以現代人的偏見去評論其言行。我所嚮往的是盡量根據最可信的證據以重構朱子的歷史世界，使讀者置身其間，仿佛若見其人在發表種種議論，進行種種活動。由於讀者既已與朱子處於同一世界之中，則對於他的種種議論和活動便不致於感到完全陌生。不用說，這祇能是一種高懸的理想。事實上，即使沒有後現代史學的挑戰，我們也早就知道歷史世界已一去不返，沒有人具此起死回生的神力了。然而不可否認的，一直到目前為止，這一重構的理想仍然誘惑著絕大多數的專業史學家，甚至可以說，這是他（她）們畢生在浩如煙海的史料中辛勤爬搜的一個最基本的動力。史學家誠然不可能重建客觀的歷史世界，但理論上的不可能並不能阻止他（她）們在實踐中去作重建的嘗試。這種嘗試建立在一個清醒的認識之上：歷史世界的遺迹殘存在傳世的史料之中，史學家通過以往行之有效和目前尚在發展中的種種研究程序，大致可以勾劃出歷史世界的圖像於依稀仿佛之間。同一歷史世界對於背景和時代不同的史學家必然會呈現出互異的圖像，因此沒有任何一個圖像可以成為最後的定本。

但歷史世界的圖像畢竟不能與文學或藝術上的虛構完全等量齊觀，因為它受到歷史證據的內在制約。否則不僅不同圖像之間將失去評判的共同標準，而且我們也沒有任何根據可以不斷修改史學界目前接受的一切圖像了。

在這一認識之下，我開始撰寫〈朱熹的歷史世界〉作為《文集》的引言。但是我剛一動筆，便立刻發現自己的準備工作遠遠不足。首先，朱熹的歷史世界究竟是什麼時候開始的？其次，這個世界究竟應該包括哪些內容？這兩個基本問題都是朱熹的《語類》和《文集》本身所提出的，並非我無中生有，強加於原始資料之上。朱熹曾說：「國初人便已崇禮義，尊經術，欲復二帝三代，已自勝如唐人，但說未透在。直至二程出，此理始說得透。」(《語類》卷一二九)這樣看來，他的歷史世界的上限便非追溯到宋初不可了。再就第二問題言，在《文集》「書」一項中，卷二四至二九特標「時事出處」之目，卷三〇至六四則歸入「問答」一類；前者屬於政治文獻，後者則是論學信札。《文集》編自何人雖不可詳考，但今天流傳的《文集》本在朱熹死後數十年內已大致編定，則可斷言。可見朱熹的後人和弟子都認識到政治和學術是他的世界中兩個主要方面。純以數量言，「問答」類信札自遠多於「時事出處」類。但「問答」類中仍有不少涉及「時事出處」的討論。如果再加上卷十一至二三的「封事」、「奏札」、「奏狀」、「辭免」之類的大量文件，則政治和學術在《文集》中的比重幾乎不相上下。

我最初的構想是在時間上以南宋為限，在內容上專重學術。現在《文集》、《語類》的內在脈絡逼使我不得不修改原有的計劃。這樣一來，我的準備不足便十分顯然了。幾經考慮之後，我最後決定以士大夫的政治文化作為全文的主題。朱熹代表了宋代士大夫中的一個典型，他的《文集》內容十分豐富，也充分反映了當時士大夫生活的多面性。士大夫構成了他的生活世界的主體，這是不言而喻的。但是我為什麼把重點放在「政治文化」上面呢？這是因為我要兼顧《文集》中政治和學術的兩個主要方面。事實上，政與學兼收並蓄不僅朱熹為然，兩宋士大夫幾無不如是。政治文化是一個富於彈性的概念，既包括了政治，也涵蓋了學術，更點出了二者之間不可分割的關係。不但如此，這一概念有超個人的涵義，可以籠罩士大夫群體所顯現的時代風格。所以我採用「論宋代士大夫的政治文化」為序文的副題。

但這樣一來，我的序文便像脫了韁的野馬一樣，往來奔馳於兩宋政治史與文化史兩大領域之間，欲罷不能。這匹野馬每轉一個方向，我這個馬伕便要先做好開闢道路和儲蓄草料的準備。其結果是馬既不能疾走，馬伕也疲於奔命。大概「人仰馬翻」這句成語最能形容這篇序文撰寫的過程。現在序文雖已接近尾聲，但由於明顯的理由，卻無法出現在《文集》的前面了。為了履行早已承諾的任務，我不得不另起爐灶，循著已成序文（以下概稱「原序」）所提供的線索，重寫一篇新序。原序共分八節，各有專題；新序則取發展的觀點，對朱熹的歷史世界作整體的動態觀察。原序與新序之間的異同大致如此。但限於篇幅，新序不能詳著立論的根據，這是要請讀者原諒的。

概括言之，在朱熹的歷史世界中，士大夫的政治文化經歷了三個發展階段：第一階段的高潮出現在仁宗之世，可稱之為建立期。所謂建立期是指宋初的儒學復興經過七八十年的醞釀，終於找到了明確的方向。在重建政治、社會秩序方面，仁宗朝的儒學領袖人物都主張超越漢、唐，回到「三代」的理想。這一理想也獲得皇帝的正式承認，所以南宋的史浩向孝宗說「本朝之治，與三代同風」，是仁宗以來「祖宗之家法」（李心傳《建炎以來朝野雜記》乙集卷三）。在士大夫作為政治主體的共同意識方面，范仲淹所倡導的士大夫當「以天下為己任」的呼聲則獲得了普遍而熱烈的迴響。第二階段的結晶是熙寧變法，可稱之為定型期。這是回向「三代」的運動從「坐而言」轉入「起而行」的階段，也是士大夫作為政治主體在權力世界正式發揮功能的時期，在神宗與王安石之間，這時出現了一個共同原則：皇帝必須與士大夫「共定國是」。這是北宋政治史上一項具有突破性的大原則，王安石因此才毅然接受了變法的大任。也正是在這一原則之下，王安石才可以說：士之「道隆而德駿者，雖天子北面而向焉，而與之迭為賓主」；文彥博才可以當面向神宗說「為與士大夫治天下」；程頤才可以道出「天下治亂繫宰相」那句名言。儘管以權力結構言，治天下的權源仍握在皇帝的手上，但至少在理論上，治權的方向（「國是」）已由皇帝與士大夫共同決定，治權的行使更完全劃歸以宰相為首的士大夫執政集團了。

第三階段即朱熹的時代，可稱之為轉型期。所謂轉型是指士大夫的政治文化在熙寧時期所呈現的基本型範開始發生變異，但並未脫離原型的範圍。王安石變法是一次徹底失敗的政治實驗——這是南宋士大夫的共識。但這場實驗的效應，包括正面的和負面的，都繼續在南宋的政治文化中佔據著中心的地位。王安石的幽靈也依然附在許多士大夫的身上作崇。最明顯的，理學家中有極端反對他的，如張栻；有推崇其人而排斥其學的，如朱熹；也有基本上同情他的，如他的同鄉陸九淵。無論是反對還是同情，總之，王安石留下的巨大身影是揮之不去的。所以我們有充足的理由說：朱熹的時代也就是「後王安石的時代」。

神宗時代的政治文化在南宋的延續是顯而易見的。就正面而言，南宋士大夫仍然不曾放棄「回向三代」的理想。他們的理想主義較之北宋諸儒似乎蒙上了一層憂慮的輕紗，然而並沒有褪色。他們對於士為政治主體的原則也持之極堅。熙寧初王安石「以道進退」的風格便已廣為人知。所以在神宗沒有完全接受他的「新法」建議之前，他是決不肯就相位的。同樣的，神宗問程顥：「朕召司馬光，卿度光來否？」後者答道：「陛下能用其言，光必來；不能用其言，光必不來。」（邵伯溫《邵氏聞見錄》卷一一）這正是因為他們兩人都把自己看作是政治主體；他們衹能本著所持的原則和皇帝「共治天下」，卻不能為了爵祿之故，召之即來，有如僕從一樣。這一主體意識在南宋理學家之間獲得了更深一層的發揮。《朱子文集》書信類中特標出「出處」之目，即其明證。如果把朱熹、張栻、呂祖謙三人往返信札中關於「出處」的討論合起來看，問題便更清楚了。士的「出處」問題自先秦以後論者寥寥，直到宋代才再度受到這樣普遍而集中的注意。這在中國士大夫史上是必須大筆特書的。張栻說得最中肯：「嗟呼！秦漢以來，士賤君肆，正以在下者急於爵祿，而上之人持此以為真足以驕天下之士故也。」（《南軒集》卷一六〈張子房平生出處〉）打破「士賤君肆」的成局自始至終是宋代儒家的一個最重要的奮鬥目標。從現代的觀點說，士的主體意識的覺醒是通貫宋代政治文化三大階段的一條主要線索。

再就負面說，宋代政治文化的第二階段與第三階段之間也同樣是連續大於斷裂。熙寧變法的失敗自然不能完全從個人的角度去尋求解答，也不能化約為道德問題，如「君子」、「小人」之辨。這在現代史學界已早有共識，不須再說。我在原序中僅僅強調了一個特殊的論點，即儒家的理想進入宋代的權力結構之後，發生了事先無從預測的種種複雜衝突，以致使原來屬於正面的價值或觀念迅速地向反面轉化。詳說已具原序，這裏不可能而且也不必要涉及。姑舉一例以概其餘。前面提到的皇帝與士大夫「共定國是」自然是一個正面的政治原則，並且實際上也有助於建立士大夫的主體地位。「國是」的觀念在熙寧變法時期雖顯然已引起爭議，但反對派的領袖司馬光也同樣承認了這一原則的合法性。到了哲宗親政，決定以「紹述」為「國是」的時期，「國是」則已成為權相用來鎮壓反對派的合法工具。從此以後，「國是」也改變了宋代黨爭的性質，使它從不同的政治觀點之間的衝突逐步演變為赤裸裸的權力鬥爭。所以自哲宗紹聖（一〇九四——一〇九八）以後，「國是」和黨爭往往互相加強，形成一種惡性循環；它們在政治文化中便僅僅具有負面的意義了。但「國是」和黨爭並未終於北宋，而是隨著汴京的陷落一齊南渡。高宗和秦檜便借著「國是」的餘威，以壓制主戰派，終於奠定了「和議」的政局。終其一生，朱熹都在深受著「國是」與黨爭的困擾。從淳熙十年（一一八三）到他逝世（一二〇〇）為止，孝、光、寧三朝的黨爭一直是環繞著「道學」而進行的；朱熹則始終處在一波接一波的黨爭風暴的中心。這是我們早已知道的情況。但是他和「國是」的關係卻沒有受到足夠的注意。事實上，早在紹興十年（一一四〇），他的父親（朱松）便因為「國是已定」而仍倡異論，被秦檜逐出了朝廷。慶元四年（一一九八）詔書宣布「偽邪之徒」的主要罪狀也是「傾國是而惑眾心」。他在慶元元年（一一九五）給朋友的信中也已一則曰：「國論大變。」再則曰：「國是之論，初甚駭聽。」（《文集．續集》卷五〈與章侍郎（茂獻）〉）「國是」對他一生的影響真可以說是既深且久了。不但如此，就我所知，關於「國是」在宋代政治史上的關鍵作用，南宋士大夫中沒有人比朱熹認識得更深刻。我的原序之所以注意到「國是」問題，主要也得力於他在乾道元年（一一六五）〈與陳侍郎（俊卿）書〉（《文集》卷二四）中所提供的線索。我可以負責地說，《朱子文集》中所反映的宋代政治文化比任何一部南宋文集都更為全面。

最後，讓我們討論一下宋代政治文化在第三階段的變異問題。朱熹向來被認定是「道學」的集大成者，而「道學」的成立恰好便是這一階段中最大的變異。因此重建朱熹的歷史世界而完全不涉及「道學」是決不可能的事。但原序討論「道學」則僅以其直接與政治文化有關涉者為限。這一點必須先作聲明，以免誤會。

在一般哲學史或理學史的論述中，我們通常衹看到關於心、性、理、氣等等觀念的分析與解說。至於道學家的政治思想與政治活動，則哲學史家往往置之不論，即使在涉及他們的生平時也是如此。從現代學術分類的觀點說，這一處理方式毋寧是正常的。但是這一現代觀點在有意無意之間也造成了一個相當普遍的印象，即儒學進入南宋以後便轉而向內了。用傳統的語言說，南宋儒學的重點在「內聖」而不在「外王」。此中關鍵在於理學是不是可以概括南宋儒學的全部？這裏沒有必要節外生枝，討論這一複雜的問題。從政治文化的角度說，我祇想指出下面這一重要的事實：即以最有代表性的理學家如朱熹和陸九淵兩人而言，他們對儒學的不朽貢獻雖然毫無疑問是在「內聖」方面，但是他們生前念茲在茲的仍然是追求「外王」的實現。更重要的，他們轉向「內聖」主要是為「外王」的實現作準備的，因為他們深信「外王」首先必須建立在「內聖」的基礎之上。這一特殊論點確使第三階段政治文化不同於第二階段，因而是一項有重大意義的變異。

南宋「內聖」之學的驟盛與熙寧變法的失敗有很密切的關係。張栻說：「熙寧以來人才頓衰於前，正以王介甫作壞之故。介甫之學乃是祖虛無而害實用者。伊洛諸君子蓋欲深救茲弊也。」（《南軒集》卷一九〈寄周子充尚書〉第二書）他又說王安石「高談性命，特竊取釋氏之近似者而已」（同上〈與顏主簿〉）。這個看法代表了理學家的共識，不但朱熹說他「學術不正當，遂誤天下」（《語類》卷一二七〈神宗朝〉），而且最同情他的陸九淵也不得不承認「荊公之學，未得其正」（《象山先生全集》卷一三〈與薛象先〉）。理學家特別致力於儒家「內聖」之學，正是因為他們認定王安石的「外王」建立在錯誤的「性命之理」上面。事實上，他們明處在攻擊王安石，暗中則連帶批評了神宗。因為神宗曾一再稱許王安石的「道德之說」（李燾《續資治通鑑長編》卷二三三）和「性命之理」（同上卷二三四）。然而一考其實，神宗心中的「道」確是「竊取釋氏之近似者」，恰如張栻所言。他在和王安石的一次對話中曾明白地說：「道必有法，有妙道斯有妙法。如釋氏所談，妙道也；則禪者，其妙法也。」（卷二七五）更巧合的是理學家如朱、張、陸諸人所曾寄予厚望的孝宗也繼承了神宗的衣缽。他在淳熙（一一七四——一一八九）中期曾撰〈原道辨〉，駁韓愈之說，主張「以佛治心，以道養生，以儒治世」。後來因為臣下苦諫，他才勉強改名為〈三教論〉（《建炎以來朝野雜記》乙集卷三）。這是他的得意之作。所以淳熙十一年陸九淵輪對時，孝宗特別說：「自秦、漢而下，無人主知道。」可見他心中仍然堅持著〈原道辨〉的原名未改。陸九淵並記他「甚有自負之意，其說多說禪」（《象山全集》卷三五〈語錄下〉）。我們必須弄清楚這一政治背景，才能全面理解南宋理學家為什麼要深入探討心、性、理、氣的問題。他們轉向「內聖」正是為了捲土重來，繼續王安石未完成的「外王」大業。朱熹書信中「時事出處」和「問答」兩類恰恰客觀地反映了理學家的共同抱負。

理學家對王安石的學術雖評騭甚嚴，但對他的「德行」則十分推重，而尤其神往於他能掀動神宗，重建治道的氣概。朱熹在這一方面的議論可為代表。散見於《語類》和《文集》，但表達得最鮮明的則是〈跋王荊公進鄴侯遺事奏稿〉中這幾句話：「獨愛其紙尾三行，語氣淩厲，筆勢低昂，尚有以見其跨越古今，斡旋宇宙之意：甚矣！神宗之有志而公之得君也。」（《文集》卷八三）我們可以毫不誇張地說，作為政治家，王安石在朱熹心中的形象是異常崇高的。「跨越古今，斡旋宇宙」這八個字已道盡了一切（按：卷三八〈與周益公〉第一書亦有此八字，但「斡旋」作「開闔」）。王安石同時相知如韓維曾說：「安石蓋有志經世，非甘老於山林者。」（葉夢得《石林燕語》卷七）朱熹〈感懷〉詩前半云：「經濟夙所尚，隱淪非素期。幾年霜露感，白髮忽已垂。」（《文集》卷四）開頭兩句簡直便是韓語的詩化。他的前輩友人汪應辰（一一一八——一一七六）曾為《石林燕語》詳作辨正，因此他也許有機會讀過這條記載。無論如何，這決不是巧合，而是他們屬於同一政治文化的明證。李心傳大概受這首詩的啟發，寫了一篇〈晦庵先生非素隱〉，詳引朱熹一生的政治活動，惋惜他志在「得君行道」而「未得其方」（《朝野雜記》乙集卷八）。這是當時人對他的認識，見聞親切，值得重視。

「得君行道」也曾是陸九淵生平的一個最大的夢想。淳熙十年（一一八三）陸九淵轉任敕令所刪定官，次年冬天「輪對」；〈刪定官輪對札子〉五篇便是在孝宗召見前寫成的（《全集》卷一八）。他把這次輪對看作是一個「得君行道」的機會，所以事前事後都和朋友往復討論。淳熙十一年初朱熹給他的信說：「不知輪對班在何時？果得一見明主，就緊要處下得數句為佳。」他在答書中則說：「某對班或尚在冬間，未知能得此對否？亦當居易以俟命耳！」（兩書皆節引於〈象山先生年譜〉，《全集》卷三六）可見他們以前已有書信往復，論及輪對之事。「居易以俟命」一語透露了陸九淵對這次機會的重視。朱熹的關懷也不在陸九淵自己之下，輪對之後立即索取原札細讀，並追問孝宗有什麼反應（《文集》卷三六〈寄陸子靜〉）。另一方面陸九淵除了向門人敘述輪對經過外（《全集》卷三五〈語錄下〉），又寫信給友人說：「去臘面對，頗得盡所懷。天語甚詳，反覆之間，不敢不自盡。至於遇合，所不敢必。是有天命，非人所能與也。」（《全集》卷七〈與詹子南〉）「遇合」兩字已將他「得君行道」的心理和盤托出。不但如此，他此後兩年中又苦苦等待著第二次輪對，但終因招忌而功敗垂成。

淳熙十四年〈與朱子淵〉第一書值得多引幾句：

某浮食周行，侵尋五、六載，不能為有無，日負愧惕。疇昔所聞，頗有本末，向來面對，粗陳大略，明主不以為狂。而條貫靡竟，統紀未終。所以低迴之久者，思欲再望清光，少自竭盡，以致臣子之義耳。往年之冬，去對班才數日，忽有匠丞之除，遂為東省所逐。……然吾人之遇不遇，道之行不行，固有天命，是區區者，安能使予不遇哉！（《全集》卷一三）

他的「得君行道」的美夢便這樣破滅了。在離開臨安前，他有兩句詩曰：「義難阿世非忘世，志不謀身豈誤身。」（同上卷二五〈和楊廷秀送行〉）這和朱熹「經濟夙所尚，隱淪非素期」之句簡直如出一口，王安石與神宗的「君臣遇合」對南宋理學家誘惑之大即此可見。所以我在前面說，宋代士大夫政治文化第三階段雖發生了變異，但與第二階段之間的延續仍遠大於斷裂。在這個意義上，朱熹的時代正不妨理解為「後王安石時代」。

我的原序追溯了朱熹的歷史世界中幾個主要方面，由遠及近，愈演愈繁，長至十餘萬言，已不是「序」的篇幅所能容納。因此我取得允晨出版社的同意，以《朱熹的歷史世界》的名稱，單獨刊行，作為《文集》的一個附錄。這篇新序並不是原序的摘要，而是以歷史分期為線索，綜論宋代政治文化三階段的演變，所以新序的重點與原序不同，義則互足，但詳細論證則具見原序。如果這兩篇序文能為《朱子文集》的讀者增添一點「知人論世」的歷史深度，那便是我最大的報酬了。

一九九九年十二月十四日於普林斯頓，敬以此序紀念朱熹逝世八百年（二〇〇〇）

《朱子文集》，臺北，德富文教基金會，二〇〇〇）

《中國文化的檢討與前瞻：新亞書院五十周年金禧紀念學術論文集》序

——新亞精神與中國文化

去年（一九九九）是我的母校新亞書院五十週年院慶，在梁秉中院長的精心籌劃之下，母校舉辦了一系列的、同時也是多彩多姿的「金禧紀念」活動，其中之一便是七月初召開的「中國文化的檢討與前瞻」國際學術研討會。承梁院長盛情邀約，我曾以校友的個人身分，參加了這一盛會的開幕儀式。當時由於事忙，來不及撰寫論文，所以我祇是會議的旁聽者之一，而不是正式的參與者。為了補救這一過失，我曾應允梁院長，將來會議論文集出版，我一定會寫一篇短序。論文集的內容豐富，涵蓋面廣闊，已有劉述先先生的〈導言〉，指出其中的主要線索和重點所在，用不著我再畫蛇添足。下面我將對五十年來母校的變遷作一點回顧和前瞻，而以中國文化為貫穿序文的主脈。

一九四九年新亞書院的創建是歷史的偶然，但同時也涵蘊了一種潛在的必然。所謂歷史的偶然是指當時創校人物志同道合，而恰好在亂離流浪之中同時湊泊在香港，再加上種種人事因緣的巧合，因此才有亞洲文商學院——新亞前身——的成立。關於此中經過，錢穆先生在《師友雜憶·新亞書院》一章中已有詳細可靠的記述，讀者可以參閱。但我所謂「潛在的必然」則遠比人事的偶然更為重要，因為這是新亞生命的真泉源。讓我在這一點上多說幾句話。

在新亞創始人這一代的心中，一九四九年無疑是中國文化的生死存亡的關頭。「豈意滔天沈赤縣，竟符掘地出蒼鵝。」陳寅恪在一九五五年所寫下的這兩句詩也恰好表達了新亞創始人如錢穆先生和唐君毅先生的內心感受。「蒼鵝」一典出於《晉書·五行志》，後人解為「五胡亂華」的先兆。當時的政治空氣決不容忍古今中外相異的思想體系繼續活躍，而中國文化傳統則首當其衝。這是陳、錢、唐這一型「為中國文化所化」的學人在情感上和理智上都承受不了的。我在五十年代初讀過錢、唐兩先生的無數時論文字，深深體會到他們那種深沉的悲憤心情。現在姑引他們在嚴肅學術著作中的話，以資佐證。錢先生在《莊子纂箋・序》中說：

> 版垂竟，報載平津大學教授，方集中思想改造，競坦白者踰六千人。不禁為之廢書擲筆而歎。念蒙叟復生，亦將何以自處。作逍遙之遊乎？則何逃於隨群蝨而處褌？齊物論之芒乎？則何逃於必一馬之是期？將養其生主乎？則遊刃而無地。將處於人間乎？則散木而且翦。儵忽無情，混沌必鑿；德符雖充，桎梏難解。計惟鼠肝蟲臂，唯命之從。曾是以為人之宗師乎？又烏得求曳尾於涂中？又烏得觀魚樂於濠上？天地雖大，將不容此一人，而何有乎所謂與天地精神相往來？……此六千教授之坦白，一言蔽之，無亦曰：墨翟是而楊朱非而已。……天不喪斯文，後有讀者，當知其用心之苦，實甚於考亭之釋離騷也。

唐先生在《中國文化之精神價值・序》中則說：

吾之此書，成於顛沛流離之際。……身居鬧市，長聞車馬之聲，亦不得從容構思。唯瞻望故邦，吾祖先之不肖子孫，正視吾數千年之文化留至今者，為封建之殘餘，不惜加以蠲棄。懷昔賢之遺澤，將毀棄於一旦。時或蒼茫望天，臨風隕涕。乃勉自發憤，時作時輟，八月乃成。

這兩篇序文同寫於一九五一年，而且兩位作者也都同住在桂林街舊址的前後陋室之中。其寫作時的情景今天仍生動地浮現在我的腦際。錢先生注《莊子》，故借蒙叟原文而玄言之；唐先生通論中國文化精神，故直抒胸臆而質言之，但兩人的心靈是完全相通的。他們著書的精神原動力也就是創辦新亞書院的精神原動力，這是毫無可疑的。當時的變動，表面上雖出於政治，其終極根源則在文化，這是他們的共識。從這一層看，他們創建新亞的最深動機是文化而不是政治。他們當時都可以說是中國文化的「孤臣孽子」，但都與實際政治無所關涉，正如陳寅恪留在廣州，而終成為「文化遺民」一樣。今天我們不提「新亞精神」則已，如果仍然要提起這四個字，那麼我們便不能不細讀上引錢、唐兩先生的序文。

一九五一年是新亞在物質方面最艱困的階段，但卻也是精神方面最昂揚的時代。一九五四年新亞獲得美國雅禮協會的支持，初步擺脫了經濟的困窘；一九六三年新亞加入中文大學，終於成為現代式大學的一個成員學院。在短短十五年之中，新亞的成長如此快速，我們不能不對當初創校諸先生的理想和遠見表示由衷的敬佩和驚歎。這便是我在前面所說的「潛在的必然」。中國文化既悠久又博大，在它遇到空前危機的時候，不可能沒有「孤臣孽子」拍案而起，為它的存亡繼續作奮不顧身的努力。錢、唐諸先生結合在新亞書院這一獨特的旗幟之下是歷史的偶然，但是一九四九年前後不甘隨波逐流的學人挺身而出，為中國文化作護法，則是久已潛在的必然，甚至其地不在任何他處，而在香港，也是必然的。

錢先生回憶當時學生的情形說：

> 學生來源則多半為大陸流亡之青年，尤以調景嶺難民營中來者佔絕大比數。彼輩皆不能繳學費，更有在學校天臺上露宿，及蜷臥三、四樓之樓梯上者。遇余晚間八、九時返校，樓梯上早已不通行，須多次腳踏鋪被而過。（《師友雜憶》十五〈新亞書

院〉

這完全是我親見的事實，雖然我並不屬於天臺或樓梯間的一群。我們這些學生自然夠不上中國文化的「孤臣孽子」。但我們至少也懂得文化與暴力不能並存的道理，否則便不致於「流亡」了。正是由於有無數的「流亡青年」湧至香港，新亞書院的出現才有客觀的基礎，而文化的「孤臣孽子」如錢、唐諸先生也才有基本聽眾。如果沒有我們這一輩的青年，試問錢、唐諸先生的滿腔孤憤又將向誰傾吐？這又是「潛在必然」的另一層面。

上面我已特別指出新亞書院在最初十五年中的驚人發展。這些發展，借用現代科技名詞說，主要是在「硬件」(hardware)方面，但是在「軟件」(software)方面——即「新亞精神」——是不是也有同樣的發展呢？我祇能說「新亞精神」也一直在變化之中，至於是不是可以稱作「發展」，那就免不了有「見仁見智」的問題，至少我不敢遽下斷語。我現在要進一步討論的是：新亞的創始人如錢、唐兩先生，在他們生前是怎樣理解這個問題的。

我可以毫不遲疑地說，在他們的意識深處，新亞「硬件」每一步發展也就是新亞原始精神——「軟件」——的每一次變異。如果允許我用「異化」(alienation)這個名詞，那麼我要說，在錢、唐兩先生看來，新亞的「硬件」發展是一系列的異化過程。這一過程有幾個清楚的記里碑：一九五四年雅禮援助是第一個，一九六三年中文大學成立是第二個，一九七三年新亞遷入中文大學現址是第三個，一九七七年中文大學改制完成，包括錢、唐兩先生在內的新亞舊董事集體辭職，則是最後一個。上列每一個記里碑都標誌著異化的每一次突進。我不想細說異化的前因後果了。著名的〈木蘭辭〉長詩，寫到木蘭從軍後整個戰爭過程，僅僅說：「朔氣傳金柝，寒光照鐵衣。將軍百戰死，壯士十年歸。」一共祇用了二十個字。以此為範例，我在這個問題上所費的筆墨已經很夠了。接下來的，我要分析一下異化的意義，和新亞精神今後又將何去何從。這兩個問題都與中國文化的前瞻有密切關聯。

事實上，人間的一切大大小小的事業，從理想或觀念落實為客體以後，無不日日在異化之中。內在的成長和外在環境的變遷，都是異化的原動力。但對於事業的創始者而言，他們往往感到原始精神或理想一天天在改變，而客體化了的事業則似乎自有意志，不再受他們的約束，這是創始者不能接受事業異化的通常心理。新亞書院的發展史也跳不出這一格局。我為寫這篇序文，曾細讀了錢先生的《新亞遺鐸》，因此對新亞異化的主要根源獲得了一些較深切的認識，現在略述於下。

新亞書院的旨趣是「上溯宋明書院講學精神，旁採西歐大學導師制度」。《新亞學規》說：「中國宋代的書院教育是人物中心的，現代的大學教育是課程中心的。我們書院精神是以各門課程來完成人物中心的，是以人物中心來傳授各門課程的。」就我個人的實際經驗說，新亞在桂林街時期確近於「宋明書院」，而遠於「現代大學」。我們少數治文、史、哲的學生自然而然地把錢、唐兩先生當作新亞的「中心」。當時新亞也的確發揮了「宋代書院」式的長處，錢、唐兩先生對於我們而言也同時發揮了「經師」而兼「人師」的絕大作用。我可以證實，《學規》上所謂「以各門課程來完成人物中心」這一條是完全實踐了的。這是因為當時新亞祇是一個幾十人的師生團體，沒有嚴格的組織化、制度化，而我又恰好是文史系的學生。至於其他學系——如經濟、商學——的同學是否也和我具有同樣的經驗，則很難說。至少我不易想像，如「貨幣」、「銀行」、「會計」、「國際匯兌」、「金融」這一類的現代專業課程怎樣去完成「人物中心」的任務。這樣看來，新亞自始便含有兩種異質的文化成分。「宋明書院」代表了中國傳統文化，「現代大學」則是從西方文化系統中移植過來的。早期的新亞可以兼收並蓄這兩種異質文化而不露破綻，但每一次新發展便不免把這兩種文化的距離拉遠了一點。不但如此，「發展」又必然涵蘊著人數的擴大和管理制度的加嚴。新亞便如此一步一步地從「宋明書院」轉變為「現代大學」。這便是新亞「異化」的終極根源。但是我要鄭重指出，從《新亞遺鐸》所收先後十五年的講詞和其他相關文獻中，我發現錢先生早已看清了這一異化的無可避免，並且一直在運用老子所謂「為而不恃」的智慧，盡量想把異化引入創造性的軌轍。這是不能不令人肅然起敬的。

那麼新亞異化的軌迹是不是昭示我們：中西文化終究不能相容，「不是東風壓倒西風，便是西風壓倒東風」呢？恰恰相反，中大改制後的新亞便是一個最有力的答案。「新亞精神」祇是更新了，但沒有消失；新亞的原始宗旨也祇是擴大了，而沒有變質。錢先生晚年重返改制後的新亞講學，最可證明異化並不等於否定了中國文化。限於篇幅，我不能對這一問題作更深入的分析。但是我願意強調兩點：第一、現代大學的架構雖然來自西方，但它未嘗不能涵攝傳統書院所孕育的基本精神。第二、中西文化如何融合，或傳統如何轉化為現代，不是任何個人甚至集體所能事先為之作全面設計的。相反的，無論是融合還是轉化，都必須在具體的、局部的事項上，通過長期的試探和實踐，才能不期然而然地找到最適當的方式。

最後，我要對新亞精神作一展望，並由此過渡到關於中國文化的前瞻。我必須提醒讀者，新亞書院的旨趣說：

以人文主義之教育宗旨溝通世界東西文化。

又說：

香港在地理上與文化上皆為東西兩大文化世界之重要接觸點，亦為從事於溝通中外文化、促進中西瞭解之理想的教育地點。

所以新亞精神自始便是要「溝通世界東西文化」，而不是把中國文化放在與西方文化對立的地位上。「溝通」表示中西文化互有同異，如兩者全異，無毫髮之同，更有何「溝通」之可言？錢、唐兩先生的著作，論及此點者比比皆是。他們同具有恢宏的襟抱，闊大的識度，決不肯以狹隘的民族意識為出發點，更不取文化沙文主義的觀點。這一層是有目共睹的。事實上，早在二十世紀初年，《國粹學報》上已有人說：「取外國之宜於我國而吾足以行焉者，亦國粹也。」可見一百年來，有識見的中國學人無不對西方文化持開放的態度。記得唐君毅先生曾以《水滸傳》上「沒遮攔」的綽號形容中國人自古以來對於外來文化的態度。這個說法也許稍有誇張，但至少表達了他自己的見解，也間接闡釋了新亞精神的一個重要方面。

我重申新亞創始理想中關於中西文化的基本立場，是因為新亞精神今天似乎正面臨著一次最嚴峻的考驗。這已不是五十年來異化的更上一層樓，而是原有的異化途轍可能已至山窮水盡的境地。我們可以稱之為「異化之否定」或「異化之異化」。近幾年來，「漢字文化圈」的某些地區掀起了一股以中國文化或亞洲文化之名與西方主流文化相對抗的狂潮。

如果這祇是一些學者以個人的身分表達他們的真信念，那麼縱使其立論的根據薄弱，仍不失為現代多元文化中的正常現象。但是這股狂潮的來龍去脈是非常明顯的，即政治權威為了維持自身的繼續存在，轉而乞靈於以儒家為中心的中國文化。這些政治權威正是上引唐君毅先生序文中的「吾祖先之不肖子孫」，但今天時移世易，不得不借重民族主義的力量，「儒家」和「中國文化」則恰好是最有號召力的象徵。這股思潮的表現方式是五花八門的，這裏不必詳及。其中心論旨則至為簡單，即將「中國文化」、「儒家」與權威、集體、國家主權等等「價值」等同起來，以抗拒民主、自由、人權等所謂「西方的價值」。這裏我們看到了一個奇異的景象：一方面，百餘年來自康有為、孫中山、梁啟超、《國粹學報》、以至「五四」新文化運動所追求、嚮往的現代觀念和價值都徹底被否定了；另一方面，譚嗣同、魯迅等所詛咒的中國傳統中一切負面東西卻都受到了變相的肯定。歷史給中國人所開的玩笑實在太過於荒謬了。

新亞精神的核心自然是儒家與中國文化，但錢、唐諸先生心中的儒家與中國文化是向世界各大文化的中心價值開放的。西方現代的突出成就，包括科學、民主、自由、人權等在內，正是他們所要納入中國文化系統之內的重要部分，唐先生在《中國文化之精神價值》第十六章論之尤詳。與此相對照，今天政治權威所倡導的則恰恰相反，而是歷代統治階層「以理殺人」（戴震語）的一套「網羅」（譚嗣同語）。這兩種截然相反的立場現在竟同依托在「儒家」和「中國文化」的名號之下。對於新亞精神來說，這種情況構成了十分嚴重的威脅：因為我們祇要稍一失神便不免會像《紅樓夢》所說的，陷入「假作真時真亦假」的境地，甚至更像《西遊記》中的豬八戒一樣，抱著假唐僧的頭顱痛哭！

上述那股假借中國文化以抗拒西方文化的狂潮，雖起於「漢字文化圈」，卻早已傳播到世界各地，並引起了廣泛的迴響。據我涉覽所及的西方文獻，它的名稱大致是所謂「亞洲價值論」。讓我略述一二，以結束這篇序文。

「亞洲價值論」在國際上所引起的爭議雖然層出不窮而且激烈無比，但批評者則完全根據事實，並出之以純理性的態度。我現在不想涉及英、美主流思想界的持論，以免貽人以口實，認為我引用西方帝國主義的觀點為護身符。相反的，我祇準備介紹兩位亞裔思想家的評論。第一位是一九九八年經濟學諾貝爾獎得主、來自印度的阿瑪提亞．森（Amartya

Sen)，第二位則是當今最受爭議的文學批評家、生在巴勒斯坦的薩依德 (Edward Said)。前者特以研究饑荒與貧困著名，後者則以《東方論》(*Orientalism*, 1978) 一書享譽世界。他們兩人，一個為飢餓線上掙扎的貧民說話，另一個為巴勒斯坦難民辯護。薩氏在文學研究之外，更發表了大量政論文字，徹底暴露歐洲殖民主義和美國霸權在近東所造成的災難。所以他們關於「人權」、「自由」的看法是特別值得我們參考的。

阿瑪提亞．森是直接與「亞洲價值論」交鋒的人，關於這一論旨的文字極多。我在這裏祇能根據他最近的一書 (*Development as Freedom*, New York: Alfred A. Knopf, 1999) 和一文 ("East and West: The Reach of Reason," *The New York Review of Books*, July 20, 2000) 作一高度概括的介紹。「亞洲價值論」之不能成立，在他看來，是極其明顯的。首先，若以整個亞洲為範圍，則人口佔全世界百分之六十，民族與文化繁多，信仰各異，根本不可總括出一種共同遵信的價值系統。其二，「亞洲價值論」者所強調的自是以東亞為中心地區，大致包括中國、日本、南北韓、越南諸國，但論者同時又說印度雖不在內，而印度文化也強調相似 (similar) 的價值。即使經此限定，此說仍過於粗糙，決無可能證成。文化與傳統的多樣性才是東亞地區的基本特色。其三，不僅整個東亞不存在統一的價值觀，即以任何一國而論，此說也得不到經驗證據的支持。森在《發展即自由》(*Development as Freedom*) 中舉了三個例子。一是日本，其中神道信徒有一億一千二百萬，佛教徒有九千三百萬，統一的價值觀又從何處談起？另一個例子是南韓，一九九四年「亞洲價值論」在美國《外交季刊》(*Foreign Affairs*) 73號上初出現時，第一個起而駁斥的便是南韓當時反對黨領袖金大中，今天已成為總統了。第三個則恰好是新加坡，亦即此論的發源地。森指出：

> 甚至僅僅二百八十萬人口的新加坡也有文化與歷史傳統的巨大差別。而且在培養族群之間的親和與友善共存方面，新加坡擁有令人起敬的紀錄。(*Development as Freedom*, p. 232)

到此為止，森的質難尚僅限於外緣方面，即「亞洲價值論」無論就全亞洲、東亞地區、甚至一國之內而言，都無法在經驗基礎上建立起來。但更重要的是他從內涵方面點破「亞洲價值論」的虛構性。

嚴格地說，「亞洲價值論」不是孤立的，它必然預設一個對立面，即截然相反的西方價值體系——民主、個人自由、人權、理性、法治等等。這兩大系統都從東西文化史揭幕時便已涇渭分明，一直延續到今天，而且在可見的未來也不會改變。此之謂「文化即宿命」(Culture is destiny)。所以森的駁論也不得不兼及東西兩大文化，他所要極力摧破的便是這一「文化宿命論」，也可以稱之為「文化決定論」。關於這一層，論證極為繁富，祇有請讀者自閱原作。概括言之，以政治自由與民主為西方自希臘以來的特有文化傳統，這是現代西方主流思想家、歷史家的自我誇張，同樣是站不住的虛構。森則接受柏林 (Isaiah Berlin) 的論斷，認為個人自由在西方成為主要價值其實是十八世紀啟蒙運動以後的新發展。古典作家（如亞里斯多德）雖然已提到自由及其相關的觀念，但祇能看作是個別的構成因子，而不是整套的系統。因為我們也同樣在西方古典中找得到重視權威、秩序、紀律之類的思想。森甚至說，柏拉圖與奧古斯汀 (Augustine) 對於權威的強調並不在孔子之下。

回到「亞洲價值論」的題旨，他則通過《論語》（所據者為 Simon Leys 1997 年新譯本，New

York: W. W. Norton）和印度古典，以檢討其立論的根據。他深知此論的主要的憑藉是儒家，所以他決心一讀《論語》。他引了孔子論「事君」：「勿欺也，而犯之」及「邦有道，危言危行；邦無道，危行言孫」等語，說明孔子不但不主張對政府盲目服從，而且堅持批評的態度。在這個問題上，讓我補充一句，他的論點與捷克總統哈維爾 (Vaclav Havel) 不謀而合。哈氏也嚴厲批判「亞洲價值論」，他指出：「在古代道德世界中，猶太教與基督教都曾為現代民主提供了精神來源，而這兩大宗教與孔子教義相合之點甚多。」他很感慨地說：「那些援引儒家傳統以譴責西方民主的人對此竟全無認識！」(*The Art of the Impossible*, New York: Alfred A. Knopf, 1997, p. 201) 森和哈維爾都不失為「旁觀者清」。其實在《論語》、《孟子》中，可與西方現代民主、自由、人權等價值相通的觀念，不勝枚舉，上起康有為、孫中山，下及「五四」時期的胡適與陳獨秀，早已反覆徵引過無數次了。

森又詳舉印度古代傳統中關於信仰自由與宗教寬容的重要史例，以說明自由的價值決非西方所獨擅。限於篇幅，我祇能匆匆用幾句話撮述其大旨。他首先介紹了紀元前三世紀的佛教大護法阿育王 (Ashoka)，其詔書中特別強調對各教派一視同仁，人人都當尊信己教，但同時也應尊重他人之教。阿育王已將信仰自由與宗教寬容當作普世的 (universal) 價值來宣揚了。阿育王之所以能做到這一點，則由於前此印度思想界已導其先路。例如公元前四世紀高迪雅（Kautilya，與亞里斯多德是同時代人）著有 *Arthashastra*（略相當於「經濟學」，漢譯《利論》）一書，此書論統治下層人民部分具有「仁政」色彩，階級觀念甚為顯著。所可注意者，書中論及上層統治者部分，卻十分強調個人自由的重要。故對奴役上層階級 (Arya) 子女一事，主張處以重罪。可見高迪雅和亞里斯多德也未嘗不能相提並論，因為雅典的個人自由也僅限具有自由身分的公民，奴隸、婦女和外來居民的自由並不在法律保障之內。

森更進一步說明，這一寬容與自由的傳統對後世發生了很大的影響。他特舉十六世紀一位皈依了伊斯蘭教的莫臥爾王朝蒙古族皇帝阿克巴 (Akbar) 為例。阿克巴在一五九一——一五九二曾頒下詔令，保障信仰自由與相關的個人權利，尤其強調個人有選擇宗教的自由，不應受任何干涉。如果印度教子弟曾被迫信仰回教，他們可以隨時回歸祖先的宗教。

阿瑪提亞．森研究經濟發展的動機起於幼年在印度親見窮苦人民的種種悲慘遭遇。怎樣使他們脫離貧困與饑饉，是他的研究重心。他的重大發現之一，即基本自由是經濟發展的構成因素。經濟發展誠然需要秩序，然而決不是一味壓制人民自由（包括政治參與的自由）的威權主義。他一眼看穿了「亞洲價值論」祇是支持威權政治的護符，不利於經濟發展，因而祇能延長窮人的痛苦。這是他為什麼要全力駁斥此論的主要原因。

森的駁論指出，儒家、佛教、伊斯蘭教都各有重視自由與人權的成分，不過表現的方式不同而已。東方與西方自有相通之處，決不是兩個完全對立的系統。現在我們正好接著引入薩依德的論點。在最近一篇訪談記錄中，他曾正式答覆關於「人權是不是一個普世價值」的問題。他說：「我們所要做的事是擴大人權觀念到每一個人，而不是限制它的應用範圍。」他指出無論在近東或遠東都流行著一個說法，即強調人權是西方帝國主義的概念。但他對此說完全不能接受。「酷刑就是酷刑。痛楚的感覺在任何地方都是一樣，無論是在新加坡也好，或沙烏地阿拉伯也好，無論是在以色列也好，在法國或美國也好。」這是他的直截了當的答覆。他雖未明提「亞洲價值論」，但「遠東」以人權為西方帝國主義的概念者自然非此派莫屬。與此同時，他也嚴厲地批評了西方自由主義的妥協性，認為它寬以待己，嚴以責人。在西方利益受到嚴重威脅的場合，便往往棄弱保強。因此他主張用「人文主義」(humanism) 來取代西方自由主義。他認為祇有人文主義才真正具有普世性，足以構成人權的基礎。根據阿拉伯學者的最近研究，他指出人文主義並非起源於十五世紀的意大利，而應溯其源至八世紀阿拉伯世界的學院、教堂與宮廷。人文主義決非西方專有的概念，它存於各大文化傳統中，包括印度、中國和伊斯蘭文化區（見"An Interview with Edward W. Said," in Moustafa Bayoumi and Andrew Rubin, eds., *The Edward Said Reader*, New York: Vintage Books, 2000, pp. 433–4）。

森與薩依德兩人的專業不同，文化背景互別，關懷也各異，但在以人權、自由等價值具有普世性這一觀點上則完全一致，他們也同樣能超越各自的民族文化的褊狹之見，對於西方文化中許多正面成就都能欣然接受。薩氏在這一方面尤為難得。他在《文化與帝國主義》中，坦然承認西方文化早已傳布到世界各地，有些已是世界文化的一部分。這也正是前引《國粹學報》的立場，即「取外國之宜於我國而吾足以行焉者，亦國粹也」。所以他特別反對在文化上嚴分「敵我」的意識。「阿拉伯人祇讀阿拉伯的書，用阿拉伯的方法」，這是在今天阿拉伯世界相當流行的一種觀點。薩氏來自阿拉伯世界，一生都在為阿拉伯人爭取公道，但他對這一觀點則痛加批駁，毫不留情（見 *Culture and Imperialism*, New York: Vintage Books, 1994, "Introduction," pp. xxv–xxvi）。他在訪問記中最後歸宿於人文主義的普世價值，尤見卓識。「以人文主義之教育宗旨溝通世界東西文化」，不也正是新亞書院的原始旨趣嗎？

一九四九年新亞初建立時，「亞洲價值論」並不存在，因此創始人如錢、唐諸先生根本夢想不到會碰見「魚目混珠」的問題。他們地下有知將怎樣處理這個難題，我們已無從想像，更不能妄加揣測。但五十年後的今天，「亞洲價值論」既已出現，我們關心中國文化前途的人終不能對它採取「視若無睹」的迴避態度。但在這篇序文中，我僅僅是提出問題，並沒有給予明確的答案。我介紹了森和薩依德關於「亞洲價值論」的議論，也祇是希望通過最近的世界思潮，以凸顯中國文化的現代處境。森曾指出「亞洲價值論」是由威權主義的政府方面提出的，而不是史學家獨立研究所得到的結論。這自然是千真萬確的事實。但正因為此論是為了維護威權主義而造出的，所以造此論者可以毋須參考任何歷史資料，數日之間，其論即成，而風行天下。歷史學家立說則不可能有此方便。對這樣一個廣大的論旨，無論是贊成還是反對，史學界都必須動員大批人力，進行長期研究和反覆論證，才敢提出比較確實的、或正或反的見解。五十年前，錢穆先生和唐君毅先生都曾根據畢生的讀書心得，發揮了關於中西文化異同的深識卓論。怎樣在他們的輝煌業績的啟示之下，面對著二十一世紀的新問題，繼續他們的未竟之功，這正是「新亞人」無可推卸的一種責任。所以我說，「新亞精神」今天面臨著一場最嚴峻的考驗。

（劉述先主編《中國文化的檢討與前瞻：新亞書院五十周年金禧紀念學術論文集》，River Edge, N. J.，美國八方文化，二〇〇一）

《俗文學叢刊》序

中央研究院歷史語言研究所和新文豐公司合作，將分批刊行傅斯年圖書館所藏俗文學資料，共六大類，一萬二千多件。這是一大壯舉，更是中國民間文化研究的一大喜訊。史語所的公心和新文豐的魄力都是我們所必須鄭重感謝的。這批資料也是在傅孟真先生「上窮碧落下黃泉，動手動腳找東西」的精神感召下，辛勤搜羅得來的，現在正式印行，為全世界學者提供了研究上的便利，孟真先生今天無論是在「碧落」還是在「黃泉」，都必然會感到莫大的欣慰。承史語所與新文豐之囑，要我寫一篇序言，作為史語所的一個所外成員，我自然義不容辭。但是我讀了黃寬重、李孝悌兩先生的〈序〉和湯蔓媛女士的詳細介紹文字之後，發現我實在已找不到什麼話可以補充他們的論述了。不得已，姑就平時閱覽所及，略講一二掌故，以博讀者一粲。這批資料中，以戲曲說唱為最大宗，因此我想介紹兩個有關戲劇社會史的趣事，聊以塞責。

《宋史》卷三一四〈范仲淹傳附子純禮傳〉云：

徽宗立，以龍圖閣直學士知開封府。前尹以刻深為治，純禮曰：「寬猛相濟，聖人之訓。今處深文之後，若益以猛，是以火濟火也。方務去前之苛，猶慮未盡，豈有寬為患也。」由是一切以寬處之。中旨鞫享澤村民謀逆，純禮審其故，此民入戲場觀優，歸途見匠者作桶，取而戴於首曰：「與劉先主如何？」遂為匠擒。明日入對，徽宗問何以處之，對曰：「愚人村野無所知，若以叛逆蔽罪，恐辜好生之德，以『不應為』杖之，足矣。」曰：「何以誡後人？」曰：「正欲外間知陛下刑憲不濫，足以為訓爾。」徽宗從之。（按：此事見洪邁《容齋三筆》卷二「平天冠」條，但無末兩句問答。又王國維「庚辛之間讀書記・元人隔江鬪智雜劇」條已引《三筆》，見《海寧王靜安先生遺書》本第四冊。）

這是一個千真萬確的歷史事實，其政治、法律上的涵義甚為豐富，但我不想在這一方面作文章，現在祇講這個故事在戲劇史、小說史上所反映的宋代情況。這個法律案件起於村民觀三國劉備故事在戲臺上的逼真表演；他在感染之下，情不自禁地也扮起劉備作皇帝的一幕來了。那隻木桶當然便是皇冠。但這究竟是劉備生平中哪一階段的事呢？我猜想必是他童年的一個故事。《三國志》卷三二〈先主傳〉云：

> 先主少孤，與母販履織席為業。舍東南角籬上有桑樹生高五丈餘，遙望見童童如小車蓋，往來者皆怪此樹非凡，或謂當出貴人。先主少時，與宗中諸小兒於樹下戲，言：「吾必當乘此羽葆蓋車。」叔父子敬謂曰：「汝勿妄語，滅吾門也。」

不用說，劉備一定是在樹下扮皇帝為戲，所以叔父才誡以「滅門」之語。在今本《三國演義》第一回，劉備的話已增改作「我為天子，當乘此車蓋」了。北宋戲臺上必對這個故事大加渲染，又加上以木桶之類的東西作皇冠，所以才給這個戲迷村民惹出了一場官司。

這是三國故事在北宋流行的一條佳證。王國維《宋元戲曲考》第三章〈宋之小說雜戲〉引《事物紀原》云：

宋朝仁宗時，市人有能談三國事者，或採其說加緣飾，作影人，始為魏、吳、蜀三分戰爭之象。

現在這條史料則使我們進一步知道：三國故事在北宋已正式登上舞臺，不祇是「影戲」了。但這也許是從仁宗到徽宗之間的進展，先是「影戲」，後來便由「優人」正式演出了。這個村民究竟是在何處看戲呢？此案既由開封府尹發落，則享澤村必在開封近郊，可以斷言。大概這件事是他入城觀劇，歸途經過木匠鋪發生的。孟元老《東京夢華錄》卷二「東角樓街巷」條云：

街南桑家瓦子，近北則中瓦，次裏瓦。其中大小勾欄五十餘座，內中瓦子：蓮花棚、

> 牡丹棚，裏瓦子：夜叉棚、象棚最大，可容數千人。自丁先現、王團子、張七聖輩，後來可有人於此作場。

耐得翁《都城紀勝》「瓦舍眾伎」條云：

> 瓦者，野合易散之意也，不知起於何時，但在京師時（按：此指北宋汴京），甚為士庶放蕩不羈之所，亦為子弟流連破壞之地。散樂，傳學教坊十三部，唯以雜劇為正色。

「瓦子」始於北宋開封，南渡後傳至臨安，合此先後兩條，可知瓦子中也演戲（「雜劇」）。開封瓦子中諸棚規模極大，竟能容納數千人。其中有戲臺可供優人「作場」，毫無問題。《夢華錄》提到的丁先現、王團子、張七聖三人都是當時名優。其中丁先現（宋代文獻中多作「丁仙現」）是神宗、哲宗時期的教坊使，尤其名動朝野，極像清末的譚鑫培。他大概最初是在瓦子諸棚中演戲出名的，後來才進入教坊（可參看鄧之誠《東京夢華錄注》頁六八——七〇所引各家筆記）。因此我們可以斷定這位享澤村戲迷看劉備在舞臺上的一幕是在《夢華錄》所記瓦子中的某一棚。這一所謂「謀逆」案於是又為北宋戲劇史增添了一條最具體、最生動的證據。

讓我再說一個明代中葉的故事。葉盛（一四二〇——七四）《水東日記》卷二一「小說戲文」條云：

今書坊相傳射利之徒偽為小說雜書，南人喜談如漢小王（光武）、蔡伯喈（邕）、楊六使（文廣），北人喜談如繼母大賢等事甚多。農工商販，鈔寫繪畫，家畜而人有之；癡騃女婦，尤所酷好，好事者因目為《女通鑑》，有以也。甚者晉王休徵、宋呂文穆、王龜齡諸名賢，至百態誣飾，作為戲劇，以為佐酒樂客之具。有官者不以為禁，士大夫不以為非；或者以為警世之為，而忍為推波助瀾者，亦有之矣。……嘗考之呂文穆公微時「渴睡漢」「噎瓜亭」「寒爐撥灰」事，頗見傳記，今從而飾之曰：

他日相府退衙，片雪沾衣，欲斬執役人，其妻因反撥灰詩諷之，云云。又嘗有〈鴟吻詩〉諷之曰：「獸頭元是一團泥，做盡辛勤誰不知；如今抬在青雲裏，忘卻當初窰內時。」噫，豈其然乎？

這條記事最能說明十五世紀時小說、戲劇在民間的勢力之大，已到了「有官者不以為禁，士大夫不以為非」的地步。這就難怪十七世紀的劉獻廷要說：「戲文小說乃明王轉移世界之大樞機，聖人復起，不能舍此而為治也。」（《廣陽雜記》卷二）

但葉盛特別為呂蒙正（文穆是他的謚號）抱不平，引起我的好奇心，想查查有關他的故事。茲略錄一二則以當談助。歐陽修《文忠集》（《四庫全書》本）卷一二八〈詩話〉：

呂文穆公未第時，薄（或作「嘗」）遊一縣（原注：忘其縣名），胡大監（旦）方隨其父宰是邑，遇呂甚薄。客有譽呂（二字一作「喻胡」）曰：「呂君工於詩，宜少加禮。」胡問詩之警句，客舉一篇，其卒章云：「挑盡寒燈夢不成。」胡笑曰：「乃是一渴睡漢爾。」呂聞之，甚恨而去。明年首中甲科，使人寄聲語胡曰：「渴睡漢狀元及第矣。」胡答曰：「待我明年第二人及第，輸君一籌。」既而次榜亦中首選。

這是「渴睡漢」一典的來源。呂蒙正擢進士第一在太平興國二年（九七七），卒於大中祥符四年（一〇一一），與歐陽修（一〇〇七──七二）年代銜接。這個故事的真實性很高。他是太宗、真宗兩朝的名相，所以流傳的軼事甚多，但「渴睡漢」似是最早見諸記載的一則。

邵伯溫（一〇五六──一一三四）《邵氏聞見錄》卷七云：

呂文穆公諱蒙正，微時於洛陽之龍門利涉院土室中，與溫仲舒讀書（其室中今有畫像）。……後狀元及第，位至宰相。……公在龍門時，一日行伊水上，見賣瓜者，意欲得之，無錢可買。其人偶遺一枚於地，公悵然取食之。後作相，買園洛城東南，下臨伊水起亭，以「噎瓜」為名，不忘貧賤之義也。

這又是「噎瓜亭」一典之所本。邵伯溫出生時雖上距呂蒙正之死已四十五年，但他是洛陽人，又曾親見蒙正遺像，因此也有採信的價值。「寒爐撥灰」故事則見大慧宗杲《宗門武庫》，原文略曰：

> 大丞相呂公蒙正，洛陽人，微時生緒牢落，大雪彌月，遍干豪右，少有周急者。作詩其略曰：「十謁朱門九不開，滿身風雪又歸來。入門懶睹妻兒面，撥盡寒爐一夜灰。」可想也。途中邂逅一僧，憐其窮窘，延歸寺，給食與衣，遺鏹遣之。纔經月，又罄竭，再謁僧。僧曰：「此非久計，可移家屬住院中房廊，食時隨眾給粥飯，庶幾可以長久。」呂如其言，既不為衣食所困，遂銳志讀書，是年應舉獲鄉薦。僧買馬雇僕，備衣裝津遣入都下。省闈中選，殿試唱名為大魁。初任西京（按：洛陽）通判，與僧相見如平時，十年遂執政。（《大正藏》第四十七卷《諸宗部四》。此條承傅斯年圖書館主任吳政上先生代為從「漢籍全文資料庫」中查得，附此致謝）

宗杲（一〇八九——一一六三）與呂蒙正相去已百餘年，又具有宣傳佛教的動機，所記的故事便不盡可信了。詩也許是蒙正的，事迹已多附會。最明顯的，蒙正「至道（九九五——七）初，以右僕射出判河南府兼西京留守」（《宋史》卷二六五本傳）。故事中竟說他「初任西京通判……十年遂執政」。其誤不一而足，真所謂不可究詰。但這恰好告訴我們：滾雪球式的傳說是怎樣形成的。其他宋人筆記中關於他的傳說還不少（如王銍《默記》卷中記洛陽道士看相的故事），因與《水東日記》此則無關，我不再做抄胥了。

大體上說，呂蒙正代表士人的一個典型，即早年貧賤，因科第而一步登天，由狀元至宰相，因此關於他的故事一再經後世渲染，到十五世紀時已完全變形了。但雖然變形，卻仍然有一點影子，與「身後是非誰管得，滿村聽唱蔡中郎」（陸游詩）之「無中生有」還是不同。照葉盛的記述，當時戲劇醜化他得志後忘卻貧賤，「片雪沾衣」便要斬執役之人，其妻「反撥灰詩諷之」。這大概是明代的增飾，因為科舉在元代等於有名無實，並不是士人升沉榮辱的關鍵。明代劇作家顯然是借他的大名作道德說教，正如小說家借「繼母大賢」的故事為《女通鑑》一樣。這是中國上層文化 (elite culture) 與民間文化 (popular culture) 之間關係的一個顯著特色，即上層社會的價值往往通過宗教宣傳品、小說、戲劇之類的媒介流傳到民間社會，並在社會底層得到更長久、更牢固的存在與延續。這也是「禮失求諸野」一語的真詮。

我誠懇地盼望：這套《俗文學叢刊》的刊行可以在這個大問題上提供或正或反的解答。

二〇〇一年十一月二十七日

（《俗文學叢刊》，臺北，新文豐，二〇〇一）

黃俊傑《東亞儒學史的新視野》序

黃俊傑先生將他近年有關儒學研究的論著集成一書，名之曰《東亞儒學史的新視野》，承他雅意，要我寫一篇序。此書絕大部分討論日本近世關於儒學經典的解釋，後半部有幾篇文字則討論所謂中國傳統的思維方式。關於這兩個領域中的實質問題，我都不能在這裏表示任何意見。為什麼呢？第一：對於日本儒學史我完全外行，沒有發言的資格。第二：對於中國人的特有思維方式，我雖一向深感興趣，但因所涉太廣也不敢在倉卒間有所妄議。過去二、三十年來，我即使曾偶然涉筆及此，現在也已不勝其「人生過處唯存悔，知識增時只益疑」之感了。這篇序文既不能直接涉及本書主題，那麼將從何處說起呢？枯窘之餘，我忽然想到了禪宗的「指月」之喻。當年大智大慧的禪師以手指月，當然是指點弟子順著他的手指去看那所指之月，而不是把眼光盯死在他的手指上。這也正是莊子「得魚忘筌」的深旨，莊與禪相通，即此可證。但是在以懷疑與否定為主軸的後現代思維中，許多人恰恰反其道而行之，他們既不相信「月」是一客觀的存在，因此對禪師指月這一動作便不免疑慮叢生：他此舉究竟是何居心？為什麼指月而不指日或星？他是在維持既有的精神「霸權」？還是在爭奪尚未到手的「霸權」呢？抑或要搶回已經失去的「霸權」呢？此「霸權」究屬何種性質？如此反覆追尋下去，引生出的問題可以無窮。總而言之，後現代思維不是順著手指去看月，而是逆著手指去測度禪師內心的隱微，直達其潛意識的底層。如果有人「即以其人之道還治其人之身」，將同樣的懷疑與否定反施於後現代思維者的身上，那便將導入無窮後退與惡性循環的雙重混亂之中，再也不能脫身了。

現在讓我簡單說明我為什麼在「指月」之喻上得到啟發，又為什麼先扯上後現代思維。我將俊傑寫這部書看作和禪師指月是同樣的用心良苦。他要我們從中、日、韓儒典註釋的互相比較之中，一方面把捉東亞思維的特色，另一方面尋求普世性的價值系統。這是俊傑所指之「月」。我不取後現代思維者那種極端否定與懷疑的立場，所以我相信俊傑所指的確是天上客觀存在之「月」，不是水中倒影之「月」。但是我又和後現代思維者有一相似的取向，即對俊傑何以要在此時此地指此「月」以示人，則感到很大的興趣。然而此相同之中我又與後現代思維者有極大的分歧：我不願「以小人之心」測度別人的動機。我的興趣起於孟子的名言：「頌其詩，讀其書，不知其人可乎？是以論其世也。」我想讀俊傑這部書的人多少總應該對作者的意向和他的時世背景有所瞭解。我很清楚，這句話本身又會立刻引起爭議，現在有一派人主張「文本」與「作意」根本不相干，而且「作意」已隨時間消逝，即使作者本人事後也未必再能追尋那已逝的瞬間。我不想在此橫生論辯，我想說，我還是相信「讀其書，知其人，論其世」並沒有完全失效。

我自然不敢「謬托知己」，說我對俊傑有多深刻的認識。但是我畢竟與俊傑相識已四分之一世紀，其間也曾有過長談的機會。我下面要說的僅僅限於我的片面瞭解，而且集中在思想史研究這一點上。

俊傑進入中國思想史的專業與一般職業史家不同，他自始便帶著沉重的使命感而來的。他所追求的不僅是知識而且是價值。他對儒學情有獨鍾，其故也在此。他從前研究《孟學思想史論》的態度如此，現在擴展到整個東亞儒學，其持論依然一貫。他的使命感當然不是從天上掉下來，而是前有所承。中國傳統的士，無論其思想傾向如何，實際內涵如何，大致都有之，不過儒家更為突出而已。但自二十世紀開始，中國知識人的使命感更強烈了。這是因為西方文化侵入中國之後，傳統社會一天一天在解體，知識人對於中國的「危亡」特別敏感，「天降大任於斯人」的意識自然也隨之而繼長增高。中國知識人的使命感雖源自傳統，尤其是儒家傳統，但在一個社會大變動、思想大轉換的時代，卻從傳統中游離了出來，獲得了自己的生命。它可以和任何外來思想結合，形成一股為中國求變求新的力量。就二十世紀的中國思想史而言，知識人的使命感主要體現在反傳統、反儒家的種種思潮之中，「五四」新文化運動的主流即其顯證。事實上，遠在十九世紀之末譚嗣同便已樹立了一個驚心動魄的榜樣。這裏出現了一個歷史的弔詭：反對中國傳統與儒學的經驗內容的知識人，反而在很大的程度上繼承和擔當了儒家的精神。所以陳獨秀三十年代在南京獄中又重新發現了孔、孟的價值，胡適在私人道德方面則始終自覺地遵循著儒門的軌轍。早在二十年代，高夢旦便有長信給林紓，向他說胡適「事母孝」、「婚姻守信」和「取予不苟」，不必等到死後才得到「舊道德之楷模」的美謚了。這一歷史弔詭在魏晉之際已出現過，激烈的嵇康和佯狂的阮籍反而更能體現儒家的精神，儘管他們在思想上歸宗莊、老，而且公開「非湯武而薄周孔」。必須說明，這裏關於二十世紀儒家精神與反傳統之間貌離而神合的論斷，僅僅以知識人為限，決不包括政治上的「光棍」和「世路上英雄」；這些人物當歸入另冊，更端別論。

但是，儒學畢竟在中國文化和思想傳統中佔據了主流的地位。在這一傳統中孕育出來的現代知識人不可能毫無例外的都走上貌離神合的反傳統道路。如果我們的眼光不過於為當時多彩多姿的新文化運動所吸引，我們便立刻會發現：無論在哲學、文學或史學的領域，當時仍然有大批的知識人站在儒家的旗幟之下。如果我們列舉個人為例，這張名單之長決不遜於一部新文化運動名人錄。我指出這一基本的歷史事實是為了澄清近幾十年來流行很廣的一種印象，以為「五四」以後凡是同情於儒家觀點的文史哲研究者已無存身的餘地，學術思想界已全部為反傳統、反儒家的勢力席捲而去。這一印象是以政治史觀點淹沒了學術思想史觀點所造成的。二十世紀的中國政治自始至終都在「革命」這一最高觀念的主宰之下，置身於「革命」行動中的人確有越來越激進，因而也越來越不能容忍異己的顯著傾向。但「革命」的領導權最後必然落在「光棍」和「世路上英雄」的手上。他們原是社會的邊緣人，具有濃厚的反知識和反知識人的特質，愈是有獨立思想和學術素養的人便愈不可能為他們所容，陳獨秀一人的下場便說明了一切。摧毀傳統與儒學而肆無忌憚的也是他們，並不是學術界中的論敵。這是打天下的「光棍」掃蕩了整個學術界與知識界，無論是舊傳統和新文化都玉石俱焚，同歸於盡。相反的，在二十世紀上半葉，專就南北各大學的文、史、哲研究而言，雖有中西新舊的種種分野，但在互相爭論與激盪之中，反而創造了許多輝煌的業績。中國大陸上近年來出版的各種「國學大師」叢書便是近在眼前的證據。這些大師們都是在「五四」前後嶄露頭角的。他們的思想取向各有不同，甚至彼此衝突，然而至少在一九四九年以前學術領域內的各派之間最多不過互有成見或偏見，卻未出現殺伐之氣。

上面所簡略概括的是二十世紀上半葉中國學術界在文、史、哲研究方面的一般狀態，這是近五十年來海外儒學研究的遠源。唐君毅先生曾有「花果飄零」的名喻。一九四九年以後，祇有少數有成就的人文學者「飄零」到香港、臺灣和西方，與當年大陸學術界全盛的狀況相較，誠不能不使人生「流落人間者，泰山一毫芒」之感。但這些偶然飄零的花果終有不少在新的土壤中獲得了新生命，好像一粒芥菜子長成大樹一樣。俊傑所最為心儀的當代新儒家便是其中之一。但是追源溯始，我們不能不承認當代新儒家的堅實基礎是在大陸時期奠定的。不但第一代的開山大師熊十力先生的哲學事業發軔於「五四」後的北京大學，第二代的唐君毅和牟宗三兩先生的思想也早在四十年代已進入成熟的階段。第二代新儒家在哲學上的發展已越出第一代的範圍甚遠，這是大家都知道的，不必多說。但是，第二代的文化使命感也遠比第一代為強烈而持久，這一點我認為更值得重視。一九五一年唐君毅先生序《中國文化之精神價值》說：

> 唯瞻望故邦（……）懷昔賢之遺澤，將毀棄於一旦。時或蒼茫望天，臨風隕涕。

這幾句話完全可以代表第二代新儒家的共同心理，也是他們的使命感的真源所在。五十年來新儒家在海外的發皇主要便是憑藉著這一股感召力量，義理的精微或尚在其次。據我的認識，俊傑正是聞風而起之一人。

俊傑的專業是思想史，而不是哲學，所以他受新儒家第二代感染最深的轉在徐復觀先生。他在新儒家研究計劃中特別選徐先生為研究的重點，即透露出此中消息。俊傑在英文新著《孟子詮釋學》中立有專章討論唐、徐、牟三家之說，字裏行間也顯出他的研究取徑與徐先生更為相契。

我不清楚俊傑是不是以新儒家的第三代自期。從他的著作來判斷，如果我們說他基本上繼承了新儒家精神，大概雖不中亦不甚遠。無論如何，他的文化使命感與新儒家有淵源，則是不成問題的。他在本書〈自序〉中說：

> 我們如能宏觀儒學在東亞各國的發展，博覽儒學在東亞各地之異致與同調，並衡定東亞儒學的內涵與特質，那麼，我們將可以在新世紀的「文明的對話」中，充分運用儒家精神資產作為東亞文明與世界文明互動與融合的基礎。

這一段話充分體現了第三代新儒家的文化使命感。在第二代的文化宣言之後，繼之以「文明的對話」，這是新儒家必然應有的發展。「宏觀」與「博覽」則標誌著第三代新儒家更進一步的學院化。所以俊傑本書所收論文，不但篇篇都旁徵博引，註釋周詳，而且對於異見也往往存而不論，決不輕施呵斥，其有益於學風，更不待言。無論俊傑與新儒家的關係是「門人」、「私淑」還是「同調」，總之，本書為當代儒學研究開闢了新的視域，這是可以斷言的。

我很慚愧，不敢對本書的內容輕置一詞，僅就現代儒學的歷史脈絡，略作分疏，冀為讀者知人論世之一助，並以答俊傑遠道索序的雅意。

二〇〇一年九月三十日

（黃俊傑《東亞儒學史的新視野》，臺北，財團法人喜瑪拉雅研究發展基金會，二〇〇一）

倪德衛《章學誠的生平與思想》中譯本序

——通古今之變，成一家之言

倪德衛先生《章學誠的生平與思想》中譯本問世，是清代學術思想史領域中一件值得稱道的大事。承校訂者邵東方先生的好意，邀我為中譯本寫一篇序。由於考慮到我和這部書及其作者的種種因緣，我有一種義不容辭的感覺。所以我想趁這個機會介紹一點背景的知識，以為中譯本讀者理解本書之一助。

章學誠生前雖然聲名不彰，但《文史通義》中某些重要觀念在他死後不久便已暗中在學術界流傳，其中尤以「六經皆史」之說最有吸引力。早期今文學派的龔自珍從「經世」的觀點宣揚「六經皆史」的深層涵義，晚清古文學派的章炳麟則用「六經皆史」的命題來摧破廖平、康有為關於孔子「托古改制」的論點。所以到了《國粹學報》時期（一九〇五——一九一二），《文史通義》與《校讎通義》兩書早已膾炙人口。同時搜求章氏遺文也蔚成一時風尚。《國粹學報》上便常常有他的未刊稿。一九二二年劉氏嘉業堂本《章氏遺書》是當時網羅得最齊備的一大集結。但此後佚篇仍不斷出現，至一九八五年刊行的《章學誠遺書》（北京，文物）始告一段落，新發現的文字往往可以引起我們對於章學誠思想的新理解，所以關於章氏的研究，今後未嘗不能有新的突破（參看我的〈章學誠文史校讎考論〉，收在《論戴震與章學誠》增訂版中，臺北，東大，一九九六）。

日本漢學大家內藤虎次郎也是早期收集章氏遺書很有成績的一人，並本其所得，於一九二〇年寫成了一篇簡要的〈章實齋年譜〉。兩年以後胡適用同一名稱出版的專書，便是因為讀內藤〈譜〉而引起的。挾新文化運動和《中國哲學史大綱》的聲威，胡適的《年譜》在章學誠研究史上發生了開新紀元的效應。後來的研究雖然越來越深入和成熟，但在不同程度上都受了胡《譜》的影響，倪德衛先生此書也不是例外。所以他說：「如果沒有胡適博士著作，我可能不會想要嘗試去寫作此書。」（中譯本，頁四〇四）

八十年來，中國和日本關於章學誠的論文和專書不斷出現，在中國文史研究中已成為一支顯學。但是相形之下，章學誠在西方漢學界卻是很寂寞的。在倪先生之前，祇有法國的戴密微（Paul Demiéville，原籍瑞士）先生一人曾深入地研究過章學誠，胡適的《年譜》出版後，戴老（按：這是海外中國學人對他的尊稱）第二年便以書評的形式寫了一篇很長的法文介紹，刊載在河內出版的《法蘭西遠東學院集刊》上。文末還摘譯了曾燠〈贈章實齋學博〉的五言古詩，描寫譜主貌寢而學精，極有風趣。這應該是西方讀者第一次接觸到章學誠其人其學。但戴老治學的範圍極其廣博，自然不能在一個專題上耗費太多的時間。所以三十多年後，他才再有機會應倫敦大學中國史學會議的邀請，用英文寫了一篇〈章學誠及其史學〉，收在一九六一年《中國和日本的史學家》論集中，這是他自出手眼的研究心得，倪先生也認為是通論中「最好的」一篇。戴老自己顯然很重視這兩篇文章，所以都收入了晚年出版的《漢學研究選集》中 (Paul Demiéville, *Choix D'etudes Sinologiques, 1921–1970*, Leiden: E. J. Brill, 1973)。在倪先生這本書未出版前，西方漢學家研究《章氏遺書》而成績卓著的，除了戴老之外，我們再也找不到第二位了。僅此一端，《章學誠的生平與思想》在西方漢學界的重要性便不言而喻。

二十世紀五十年代是「中國研究」在美國學術界開始飛騰的關鍵時刻。這和當時「冷戰」下的國際局勢有密不可分的關係。所謂「中國研究」主要包括鴉片戰爭至中共興起這一階段的中國近代和現代史，哈佛大學的費正清 (John K. Fairbank) 則是這一領域的一位主要推動者。但費正清畢竟是一位史學家，他深知研究中國史不能僅從十九世紀中葉開始，必須逐步向十九世紀以前追溯，至少清代早期和中期是不能置之不問的。在這一意識的主導下，哈佛大學東亞研究中心從創立之始便已將近代以前的中國史包括在它的研究計劃之內。梁啟超《清代學術概論》的英譯本、劉子健先生的《王安石及其新法》、瞿同祖先生的《清代地方政府》等都是在東亞研究中心的支持下，成為哈佛東亞叢書中最早問世的一批，對於所謂「傳統中國」研究在美國的推展是發生了作用的。費正清的倡導，功不可沒，所以倪德衛先生稱他為「中國研究的皇帝」（見 David S. Nivison, "Emperor of Chinese Studies," *The New York Review of Books*, 29, no. 8 [13 May, 1982]，參閱我的〈費正清與中國〉，收在《中國文化與現代變遷》，臺北，三民，一九九二）。

我特別提及四十多年前的情況，是為了使讀者瞭解：在當時美國的學術氛圍中，大家都渴望著對西方入侵以前的中國歷史與文化獲得深層的認識。倪德衛先生恰在這個時候以十八世紀考證學為背景，研究章學誠的思想，自然受到漢學界同仁的注視和期待。所以他的博士論文——《章學誠的文史思想》——在一九五三年完成之後，立即成為其他中國思想史研究者的重要參考資料。已故的史華慈 (Benjamin I. Schwartz) 和勒文遜 (Joseph R. Levenson) 兩位先生在他們五十年代的論文中都曾引用過這篇未刊的博士論文。《章學誠的生平與思想》遲至一九六六年才正式出版，上距論文完成已相隔十三年。倪先生治學十分謹嚴周密；他不肯像很多人一樣，兩三年內便趕緊把博士論文修改成書。相反的，他重新出發，作種種知識上的準備，並更深入地研究章氏的著作，直到完全成熟的境界才著手重寫這部《章學誠的生平與思想》。據他的哲學系同事說：一九五二——五三年，也就是博士論文撰寫的期間，他在哈佛旁聽過蒯因 (W. V. Quine) 的語言哲學課。那正是後者開始構思他的名著《語言與對象》(*Word and Object*, 1960) 的初期。後來又多年參加過戴維生 (Donald Davidson) 的哲學專題研究班，直到後者離開斯坦福大學為止。蒯因和戴維生是美國分析哲學界的兩大重鎮，倪先生受過這樣的訓練，他的思想分析能力自然大大地提高了

（見 Patrick Suppes, "Foreword," in Philip J. Ivanhoe, ed., *Chinese Language, Thought, and Culture: Nivison and His Critics*, Open Court, 1996）。本書〈史與道〉一章便是有力的見證。一九五四——五五年他又到日本京都人文科學研究所進修過一年，這是為了繼續研究章學誠。幾年前我在京都和島田虔次先生（一九一七——二〇〇〇）最後一次晤談時，他還記得當年和倪先生討論過章學誠的問題。這是本書構成的艱苦過程，讀者不可不知（一九六九年島田先生在〈歷史的理性批判〉長文中便引了倪先生《章學誠的生平與思想》中關於章學誠的評價。見島田虔次《中國思想史の研究》，京都大學，二〇〇二，頁四七五）。

比章學誠早生一千七百年的王充說道：「知古不知今，謂之陸沉；知今不知古，謂之盲瞽。」（《論衡．謝短》）章氏很欣賞這位同鄉先輩的話，《文史通義》中往往引之。巧合得很，倪德衛先生也是一位主張貫通古今的人。前面已指出，美國的「中國研究」是以十九世紀與西方接觸以後的中國為研究對象，有時不免失之「盲瞽」。至於十八世紀以上的中國，過去一向屬於所謂「漢學」的研究領域，而且起源於十九世紀的歐洲。「漢學」的流弊則往往陷於「陸沉」。在五十年前的美國，這兩種研究取向，一古一今，不相聞問。倪先生當時便對這一古今隔絕的學風，深致不滿。這一點他在本書的〈自序〉中已說得很明白。通過章學誠研究，他希望把「古」和「今」貫通起來。他早年發表的〈共產主義倫理與中國傳統〉一文（一九五六），可以看作是這一理念的實踐。

倪德衛先生畢生致力於中國思想史或哲學史的研究，由章學誠而上溯到王陽明，再從理學而回到先秦儒家的源頭，並旁及於諸子之學。他在這一領域中力求貫通古今，從未停止過，這在他的著作目錄中呈現得清清楚楚（見上引 *Chinese Language, Thought, and Culture*, pp. 342–348，到一九九六年止）。但是從一九七〇年代以後，他的研究重點忽然改變了；他的主要興趣轉移到中國古代的天文、曆法、年代學和商契、周金。最近二十年來，他發表了許多重要的論文，在「三代研究」中激起了「一波纔動萬波隨」的風浪。對於這一領域，我是十足的門外漢，不配說任何話。就我讀到的〈西周年代考〉（《哈佛亞洲研究學報》，一九八三）和〈三代年代學之關鍵：「今本」《竹書紀年》〉（邵東方譯本，收在臺北學生書局《經學研究論叢》第十輯，二〇〇二）兩篇長文而言，其辨析之周密、推論之細緻，仍是他前期研究《章氏遺書》的一貫風格。我沒有機會向他求證，但是我相信他後期轉入「三代研究」，其中一個原動力依然是追求「貫通古今」的精神。這樣一來他的「稽古」才真正到了家；以文字記載的中國史而言，他已是「行到水窮處，坐看雲起時」了。

章學誠〈答客問上〉說：

史之大原本乎《春秋》，《春秋》之義，昭乎筆削。筆削之義，不僅事具始末，文成規矩已也；以夫子「義則竊取」之旨觀之，固將綱紀天人，推明大道。所以通古今之變，而成一家之言者，必有詳人之所略，異人之所同，重人之所輕，而忽人之所謹，繩墨之所不可得而拘，類倒之所不可得而泥，而後微茫杪忽之際，有以獨斷於一心；及其書之成也，自然可以參天地而質鬼神，契前修而俟後聖，此家學之所以可貴也。（《文史通義》內篇四）

這是章學誠所嚮往的史學家的最高境界，上承司馬遷「亦欲以究天人之際，通古今之變，成一家之言」而來（《漢書》本傳〈報任安書〉）。倪德衛先生在本書第八章也節引了這一段文字，並於「獨斷於一心」、「成一家之言」，反覆致意。我相信他也必然認同於這一境界。無論如何，他前後兩期的著作不但都體現了「微茫杪忽之際，有以獨斷於一心」的精神，而且也都朝著「通古今之變，成一家之言」的方向努力，這是毫無可疑的。

最後，讓我說明：我為什麼竟大膽地接受了寫這篇序文的任務。我和倪先生相識很遲，第一次見面是一九七七年七月在美國西岸召開的「十八世紀中國思想史討論會」上。會址設在一個海濱勝地（Asilomar），至今記憶猶新。隔了差不多二十年，我們才再有兩次晤談的機會，不過都很匆匆。所以就私人交情說，我絕對沒有資格寫這篇序。但是倪先生在本書〈自序〉中說，他研究章學誠，最初是由洪業（煨蓮，一八九三——一九八〇）先生引入門的，而他的博士論文指導教授之一則是楊聯陞（蓮生，一九一四——一九九〇）先生。楊先生恰好也是我的論文導師，他對我的教誨和愛護是我畢生感念不忘的（參看我的〈中國文化的海外媒介〉一文，收在《猶記風吹水上鱗》，臺北，三民，一九九一）。洪先生和我更有特殊的學術淵源。首先，先父協中公畢業於燕京大學史學系，是洪先生的早期弟子；其次，一九四九年秋季，我在燕京大學史學系讀過一個學期，我的老師如齊思和、翁獨健、聶崇岐三位教授都出自於洪先生門下。所以他是我的「太老師」；我是他的「小門生」。但更重要的是我在哈佛先後十七年間（一九五五——六二；一九六六——七七），常常到洪府拜訪，有時從下午一直談到深夜。我從他那裏獲得了無數為人為學的道理。他晚年專力譯註《史通》，因此章學誠也往往是我們的話題之一。一九五七年我寫了一篇不成熟的〈章實齋與柯靈烏的歷史思想〉，竟得到他老人家的謬許，給我精神上的鼓勵很大。這篇文字刊載在香港《自由學人》，一份銷行不廣而又生命短促的私人刊物。倪先生在《章學誠的生平與思想》中居然提到它，使我十分詫異。我猜想是洪先生告訴他的。一九八〇年洪先生和他的老朋友顧頡剛先生一時俱逝，我寫了一篇〈顧頡剛、洪業與中國現代史學〉，深致悼念，其中也敘述了他晚年寄寓康橋的一些學術活動（收在《史學與傳統》，臺北，時報，一九八二）。後來陳毓賢 (Susan Chan Egan) 以洪先生晚年談話記錄為出發點，進一步研究了他的一生事迹，寫出了一部很生動、很感人的傳記 (*A Latterday Confucian: Reminiscences of William Hung (1893–1980)*, Harvard, 1987)。洪先生的回憶錄同時也如實地反映了一部分中國知識人在二十世紀漫天巨變之中的心路歷程，它的史料價值是很高的。

感念舊遊，回想到當年在洪、楊兩先生門下問學的無窮樂趣，我覺得我和倪先生之間的東西參商頓時化為烏有，畢竟我們先後都在同一精神世界中度過了我們的青年時代。這是我終於不忍過拂邵東方先生請序雅意的最主要的原因。

二〇〇三年五月十四日於普林斯頓

（倪德衛《章學誠的生平與思想》，臺北，唐山，二〇〇五）

何俊《南宋儒學建構》序

「什麼是儒家精神?」是一個很生動、很誘人的題目,何俊用它來概括他的《南宋儒學建構》,頗見別出心裁的慧思。當然,他已在〈引言〉中說明,他並不能真給這個問題一個明確的答案,而是想藉此展開關於南宋儒學的討論。宋代儒家的一個中心問題是怎樣和佛教劃清界限?集宋代儒家之大成的朱熹更是念念不忘地要指出佛教「彌近理而大亂真」的微妙所在。無論朱熹是不是真的作到了「集大成」這三個字,北宋以來的儒學種種方面的新發展確是在十二世紀告一段落。我們祇要細讀本書各章,至少可以得到關於宋代儒家精神的一個整體印象,雖然無法「一言以蔽之」。

不但如此,「什麼是儒家精神?」同時也是今天需要重新解答的活生生的問題。從二十世紀初年開始，梁啟超、王國維等人已運用西方哲學來詮釋儒家思想。康德便是最早入選之一人，柏拉圖、亞里斯多德自然也在劫難逃。這是所謂「格義」，中國初與佛教接觸便曾經過這一階段。但是西方哲學的門類太繁富了，而且不斷在演變成長之中，所以我們至今還沒有脫出「格義」的階段。我相信，祇要今天還意識到儒家的存在的人，無論在東方還是在西方，心中都會問：「什麼是儒家精神？」何俊這部書至少也可以間接回答這一現實的問題。

何俊研究中國哲學史、思想史有年，一向以儒學為重點。他的《西學與晚明思想的裂變》（一九九八），從後期王學、東林思潮起講，對耶穌會與西學進行了視野廣闊的考察，最後則歸宿到劉宗周《人譜》的分析。可以看出，他的基本關懷不僅是儒學，而且是儒學在面對基督教和早期西方科學挑戰的時期，怎樣回應，怎樣自我調整。這本書反映了他研究儒學的問題意識：儒學在現代西方文化衝擊之下，究將何去何從。其實這便是一百多年來一直困擾著中國知識人的關於中西文化之辨的大問題。

這樣的大問題是很難有最後答案的，但追尋答案的努力卻不能停止。追尋的途徑雖可以千變萬化，始點則衹有一個，即必須先對儒學在中國史上的發展與演變取得盡可能客觀的認識。這便要求我們進行嚴謹的哲學史、思想史的基礎研究。何俊這部《南宋儒學建構》正是在這一理解下寫成的。在這部書裏，他根據各家專集，佐以有關史籍，為我們勾畫出十二、十三世紀儒學發展的大輪廓，眉目清朗，條理分明。就各家的分別研究而言，他的取徑以分析為主，力求呈現出每一位思想家的基本宗旨；就全書而言，他緊緊地把握住綜合的線索，不讓整體的一貫觀察淹沒在紛繁的端緒之中。更值得指出的是他關注思想與環境的互動，抽象的觀念和實際的人生融為一體。這樣的儒學史是有生命的，也是動態的。他的視野不限於狹義的「道學」或「理學」之內，因此開宗明義便處理了王安石新學與洛學在南宋初期彼此消長的問題。我最近研究朱熹的歷史世界，曾發現張載、二程的「道學」是在與王安石新學不斷奮鬥中，逐步完成的。因此我特別有「空谷足音」的喜悅。

何俊的研究方式完全擺脫了傳統故步自封的限制，進入了開放的現代學術規範。他在哈佛大學訪問兩年，不但密切注視西方漢學的動態，而且也接觸了西方學術的主流。因此他在本書中吸收了大量海外學者的研究成果，包括臺灣、香港和日本、美國、歐洲。這是他的原有的心態，已清楚地表現在《西學與晚明思想的裂變》中，不過現在更著意地朝這一方向邁進。學術研究沒有國界，像南宋儒學史這樣一個廣大的領域更不是一個人或少數人所能壟斷的。但何俊是以批判的精神對待他人的研究的，他接受其他學者有根有據的斷案，但卻不盲從任何尚待商榷的論點，無論持之者是多麼受推重的權威。僅僅開放而不批判，那便必然流為隨人腳跟而喪失自我了。

二〇〇三年六月二十四日序於美國普林斯頓

（何俊《南宋儒學建構》，上海，上海人民，二〇〇四）

李建民《生命史學：從醫療看中國歷史》序

李建民先生將他多年來所寫的醫學史論文收入這部專集之中，希望我寫一篇序。我對於中國傳統醫學完全外行，絕對沒有發言的資格。但他在〈自序〉中引了我的一句話：「中國文化是一個源遠流長的獨特傳統，終於會成為史學研究的基本預設之一。」他並且進一步指出，這句話「放在中國醫學史的脈絡無疑是完全成立的」。李先生肯從他的專門研究的領域印可我的構想，對我自然是一個很大的激勵。所以我現在想稍稍申論一下這句話的涵義，以答他的雅意。

從二十世紀初起，西方的醫學便開始逐步取代了中國傳統的醫學，今天幾乎已達到了完全的境地。這是西方科學，從基本原理到技術應用，全面宰制了現代人生活的一個必然的變動，不僅醫學為然，也不僅中國為然。換句話說，西方文化中所發展出來的關於自然界——包括人的身體——的系統知識已迫使所有非西方文化中人非普遍接受不可。原因很簡單：這一套一套的知識系統在實際應用（科技）中展現了空前的威力，給現代人的生活帶來日新月異的無數便利。今天我們已經無法想像，離開了科技（包括高科技），社會如何能繼續運轉，個人又如何能生活下去。從這一角度說，西方的自然科學基本上已統一了世界，因為它成功地突破了一切國家、民族或文化的界線。在西方科學向世界傳布的過程中，醫學則扮演著先驅的角色；基督教傳教往往挾醫術以俱往，例如中國最先接觸到的西方醫學便是明清之際耶穌會教士帶來的。

十九世紀是西方醫學突飛猛進的時代，其治療效應更是有目共睹，因此迅速取得了全世界的普遍承認。相形之下，東亞的傳統藥學不免為之黯然失色；日本首先全面而系統地引進了西方現代的醫療體制，中國自然也不能置身於這一新潮流之外。關於近代西醫取代中醫，陳寅恪先生有一段生動的自述，最能說明這一轉變的關鍵所在。他在〈吾家先世中醫之學〉一節中說：

先曾祖以醫術知名於鄉村間，先祖先君遂亦通醫學，為人療病。寅恪少時亦嘗瀏覽吾國醫學古籍，知中醫之理論方藥，頗有由外域傳入者。然不信中醫，以為中醫有見效之藥，無可通之理。若格於時代及地區，不得已而用之，則可。若矜誇以為國粹，駕於外國醫學之上，則昧於吾國醫學之歷史，殆可謂數典忘祖歟？……《小戴記・曲禮》曰：「醫不三世，不服其藥。」先曾祖至先君，實為三世。然則寅恪不敢以中醫治人病，豈不異哉？孟子曰：「君子之澤，五世而斬。」長女流求，雖業醫，但所學者為西醫，是孟子之言信矣。（見《寒柳堂記夢未定稿》，收在《寒柳堂集》）

陳先生終身以維護中國文化的基本價值為己任，又生長在中醫世家，他毅然捨中醫而取西醫，自是經過慎重的考慮，決無半點浮慕西方文化的心理在內。醫療是關係著生死的大事，「中醫有見效之藥，無可通之理」，除非萬不得已，誰肯將自己的生命孤注一擲？相反的，西醫「見效之藥」的背後則有昭然確然的「可通之理」。其生理學與病理學都是經過不斷實驗而長期發展出來的系統知識，而這些系統知識又是和現代生物學、化學、物理學等等基本科學分不開的。西醫當然也不能治療一切病症，但在它研究所及的範圍之內，其可靠性和確定性是很高的。今天中國人無論住在什麼地區，治病首先必找受過現代嚴格訓練的專科醫生，祇有在西醫已束手的情況下才偶而乞援於中醫。這是中國人的一種實際而理智的態度。這一基本情況在短期內似乎不易改變，除非中醫也能建立成一套現代知識系統，並且在治療效應方面足以與西醫互爭雄長。

但在西醫取代中醫的過程中，中醫的性質問題曾一度引起激烈的爭論，即上世紀三十年代的所謂「中西醫之爭」。當時站在現代（西方）科學的立場上主張盡廢中醫的主將是傅斯年先生，若干有代表性的文件現在還保存在他的文集中（見《傅斯年全集》，聯經，一九八〇，第六冊，頁三〇三——三三九）。他的態度十分堅決，竟說：「我是寧死不請教中醫的，因為我覺得若不如此便對不住我所受的教育。」（《傅斯年全集》，聯經，一九八〇，第六冊，頁三〇七）同時和他採取完全一致的立場的還有丁文江先生，丁先生也說：「科學家不得自毀其信仰的節操，寧死不吃中藥不看中醫。」（見陳伯莊，〈紀念丁在君先生〉，收在他的《卅年存稿》，香港，一九五九年自印本，頁丙六）這一態度顯然已超出「科學」的限度，而是將「科學」轉化為一種宗教意義上的絕對「信仰」了（這種「信仰」今天稱之為「科學主義」，“scientism”）。這是他們兩人和陳寅恪先生之間的微妙不同之處，細心的讀者是不難察見的。從思想史的角度看，傅先生一九三四年向中醫公開發難其實即是繼續十一年前（一九二三年）丁先生以「科學」打倒「玄學」的大運動，不過將範圍限制在醫學的領域之內而已。所以傅先生攻擊中醫的火力也集中在他所謂「陰陽」、「五行」、「六氣」等等「玄談」（《傅斯年全集》，聯經，一九八〇，第六冊，頁三二三）上面。很顯然的，丁、傅兩先生不但不承認中國傳統醫學具有科學的身分，而且也接受了清末以來久已流行的觀念：科學是西方所獨有而為中國所無的一門學問。這兩點基本看法今天似乎仍為多數人所深信不疑。

我自然沒有資格討論這兩個重大的論斷。但是從史學的觀點出發，我不能不發生一些疑問。舉例來說，如果「科學」在中國文化傳統中根本沒有出現過，那麼「中國科學史」這一研究領域豈不是完全失去了存在的根據？如果中國祇有從經驗中偶然獲得的一些治病藥方，而病理則全是不知所云的「玄談」，那麼「中國醫學史」的研究又將如何著手？關於第一個問題，一九七五年我在香港和李約瑟先生(Joseph Needham)曾有過一次交談。我徵詢他關於馮友蘭〈中國為什麼沒有科學？〉一文的意見，他直截了當地說：馮的問題根本提錯了，中國不是沒有科學，而是沒有現代科學 (modern science)。他所謂「現代科學」，指的是十六、十七世紀科學革命以後的科學成就。他的基本見解是中西文化傳統都循同一道路發展了「科學」，但最後則將匯歸於「現代科學」之中，好像「百川朝宗於海」一樣。這可以稱之為「同途同歸」說。但他並不武斷，承認席文 (Nathan Sivin) 先生所提出的另一可能，即中西各從不同的途徑發展出大致相同的科學（見 *Science and Civilization in China*, Cambridge University Press, vol. v: 2, 1974, pp. xxvii–xxix）。這可以稱之為「殊途同歸」說。這兩說其實並不必然互相排斥，不過是觀察的角度不同而已，但這裏不需深究了。

最近幾十年來中國科學史的研究成績，包括東方和西方在內，已確切證實中國文化同樣發展了科學和技術的傳統。李約瑟「中國有科學而沒有現代科學」的論斷是不易動搖的。接受了這個基本論斷，中國傳統醫學的科學身分便不成其為問題了。事實上，在中國本土的科學之中，醫學是最為源遠流長的一門獨立的學術，唐、宋科舉考試中且設有醫學專科。除此之外，數學和天文學也同樣是起源甚古而持續發展未斷。所以近代西方科學分類傳入中國之後，這三門專業雖沿用舊名而內涵與範圍相去不遠，其餘如「物理」、「化學」、「生物」等則祇能算是新造的名稱了。正由於源遠流長，中國傳統醫學似乎更能印證席文先生的「殊途同歸」說；而其中「殊途」的方面則是我所謂「中國文化獨特傳統」的一個重要構成部分。這個道理很淺顯，因為今天科學史家大致都承認：科學，無論是近代的或前近代的，都不是孤立的存在，它不但從一個文化整體中孕育出來，而且也隨著這一文化整體的變動而發展、而成長。中國古代（戰國至秦、漢）醫學史和同時代的文化與思想之間的密切聯繫便提供了一個很典型的例證。

中國古代醫學和與醫學相關的理論及觀念最近已成為一大顯學，不但中國科學史家紛紛論述，而日本、歐洲、美國的專家也發表了數量很大的論文和專書。這當然是因為自上世紀七十年代以來，大陸考古發掘出許多有關醫學的簡牘與帛書（如睡虎地、馬王堆、張家山、武威等地的發現），古代醫學文獻忽然豐富了起來。在新材料的啟示之下，傳世已久的古醫書如《黃帝內經素問》在醫學史上的地位與價值也重新受到檢討（例如 Paul Unschuld, *Huang Di Nei jing Su Wen: Nature, Knowledge, Imagery in an Ancient Chinese Medical Text*, 2003）。在這一領域中，李建民先生的《死生之域：周秦漢脈學之源流》（二〇〇〇）已作出了重要的貢獻，為國際學界所普遍重視，用不著我這個外行人來介紹了。

我已鄭重聲明，對於傳統醫學本身，我不配說任何話，因為我沒有專業訓練。但是由於四十多年前曾經研究過漢代的生死觀，我對於考古發現的新資料卻是相當注意的，特別是馬王堆簡帛中關於〈養生方〉、〈導引圖〉、〈卻穀食氣〉等篇（參看我的《十字路口的中國史學》，李彤譯，上海古籍，二〇〇四，頁二七）。因此我也一直留心有關古代醫學傳統的新論述，不過止於「觀其大略」和「不求甚解」的境地而已。從一般史學的觀點說，我的印象是戰國秦漢之際，中國人關於人體內部構造的認識確有一步一步深入的趨勢，經脈的運行尤其是醫家最為關注的重點。五十年前讀《漢書．王莽傳中》，使我相信漢代醫家也許曾有過解剖屍體以探索經脈的嘗試。原文如下：

> 翟義黨王孫慶捕得，莽使太醫、尚方與巧屠共刳剝之，量度五藏，以竹筳導脈，知所終始，云可以治病。（「天鳳三年」條，公元十六年）

班固特筆記此事，主要是為了彰王莽之惡，描寫他殘忍，活生生地解剖了一位「復漢」的志士，但卻無意中保存了醫學史上一個千真萬確的事實。顏師古註此條說：

以知血脈之原，則盡攻療之道也。

這應該是正確的理解。中國史上解剖活人也許這是第一次，所以官方才有詳細的記錄。參加解剖的有三類人，也值得注意。「太醫」與「尚方」同是秦漢「少府」的屬官（王莽時「少府」改稱「共工」），見《漢書．百官公卿表上》；「少府」又有「胞（庖）人」，主掌「宰割」，則「巧屠」也必屬「少府」無疑。換句話說，這個試驗是由專為皇帝內廷服務的機構——「少府」或「共工」——一手包辦的。「太醫」和「巧屠」的功能可以顧名思義，不待解說。「尚方」的職掌則有異說，顏師古註〈公卿表〉，說是「主作禁器物」，其中包括刀劍等利器，又註〈朱雲傳〉「尚方斬馬劍」一語也說「作供御器物，故有斬馬劍，劍利可以斬馬也」（《漢書》卷六七）。此解在這裏完全適用，即解剖的利器由「尚方」提供。但顏註

《漢書‧郊祀志上》「欒大……為膠東王尚方」句卻說「尚方」為「主方藥」。這大概是因為欒大是「方士」而別生一解，未必可信。漢代王國官制是中央官制的具體而微，不應同為「尚方」，在王國卻變成了「主方藥」的機構。如果「尚方」兼有「主方藥」的功能，當然更有理由參與活人解剖之事。不過此解別無他證，而「作器物」之解則王先謙《漢書補注》曾舉多例以證成之，因此對「主方藥」之說祇能存疑。我傾向於相信解剖活人的建議發自「太醫」，而得到了王莽的同意，如所測不誤，則可進一步推想漢代醫師以前或已有解剖屍體的試驗，否則恐不能一步便跳到活人解剖的階段。公元前第四、第三世紀之際，希臘名醫赫羅費拉斯 (Herophilus) 曾在亞歷山大城（Alexandria，在埃及）大規模進行屍體解剖，然後又得到國王的特許，對天牢中的死囚進行活人解剖 (human vivisection)，一時蔚成風氣。但在此之前屍體解剖在希臘本土是有禁令的，而且埃及也可能先有之。至於活人解剖則似為赫羅費拉斯的空前絕後之舉，故後人特著其事，與〈王莽傳〉所記先後如出一轍（關於希臘情形，見 Jacques Brunschwig & Geoffrey E. R. Lloyd 合編，*Greek Thought: A Guide to Classical Knowledge*, Harvard University Press, 2000, pp. 237, 416, 422–423）。

上引〈王莽傳〉的記述，現代中外相關研究中或已早有討論，但我無暇遍檢文獻，因此不避「孤陋寡聞」之譏，把我自己的看法寫出來。我引此事並不是為了好奇，而是要說明：漢代醫學家確實一直在認真地追求關於人體內部構造的知識。他們當時並非毫無根據地把陰陽五行六氣之類概念和人身的經脈加以比附，如傅斯年先生所指責的。〈王莽傳〉的實例至少使我們知道，他們研究經脈也曾經過了「實證」的程序。

提到陰陽五行的觀念，我們立刻便可以看出：戰國秦漢時期的一般思想（或哲學）是和醫學思想配套的。李約瑟說中國人對於自然的思維基本上是一種「有機體」(organism)式的形態，即將宇宙萬物（包括人在內）看成一大生命的整體，其中部分與整體之間以及部分與部分之間都構成一種有生機的關聯。很明顯的，他認為中國與古希臘的自然觀大致屬於同一類型。英國現代哲學名家如懷德海 (A. N. Whitehead) 和柯靈烏 (R. G. Collingwood) 論西方自然觀念的變遷，都不約而同地斷定古代希臘以整個自然比擬於個人的生命，是一有意識的生命整體 (intelligent organism)。李約瑟有此比較文化史的背景，所以能識其大，一下子便抓住了中國科學觀的基本形態。正由於形態相近，古希臘醫學也未嘗不可與中國傳統醫學互相印證。前面已提到，傅斯年先生特別攻擊「五行」（金、木、水、火、土）和「六氣」（風、熱、暑、濕、燥、寒）的「玄談」。但古希臘醫學思想中也有「地、水、火、風」的「四行」說，與「熱、寒、燥、濕」的「四氣」說相配（見 Werner Jaeger, *Paideia: The Ideals of Greek Culture*, vol. 3, New York: Oxford University Press, 1944, pp. 16–17）。這種驚人的相似性恐怕不能不追溯到雙方同持宇宙萬物為一生命整體的基本預設。關於古代希臘與古代中國在科學和醫學方面的比較研究，近幾年正在方興未艾，就我所知已有 Geoffrey E. R. Lloyd, *Adversaries and Authorities: Investigations into Ancient Greek and Chinese Science* (Cambridge University Press, 1996); Geoffrey E. R. Lloyd and Nathan Sivin, *The Way and the Word: Science and Medicine in Early China and Greece* (Yale University Press, 2002); Steven Shankman and Stephen Durrant, eds., *Early China/Ancient Greece: Thinking Through Comparisons* (State University of New York Press, 2002) 等書。但我都沒有時間閱讀，衹有請有興趣的讀者自行探索，我不能在這裏繼續表演「無知妄作」了。

最後，為了進一步說明戰國、秦、漢間一般思想與科學（包括醫學）觀念之間存在著一種互動的關係，我想提出一個大膽的推測以求教於李建民先生和其他科學史家。儘管古代中國與希臘在宇宙觀方面有大致相同的預設，但論及文化系統的整體則仍然各具獨特的面相。這是因為文化的成分及其組合方式太過複雜，非一二大端可盡。下面我將以「天人合一」的觀念為例，稍示中國古代文化之所以自成其獨特系統，也許和科學的進展有某種程度的關聯。

專門研究西方哲學的金岳霖先生一九四三年忽然興發，寫了一篇英文短論，以西方哲學為比較的根據，試著勾勒出中國哲學的特徵。這篇文字最初祇有少數油印本流行於友生之間，但在一九八〇年他終於將它發表了出來（見 Yueh-lin Chin, "Chinese Philosophy," in *Social Sciences in China*, vol. 1, no. 1, March 1980, pp. 83–93）。他首先指出，在西方哲學的對照之下，中國哲學的一個最大特徵便是「天人合一」(the unity of nature and man)。為了避免誤解，他還進一步說明：「天」之一詞有時指「自然」(nature)，有時指「自然界的上帝」(nature's God)，但無論取自然義或宗教義，「天」與「人」合而為一都是中國哲學或思想所追求的最高境界（前引文見 pp. 87–89）。

以上特引金岳霖之說是因為他的專業是西方哲學，更能凸顯「天人合一」的中國特色。「天人合一」這個論旨自漢代以來爭議不休，近二十年的新論述更是汗牛充棟，這裏完全不能涉及。下面我祇能從歷史發展的角度概括一下「天人合一」觀在古代的變遷。據我所見，「天人合一」說大致經過了三個階段的發展：第一個階段始自西周，迄於春秋戰國之際。這一階段的「天」與「人」分別指「天命」與「人心」。王（或「天子」）受「命」於「天」而建立政權，但必須時時體察下民所欲，才能常保「天命」而不失。但在此階段中，祇有「天子」或王才能代表全民直接與「天」交通，如《尚書．皐陶謨》所謂「天聰明，自我民聰明。天明畏，自我民明威。達於上下，敬哉有土」。孟子引〈泰誓〉：「天視自我民視，天聽自我民聽。」也表達了同一觀念。這裏最值得注意的是：「達於上（天）下（民）」的特權為「天子」或王所獨有。曾運乾先生把這些話看作是「皆言天人合一之理，明天命本於人心」（《尚書正讀》，北京，中華，一九六四，頁三五），大致是可以接受的。「天命」的意識或已出現在殷商，但當時不稱「天」而稱「帝」而已。從卜辭看，「王」與「帝」的交通是非常頻繁的。無論如何，這一宗教——政治性的「天人合一」觀代表了第一階段的主要形態。

第二階段是「天人合一」的突破時代。所謂「突破」，指「天」（或「天命」）不再為王權所完全壟斷，個別的思想家或哲學家也開始和「天」發生直接的關係了。這是春秋戰國諸子學興起的時代。「天」「人」關係的個人化在《論語》中有很清楚的表述，如「知我者其天乎？」、「五十而知天命」等語都表示孔子自己和「天」之間有單獨交通的途徑。這裏的「天命」顯然已不是王權受「命」於「天」的舊義，而是「天」給孔子個人規定的「命」，也許就是「天生德於予」的意思。但個人究竟如何與「天」交通，又如何能與「天」合而為一？這些問題要等到孟子、莊子的時代才有比較具體的解答。古代王與「天」（或「帝」、「神」）之間溝通主要是靠「巫」的特殊能力作媒介，古代所謂「禮樂」之中也明顯地有「巫術」的成分。戰國時代的思想家們則克服了「巫」的勢力，用「心」與「氣」的觀念取而代之。孟子講「盡心、知性、知天」，又養心中「浩然之氣」；莊子則說「氣也者，虛而待物者也。唯道集虛；虛者，心齋也」。可見孟、莊兩家的思想儘管不同，在與「天」（或「道」）溝通方面的方法是相同的。不但如此，他們最後所達到的「天人合一」的精神境界也十分相似。所以孟子說「君子……上下與天地同流」，而莊子也被他的後學恭維作「獨與天地精神往來」；「天地精神」即是莊子所謂「道」。這是第二階段「天人合一」的一種特殊表現。但「天人合一」是第二階段思想的一個基本預設，在這一預設之下，諸子百家則各自發展出不同的思想體系和特持的中心觀念，如儒家的「仁」、墨家的「兼愛」、道家的「自然」之類。讓我舉一個具體的例證：孟子說「萬物皆備於我」（〈盡心上〉）；惠施說「氾愛萬物，天地一體」（《莊子．天下》）；莊子則說「天地與我並生，而萬物與我為一」（〈齊物論〉）。這三個人恰好分別代表了儒、墨、道三派的觀點（惠施的「氾愛」即是「兼愛」）。他們的學說截然不同，上引三家文字也旨趣各別。但撇開思想內容不論，這三句話都傳達了一個共識，即人與「天地」「萬物」是「一體」的，不過三家之說在程度上略有輕重之異而已。事實上，「人與天地萬物為一體」即是第二階段「天人合一」的另一重要表現。限於篇幅，第二階段的檢討便到此為止（以上兩階段的討論不過是一簡單的綱領，稍詳的解釋見我的 "Between the Heavenly and the Human," in Tu Wei-ming and Mary Evelyn Tucker, eds., *Confucian Spirituality*, New York: The Crossroad Publishing Company, 2003, pp. 62–80）。

最後，第三階段是「天人合一」的預設發揮其最高最大的效用的時代，上起戰國晚期，下迄秦與兩漢。在這一階段中，陰陽五行說全面滲透在先秦以來一切學派之中，《呂氏春秋》、《禮記・月令》、《淮南子》、《春秋繁露》以至東漢的《白虎通義》都提供了大量的證據。從某一意義說，第三階段也可以看作是「人與天地萬物為一體」的進一步發展。這是我不得不先將第一、第二階段「天人合一」的預設作一交代的主要原因，所謂「進一步發展」即指「天地萬物一體」的全面陰陽五行化。正因如此，「天人合一」才從隱蔽的預設變成了宇宙論的公開命題。《春秋繁露・陰陽義》說：

> 天亦有喜怒之氣、哀樂之心，與人相副。以類合之，天人一也。

我沒有時間細考文獻，但我的印象中這最後八個字也許是「天人合一」的觀念字面化的最早之一例。陰陽五行宇宙觀下的「天人感應」說（即董仲舒〈對策〉中所謂「天人相與」，見《漢書》本傳）是大家都耳熟能詳的。極概括地說，這一宇宙觀是將天地萬物看作一大生命整體，其中每一部分都與其他部分以及宇宙整體之間無不息息相關。因此所謂「感應」真是鋪天蓋地無所不在。但由於春秋以來早已有「天道遠，人道邇」（子產語，見《左傳》昭十八年）的傾向，陰陽五行家仍然以「人道」（人間秩序）和「天道」（宇宙秩序）之間如何互相感應為關注的重點，所以他們不但將人所建立的制度（如官制）及其運作都納入陰陽五行的系統之中，而且斷定一切人事活動都必然會引起「天道」方面或正或反的感應。這一點在兩漢的奏議中俯拾即是，不待舉證。司馬談〈論六家要旨〉（《史記．太史公自序》），最後總結云：「夫陰陽、儒、墨、名、法、道德，此務為治者也。」這是一針見血的論斷。

正是在這一關聯上，我想提出前面所說的「大膽的推測」。在《淮南子．精神訓》、《春秋繁露．人副天數》、《白虎通義．性情》諸篇中，我們讀到大量的關於人體內部結構及其功能與天體、地形的結構及其運行方式的比附。這當然是為了給「天人合一」建立實質的根據。《春秋繁露．人副天數》似乎認定「天」、「地」是照自己的樣子來「生」出「人」的，即所謂「人受命乎天……唯人獨能偶天地」。然而我們同時又看到，陰陽五行家在作「人副天數」的論證中卻往往對人體的內部結構及其功能描寫得更為詳細，如五臟（肝、心、肺、腎、脾）和六腑（大腸、小腸、胃、膀胱、三焦、膽）無不反覆敷陳。這裏引起了一個問題：他們究竟用「人」體來比擬「天」體呢？還是用「天」體來比擬「人」體呢？三國時代楊泉在《物理論》中說：

天者擬之人，故自臍以下，人之陰也。（引自蘇輿《春秋繁露義證》，北京，中華，一九九二，頁三五六）

這是一個打破後壁的觀察，陰陽五行家其實是將整個宇宙比作人的身體，所以這個宇宙論的基本模式（model）或根本比喻（root metaphor）是人體構造。《春秋繁露》的「人副天數」恰好說顛倒了，正確的表述應該是「天副人數」。不但「天者擬之人」，「地」亦如此。蘇輿注〈人副天數〉中「形體骨肉，偶地之厚」數語，引《太平御覽》所收《公孫尼子》佚文云：

形體有骨肉，當地之厚也。有九竅脈理，當川谷也。血氣者，風雨也。（引自蘇輿《春秋繁露義證》，北京，中華，一九九二，頁三五五）

這幾句佚文不知是否出自《漢書．藝文志》所錄「《公孫尼子》二十八篇。七十子之弟子」。察其所言，似不能早於戰國末期，或竟是秦、漢之際的文字。所謂「九竅脈理，當川谷」，其實也是從「人」的「脈」推想到「川」是「地」的「脈」。「地脈」的觀念在秦代已普遍流行，蒙恬無過賜死前慨歎自己築長城萬餘里，「其中不能無絕地脈」，也許因此「獲罪於天」（見《史記》本傳）。由此可見第三階段「天人合一」的新形態主要是以「天」與「地」都「擬之人」，終於將第二階段「人與天地萬物為一體」的宇宙論命題推到了它的邏輯的盡頭處。

這一推擬主要是在當時關於自然界的知識範圍內展開的。「天文」（包括 astronomy 和 astrology）、「地形」固然重要，但更重要的則是關於人體內部結構及其功能的知識，因為如前所說，「人體」在全部論證過程中發揮著「根本比喻」的作用。如果我這個外行人的妄測不是百分之百的胡說（nonsense），那麼陰陽五行說不僅代表了這一階段思想的主流，而且還為自然知識，尤其是醫學的發展提供了理論的基礎。總括地說：一方面陰陽五行說援引自然知識為立論的依據，另一方面自然知識也在陰陽五行說的指引下逐步成長。前面提到一般思想與科學之間的互動關係，在這裏似乎得到了比較具體的印證。

最後我必須鄭重聲明：我既不是為傳統醫學的理論與實踐作辯護，更不是為陰陽五行說扶輪。陰陽五行說今天在知識界大概已不容易找到支持者了。但是從歷史的角度出發，我覺得還是應該把它和中國本土科學之間的一段歷史因緣指出來。至於它早已成為一個過了時的錯誤學說，甚至可能曾嚴重阻礙了本土科學的進步，則是一個完全不同的問題，這裏用不著討論。

中國文化自成一獨特的系統；這一系統下的科學，尤其是醫學，也自闢蹊徑。以上千言萬語都祇是為了說清楚這一個簡單的意思。

二〇〇五年三月十五日於普林斯頓

（李建民《生命史學：從醫療看中國歷史》，臺北，三民，二〇〇五）

劉笑敢《老子古今：五種對勘與析評引論》序

劉笑敢先生先後費了十年時間完成這部《老子古今》，將道家哲學的研究推向一個新的高峰，笑敢不棄在遠，囑我為此書寫一篇序，我雖然很猶豫，但一再考慮之後，還是接受了他指派給我的任務。猶豫，這是因為我對老子沒有進行過「窄而深」的探索，從專業觀點說，我不具備發言的資格；接受任務，這是因為我和笑敢相識已近二十年，對他的為人與治學畢竟略有所知。下面這篇短序也許可以對本書讀者增添一點「讀其書而知其人」的助力。

我初識笑敢在二十世紀八十年代末期，那時他正在哈佛燕京社訪問。我的老朋友孟旦特別從密西根大學打電話來介紹他的學術成就，十分推重他剛剛出版的《莊子哲學及其演變》。不久之後，他應普林斯頓大學東亞系的邀請，前來演講，我才第一次和他見面。從八十年代末期到九十年代中期，他一直居留美國東岸，其中有好幾年在普林斯頓大學從事研究工作，因此我對他的認識也越來越親切了。

笑敢早年進入中國古代哲學史的領域，曾受到十分嚴格的專業訓練，在哲學思考之外，他掌握了有關古代文本的一切輔助知識，如訓詁、斷代、校勘之類，這是清代以來所謂「考證」的傳統。他的《莊子哲學及其演變》便充分表現了由「考證」通向「義理」的長處。但是笑敢同時也是一位哲學家，他專治老莊，並不是僅僅為了還原古代思想家的客觀原貌，而是由於深信道家哲學在現代世界仍有重大的指引功能。所以笑敢作為哲學家，在專業研究之外，也同時博通現代哲學思潮。

笑敢在美國過了幾年清苦的生活，但由於他一直自強不息，這幾年反而成為他的學術生命中一個很重要的進修階段。在這一時期，他一方面直接參與了中國哲學史研究的國際進展，另一方面則廣泛吸收了西方哲學的新成果，包括英美的分析哲學和歐陸的詮釋傳統。他的治學規模和取向並沒有改變，然而境界提高了，視野也擴大了。

我們必須認識笑敢的成學過程，才能真正懂得這部《老子古今》的苦心孤詣之所在及其層次與結構之所以然。本書對《老子》八十一章進行了分章研究，每章都分成了「原文對照」、「對勘舉要」和「析評引論」三節。「原文對照」羅列了五種不同的古今文本，即郭店竹簡本、馬王堆帛書本、傅奕本、河上公本及王弼本。著者採取原文對照的方式，這對於讀者是非常便利的。「對勘舉要」基本上屬於傳統校勘學的範圍，但往往涉及很重要的文字異同的判斷，如第十五章「古之善為士者」與「古之善為道者」之分歧，五種文本恰好分為兩個系統。著者根據全章以至《老子》其他相同文句，並結合著作思想內容，作了細緻的討論；雖自有取捨的權衡，但不流於武斷，這一態度尤可稱賞。

「原文對照」與「對勘舉要」兩節是緊密相連的，合起來即相當於清代所謂「考證」之學。在分章的校勘、訓詁中，我們祇能看到關於個別章節字句的論斷。但著者對於《老子》文本的考證另有整體而系統的見解，詳見〈導論一　版本歧變與文本趨同〉，讀者不可放過。〈導論〉所涉及的版本、文本、語言、思想諸問題頗有與西方現代的「文本考證學」(Textual Scholarship) 可以互相比較參證的地方。這一套專門之學並非中國傳統所獨擅。它在西方更為源遠流長。希臘古典文本的搜集、編目、考證在西元前四世紀末便已展開，第一位大規模校書名家伽里馬初（Callimachus，約西元前三一〇——前二四〇）也比漢代劉向（西元前七八——前九）早兩個世紀，而且，兩人的地位相似，都是皇家圖書館的負責人。至於文本的傳衍和研究，如希臘羅馬的經典作品，如希伯來文《聖經》和《新約》等，都有種種不同的版本，西方在校讎、考證各方面都積累了十分豐富的經驗，文本處理的技術更是日新月異。現代「文本考證學」的全面系統化便是建立在這一長期研究傳統的上面（參看 D. C. Greetham, *Textual Scholarship, An Introduction*, New York & London: Garland Publishing, Inc., 1994）。二十世紀以來，中國學術界十分熱心於中西哲學、文學以至史學的比較，但相形之下，「文本考證學」的中西比較，則少有問津者。事實上，由於研究對象（object）——文本——的客觀穩定性與具體性，這一方面的比較似乎更能凸顯中西文化主要異同之所在。我讀了本書〈導論一〉，於此深有所感，特別寫出來供著者和讀者參考。

本書最有價值，同時也是畫龍點睛的部分，自然是每章的「析評引論」。本書八十一篇「析評引論」事實上即是八十一篇關於哲學或哲學史的精練論辯。依照中國傳統的分類，這是屬於「義理」的範疇。著者在解決了《老子》文本的問題之後才進入哲學的領域，表示他仍然尊重清代以來的樸學傳統。他告訴我們：「本書的基礎工作是不同版本的對勘，但目的是為思想史和哲學史的研究提供方便和深入思考的契機。」（「編寫說明」第十一條）這是一種現代精神，與清儒所謂「訓詁明而後義理明」的提法大不相同。我為什麼這樣說呢？因為清人的提法似乎預設文本考證即可直接通向「義理」的掌握，中間更無曲折。而本書著者則以前者為後者所提供的是「深入思考的契機」，這是肯定「思想史和哲學史的研究」自成一獨立的專門學科。中國傳統中雖然已有相當於哲學史的著作，如《宋元學案》、《明儒學案》之類，但「哲學」和「哲學史」作為一獨立學科遲至二十世紀初葉才在中國出現，而且明顯地是從日本轉手的西方輸入品。一九〇六年張之洞主持下頒布的學校分科章程，其中文科部分僅有「經學」、「文學」而無「哲學」，以致引起王國維的嚴厲抗議。哲學史研究必須具備哲學的一般素養和技術訓練，不是僅靠文本考證便能勝任的。

笑敢的「析評引論」所涉及的範圍極為廣闊，古今中外無所不包。就這一點說，本書應該題作《老子古今中外》才名副其實。但笑敢所論雖繁，卻決無氾濫無歸的嫌疑。他的一切論辯都可以繫屬在〈導論二〉所揭示的中心宗旨之下，即「回歸歷史與面對現實」。「回歸歷史」是哲學史研究的基本任務。以本書的研究範圍而言，研究者自然首先必須根據最接近原始狀態的《老子》文本，再進一步通過訓詁以盡量找出文本中字句的古義，最後才能闡明其中基本概念和思想的本義。雖然「本義」的確定沒有絕對的保證，但專家之間終究可以取得大致的共識。無論如何，這種「本義」的追求是絕對不能放棄的，否則便根本沒有哲學史研究之可言了。

所謂「面對現實」，則是指經典解讀與解讀者自身的現實感受之間的關係。這種借古人杯酒澆自己塊壘的經典解讀方式，古今中外，無不如此；在本書中也俯拾皆是，如論「民主」（第四十九章）、「科學」（第四十章及第四十七章）、「女性主義」（第六章）以至「改革開放」（第四十二章）等。這是著者以哲學家的身分，運用他在道家哲學史方面的研究成績，對當前世界表達的深切的關懷。這些現代論旨當然不在《老子》的「本義」之內，但《老子》作為一部經典在這些方面確實都能給我們以新鮮的時代啟示。最顯著的例子是他所鄭重提出的「人文自然」的概念，備見於〈導論二〉和很多章引論之中。《老子》之道主要是「人文自然之道」是本書的一大論斷，這是從歷史與哲學的論證中建構起來的。在「回歸歷史」以後，著者才「面對現實」，發掘「人文自然的現代意義」，並進一步肯定「自然秩序」為第一原則，與「強制秩序」和「無序的混亂」形成了強烈的對照。著者的現實關懷不禁使我想起了波普 (**Karl R. Popper**) 所提出的「封閉社會」與「開放社會」的對比。波普在二十世紀四十年代深感於現代極權勢力的威脅，才對希臘經典有了新的理解，終於在柏拉圖的著作，尤其是《共和國》中，發現了極權思想的源頭。但是波普的結論也不是輕易得來的，有關柏拉圖的研究便佔去了《開放社會及其敵人》全書的一半篇幅。

笑敢在〈導論二〉中正式提出經典詮釋的兩種定向的問題，他說：

> 一方面立足於歷史與文本的解讀，力求貼近文本的歷史和時代，探求詞語和語法所提供的可靠的基本意含 (meaning)，盡可能避免曲解古典；另一方面則是自覺或不自覺地立足於現代社會需要的解讀，這樣，詮釋活動及其結果就必然滲透著詮釋者對人類社會現狀和對未來的觀察和思考，在某種程度上提出古代經典在現代社會的可

能意義 (significance) 的問題。

這裏所謂「意含」與「意義」的分別恰好和我的看法大體相同。詮釋學家赫施 (E. D. Hirsch, Jr.) 對 meaning 和 significance 的分別有很扼要的討論，我曾借用於古典詮釋的領域。我在〈《周禮》考證和《周禮》的現代啟示〉一文中指出：

經典之所以歷久而彌新正在其對於不同時代的讀者，甚至同一時代的不同讀者，有不同的啟示；但是這並不意味著經典的解釋完全沒有客觀性，可以興到亂說。「時代經驗」所啟示的「意義」是指 significance，而不是 meaning。後者是文獻所表達的原意；這是訓詁考證的客觀對象。即使「詩無達詁」，也不允許「望文生義」。significance 則近於中國經學傳統中所說的「微言大義」；它涵蘊著文獻原意和外在事物的關係。這個「外在事物」可以是一個人、一個時代，也可以是其他作品，總之，它不在文獻原意之內。因此，經典文獻的 meaning「歷久不變」，它的

significance 則「與時俱新」。當然，這兩者在經典疏解中常常是分不開的，而且一般地說，解經的程式是先通過訓詁考證來確定其內在的 meaning，然後再進而評判其外在的 significance。但是這兩者確屬於不同的層次或領域。（收在《猶記風吹水上鱗——錢穆與現代中國學術》，臺北，三民，一九九一，頁一六五——一六六）

我自覺這一段話大可為笑敢的議論張目，所以特別引錄於此，以供參證。

最後，我要談一個小問題，以結束這篇短序。本書第二章論《老子》分為八十一章始於何時的問題，總結道：

從現有文獻來看，八十一章本起於河上本，唐代或更早的時候先有事實上的八十一章本，再有以第一句為題目的八十一章本（唐玄宗御註本），到了宋代才有現在看到的二字標題的八十一章本。王弼本分為八十一章當在明代後期或清代。

這一論斷，過於謹慎。每章標題事姑置之不論，《老子》〈道經〉、〈德經〉分為上下兩卷，上卷三十七章，下卷四十四章，至遲在漢末已然，王弼本也是如此。清代學者在這一方面已考證詳明，茲引錢大昕、孫詒讓兩家之說如下：錢氏《潛研堂金石跋尾》卷九〈唐景龍二年老子道德經跋〉云：

> 老子道德經二卷，上卷曰道經，下卷曰德經，分兩面刻之。案：河上公註本：道可道以下為道經，卷上；上德不德以下為德經，卷下。晁說之跋王弼註本，謂其不析道德而上下之，猶為近古。不知陸德明所撰釋文，正用輔嗣本，題云：道經卷上，德經卷下，與河上本不異。晁氏所見者，特宋時轉寫之本，而翻以為近古，亦未之考矣。

孫氏《劄迻》卷四更增加了新證，其言曰：

老子上下篇八十一章，分題道經、德經。河上公本、經典釋文所載王註本、道藏唐傅奕校本、石刻唐玄宗註本並同。弘明集牟子理惑論：所理止於三十七條，兼法老氏道經三十七篇。則漢時此書已分道德二經，其道經三十七章，德經四十四章，亦與今本正同。今所傳王註，出於宋晁說之所校，不分道德二經。於義雖通，然非漢唐故書之舊。

孫氏所引牟子《理惑論》之語，見《弘明集》卷一，原文是「老氏道經亦三十七篇，故法之焉」（《理惑論》）。撰述年代約當西元一九五——二〇一年之間，近人考證已獲定論（可參看周一良〈牟子理惑論時代考〉，收在《魏晉南北朝史論集》，北京，中華，一九六三，頁二二八——三〇三）。所以，《老子》分八十一章最晚在東漢已經出現。事實上，笑敢已發現竹簡本與傳世本分章頗有一致的情況，因此相信「分章之事當有相沿已久之根據」。但他寧失之慎，祇肯說「唐代或更早的時候先有事實上的八十一章本」，而不願對上限說得更清楚。我認為上引錢、孫之說，證據充足，是可以放心接受的。我有幸成為本書的最早讀者之一，僅就所知，對這個小問題作一點補充，以報笑敢遠道索序的雅意。

二〇〇五年九月六日序於普林斯頓

（劉笑敢《老子古今：五種對勘與析評引論》，北京，中國社科，二〇〇六）

李建軍《學術與政治——胡適的心路歷程》序

幾年以前李建軍先生曾寄來此書稿本，徵詢我的意見。快覽一遍之後，深感這是一部嚴肅的研究成果，當時便在覆信中鼓勵他早點刊布，為胡適研究的領域拓展新的視野，但是我的業務繁重，實在抽不出時間來與作者往復討論，甚以為歉。現在此書即將由香港新世紀出版社印行，作者雅意拳拳，希望我寫一篇序文，我很高興有這個機會寫幾句話，作為介紹。

本書專以胡適的政治思想為對象，進行深入的分析和評論。作者詳搜胡適的政治方面的言論和活動，然後加以系統的整理，綱舉而目張，條理井然。作者一方面對胡適在各階段的政治主張，分期進行歷史的探索，另一方面則貫通前後，全面地重現胡適政治思想的基本結構。例如第二章論「好政府主義」（胡適自定的英文名稱是Eunarchism），上溯至早年的「力」的哲學，下面則聯繫到中期的「工具主義的政治哲學」；又如第四章論「容忍與自由」，也將胡適自由主義的中心理念從早期一直追蹤到晚年。這些都是作者的重要貢獻。

現在我想說幾句題外的話，但同時也是題中應有之義，即胡適研究為什麼在今天中國竟成為「顯學」之一？耿雲志先生在本書的〈序〉中指出，到二〇〇五年為止，中國大陸上出版的關於胡適的專著已近百種，報刊論文則超過千篇。這是相當驚人的數字，在一九七六年以前完全無法想像。一九七八年十一月我在北京聽到一個來源很可信的傳說：當時有人提到重印胡適著作的問題，胡喬木（一九一二——一九九二，一九四一年起，曾任毛澤東秘書、中共中央秘書、新聞總署署長等職；一九七七年出任中國社會科學院院長，一九八二年任中共中央政治局委員。長期作為中共的意識形態主管活躍於中共政壇）曾憤慨地說：「如果胡適的書都出現在新華書店，我們這幾十年的革命豈不是完全白費了嗎？」一九七八年時官方的立場尚且如此堅定，誰能預料到胡適的浴火重生會來的這樣快呢？我也讀了不少大陸出版的有關胡適的論著，隱隱感覺到有一種思想的動向，即新一代的知識人對胡適所宣導的現代價值，包括民主、自由、容忍、人權、法治等等越來越趨於認同。所以我斷定他們研究胡適不完全是為歷史的興趣所驅使，而毋寧出於對現實的關懷。本書的作者似乎也不是例外。

今天新一代的知識人之所以獨奉胡適為中國自由主義的宗師，我想至少有兩個理由。第一、在同輩學人之中，胡適自始至終堅持民主、自由的基本理念，在任何情形下都沒有動搖過。第二、他的理念最初雖建立在美國生活經驗和杜威哲學理論的雙重基礎之上，但他並未硬搬任何美國或西方既成模式，強加於中國現實之上。關於這一問題，耿雲志先生〈序〉已作了有力的論證。我要補充的是：他從早年到晚年都很認真地在中國傳統中尋找價值意識，作為接引民主、自由新秩序的精神要素。他用「為仁由己」來說明「自由」的中國涵義；用「善未易明，理未易察」來解釋「容忍」的必要性；用「理」重於「勢」來論證中國傳統的「士」並未向政治權威屈服。一九四一年他發表了一篇英文講演，比較全面地陳述了「民主中國的歷史基礎」("Historical Foundations for a Democratic China")。從這些實例中，我們清楚地看到，胡適所發展的是中國的自由主義，至於西方的種種學說，包括杜威的實驗主義在內，則僅僅作為思想的背景而存在於他的文字之中。所以他在這方面的論述，對於中國讀者而言，往往有一種親切之感，並且比較容易接受。自「五四」以來，民主的理念之所以逐漸進入中國人的意識領域，胡適的貢獻是不可埋沒的。今天新一代知識人重新發現胡適的政治觀點的現實意義，毋寧是十分自然的。

胡適畢生提倡的現代價值如民主、自由、人權、容忍等等在今天的中國顯然比二十世紀中葉以前更具有迫切的現實針對性。知識界為言論自由的艱苦掙扎，宗教團體為信仰自由所遭受的殘酷待遇，以及一般老百姓為維護自身權利所進行的集體性抗爭，都已達到了空前的高度。這一新的現實似乎為胡適研究提供了新的課題。胡適的中國自由主義在思想上淵源於西方古典自由主義和杜威的實驗主義；它所面對的現實是現代極權統治未建立以前的中國。因此我希望新一代的研究者不但要繼承胡適的業績，更重要的是超越他的時代限制。最近的二、三十年來，西方的政治思想和美國的實驗主義哲學都有重大的新突破，所涉及的問題，無論就廣度和深度而言，都遠非當年胡適所能想見。舉其犖犖大者，如羅爾斯的《公平理論》(John Rawls, *A Theory of Justice*, 1971)，柏林論自由的概念 (Isaiah

Berlin, *Four Essays on Liberty*, 1969），羅蒂論杜威實驗主義及其政治、社會、宗教的涵義(Richard Rorty, *Consequences of Pragmatism*, 1982; *Objectivity, Relativism, and Truth*, 1991)等都是當代新自由主義的重要發展。由於羅爾斯新理論的刺激，上世紀八十年代以來又有「個體主義」與「社群主義」的長期爭論，對於民主、人權等價值在非西方社會中如何落實的問題也有進一步的啟示。朱敬一和李念祖合著的《基本人權》（臺北，時報，二〇〇三），討論臺灣的人權與法律之間的關聯，便充分利用了這些新的理論。我在該書的〈序〉中則特別提出西方人權的概念與中國傳統關於人的意識怎樣接軌的問題。

最後，我願意提議，今天認同於胡適的價值取向的中國知識人不妨師法胡適，以西方的最近的論述為背景與參考材料，在新的現實條件下，進一步發展中國的自由主義。

二〇〇七年一月二十日於普林斯頓

（李建軍《學術與政治——胡適的心路歷程》，香港，新世紀，二〇〇七）

田浩《朱熹的思維世界》增訂本新序

田浩在《朱熹的思維世界》出版以後，依然不斷精進，繼續研究朱熹和南宋以後的儒學發展。這次印行增訂本，收入了近年來的新收穫；其中最重要的是〈朱熹的祈禱文與道統〉和〈結論以及感想〉兩章。在〈祈禱文〉一章中，他通過朱熹對於孔子的祈禱文，以及其他相關的資料，深入研究了朱熹的鬼神觀和道統觀之間的關係。這確是前人所沒有涉及的領域；他不但提出了新的問題，而且擴大了朱學的範圍。在〈結論〉一章中，他則從一個更廣闊的歷史視域觀察朱學在南宋的位置和後世的流變。與本書初版的結論部分相對照，這一章的深度和廣度也都大幅度的提升了。

我讀了這兩章，對作者孜孜不息的研究精神十分欽佩。孔子說：「吾見其進，未見其止。」這兩句話在閱讀過程中時時往復胸中。朱熹的「思維世界」本來便是十分廣闊而複雜的，經得起古今無數學人的長期探索。因此，治朱學的人特別需要兼備「高明」和「沉潛」兩種本領。「高明」，才能見其大而不斷開拓這一「思維世界」；「沉潛」，才能繼續發掘它的豐富內涵而展示其精微性與複雜性。田浩恰好便是一位能在「高明」與「沉潛」之間保持均衡的學人，這部增訂新版便是最有力的見證。

上面已指出，作者論鬼神觀與道統論之間的內在關聯，為朱熹研究開闢了新園地。我相信將來一定會有其他學人繼續在這一片新園地中繼續開拓，因為其中所涉及的問題是很複雜的。作為〈祈禱文〉漢譯本的最早讀者之一，我願意作一個小小的補充並表示一點同聲的欣悅。

作者說，朱熹對孔子的祈禱「幫助他增強了他已經完美無缺地獲得了孔子所傳之『道』的信心」。作者在這裏特別強調朱熹的「自信」的一面，當然是有根據的。朱熹的確深信他所遵循的是孔子求「道」的唯一正途。我想補充的是，朱熹在求「道」的過程中也有「自疑」的一面，同樣值得重視。顧憲成（一五五〇——一六一二）在〈刻學蔀通辨序〉中說：

「朱子豈必盡非，而常自見其非。」（《涇皐冰藏稿》卷六）這句話則將朱熹的「自疑」精神生動地呈現了出來。朱熹晚年在竹林精舍上寫過一副「桃符」（即春聯）：「道迷前聖統，朋誤遠方來。」（《語類》卷一〇七〈雜記言行〉節）這顯然表示：他對自己是不是已全面掌握了「道統」的內涵，仍存疑問，唯恐誤導了遠來問學的弟子。他的門人對這副聯語大概也印象很深，因此記錄了下來。我認為這又是朱熹「自疑」的一種表現，不是故作謙詞。朱熹求「道」，自始至終都在「自信」和「自疑」的緊張心理狀態下進行，這是他治學的一個主要特徵。他臨終還在修改《大學．誠意》章，更是明證。

作者在〈祈禱文〉一章的結尾處特別強調朱熹的「使命感」，並清楚地指出：「在朱熹的思想中，社會政治關懷——理論上的實踐——是首要的。」這正是我在《朱熹的歷史世界》（允晨，二〇〇三）一書中所展開的基本論旨之一。中國史在宋代進入了一個新的階段，政治、社會、宗教、經濟等各方面都發生了重要的變動。「士」階層乘勢躍起，取得了新的政治社會地位。這一階層中的少數精英(elite)更以政治社會主體自居，而發展出「以天下為己任」的普遍意識。這便是作者所說的「使命感」。他們的「使命感」主要體現在儒家的整體規劃上面，即藉「回向三代」之名，全面地重建新秩序。根據「儒者在本朝則美政，在下位則美俗」的古訓，他們首先以朝廷為中心，發動全面的政治革新，所以慶曆、熙寧變法相繼出現。但地方性或局部性的社會、道德秩序的推行也同時展開，故有義莊、族規、鄉約、書院的創建。張載「有意於三代之治」，但從朝廷回到關中之後，立即在本鄉以「禮」化「俗」，產生了深遠的影響。這為「在下位則美俗」提供了一個具體的事例。無論在朝在野，士的「使命感」在南宋依然十分旺盛，朱熹更是一位最有代表性的典型。他在政治上嚮往王安石「得君行道」的機遇，所以期待晚年的孝宗可以成為他的神宗，重新掀起一場「大更政」運動。紹熙五年（一一九四）他立朝四十日便是為了領導朝廷上的理學集團推行改革（即所謂「孝宗末年之政」）。但在奉祠祿或外任時，他則轉而致力於地方上局部秩序的重建，如設立社倉、書院、以及重訂呂氏鄉約之類。不僅朱熹如此，同時的陸九淵、張栻、呂祖謙等也無不如此。現在本書作者通過〈祈禱文〉的專題研究，也進一步發現「政治、社會關懷」在朱熹思想中居於「首要的」位置，和我的整體觀察恰好可以互相印證，我當然有聞空谷足音的喜悅。

在增訂本的〈結論〉一章中，我很高興看到作者擴大他的視域，涉及朱熹思想與經濟發展之間的關係。我更感謝他肯用相當大的篇幅討論我的《中國近世宗教倫理與商人精神》，並澄清了一些評論者的誤解。他參考了我在一九九七年發表的兩篇英文論著，因此他的瞭解更為深入。不過在《商人精神》之後，我又繼續研究了明清社會、經濟、政治的變遷與儒學新取向之間的互動。其中較重要的是〈現代儒學的回顧與展望〉、〈士商互動與儒學轉向〉（收在《現代儒學論》，上海人民，一九九八，頁一——一二七）和〈明代理學與政治文化發微〉（見《宋明理學與政治文化》，允晨，二〇〇四，頁二四九——三三二）這三篇專題研究事實上在《朱熹的歷史世界》和《商人精神》兩部書之間進行了一些貫通的工作。舉其最要者而言，歷史變動把北宋士階層推上了政治、社會的主體地位，激起了他們「以天下為己任」的使命感。他們因而運用儒學的精神資源，展開了一場大規模與持久的重建秩序的運動。與此同時，佛教的入世轉向也與儒學的新發展匯流，更加強了士大夫的使命感。王安石便因為禪宗大師「為眾生作什麼」這一句話，才決心接受宰相的任命。十五、六世紀市場經濟的興旺，則將商人的社會重要性提升到前所未有的高度。士商合流與互動成為明、清社會史上最引人注目的新現象。明代商人已發展出一個自足的精神世界，其資源雖多來自儒家，但也同時兼採佛、道二教，三教合一之說大盛於王陽明時代並不是偶然的。但宋儒所開創的整體規劃——建立新秩序——在明代又以不同的面貌和方式再度活躍了起來。這是王陽明的重大貢獻。本於切身經驗，陽明體悟到明代政治生態已不允許他早年所嚮往的「得君行道」。但他「行道」的熱忱仍沿宋儒一貫而下，所以陳龍正（一五八五——一六四五）評其〈拔本塞源論〉「直接道統」，「惟欲安天下之民，惟共成天下之治」。他與宋儒最大的分歧在於他完全放棄了「得君」的幻想，相反地，他的說教對象是士、農、工、商各階層的庶民。所以我稱之為「覺民行道」。這是「致良知」之教的社會涵義的精要所在。

十六世紀的社會結構因商人的興起而產生了微妙的變化，這又是陽明的處境與宋儒相異之處。因此他必須在他所構想的新秩序中為這一新興階層安排一個適當而相應的位置。他為商人寫「墓表」，提出「四民異業而同道」的劃時代新說，又承認「雖終日作買賣，不害其為聖為賢」，都可以看作是關於宋以來儒家整體規劃的重新調整。事實上，明代商人也主動爭取更大的社會承認。他們自信商業的巨大成就也是一種「德業」，甚至可以當得起

「創業垂統」的稱譽。因此「立功、立德、立言」的三不朽不應為政治、學術精英所獨佔，他們同樣有資格分享。這是十六世紀以後商人為自己身後樹碑立傳的心理動力。我曾稱之為「求不朽的焦慮」(immortality anxiety)，恰與喀爾文教派所謂「求解救的焦慮」(salvation anxiety) 相映成趣，顯示了中、西宗教倫理之同中見異。

總之，我在有關朱熹與王陽明的研究中，重點既不在個別思想家，也不在個別的思想流派。我的焦距毋寧是集中在宋、明兩代儒家建立新秩序這一大運動上面。這一思想的運動在歷史上發揮過客觀的作用，這是有目共睹的。但是我並不認為思想可以片面地強加於社會之上，創造出新秩序。從另一角度觀察，儒家整體規劃之所以能夠形成，正是由於政治、社會、經濟各方面的變動為它提供了必要的條件。在實際的歷史進程中，思想與社會的變遷往往是互為因果的，無法清楚地劃分界線。因此，無論是《朱熹的歷史世界》或《中國近世宗教倫理與商人精神》，我都不能不儘量打通思想史與其他專史（如政治史、社會史、經濟史、宗教史）之間的隔閡。換句話說，我的研究取徑並不限於較嚴格意義的思想史(intellectual history)，而毋寧近於一種廣義的文化史 (cultural history)。

我為什麼要扼要說明我的研究取徑呢？這是為了澄清本書作者和我之間的異同。作者的《朱熹的思維世界》和我的《朱熹的歷史世界》，書名非常相似，但所處理的問題卻相當不同。這也許會引起讀者的困惑。我現在可以鄭重指出，作者的取徑是比較嚴格意義上的思想史。因此他關心的是南宋不同儒學流派的譜系問題，特別是朱熹的「道學」為什麼最後竟取得「道統」正傳的地位。但他平視諸家，對朱熹的「霸權」頗致疑問。在純粹思想史的視域（perspective）之下，他的注意力自然凝聚在儒學內部的複雜關係上面。他的研究使南宋儒學呈現出一個清晰的面貌，貢獻很大。但是我相信，正由於我們的取徑有內向與外向之異，我的「歷史世界」和他的「思維世界」恰好可以互相補充、互相支援。這兩部書之間決無矛盾與衝突可言。最近何俊著《南宋儒學建構》（上海人民，二〇〇四），取徑與作者相近，也曾參考了《朱熹的思維世界》。何書詳實而有新見，可資比較。

作者評介我的《商人精神》，也是在他的視域之內進行的。所以他特別指出：陳亮、葉適都為商人與富民說話，而朱熹則採取了相反的立場。兩宋為商人與富民辯護的儒者頗不乏其人，朱熹確不在其中（參看葉坦《富國富民論》，北京，一九九一）。這是不可否認的事實。不過從我的視域看，這是另一層次的問題。喀爾文派和稍後的清教派都有不少敵視商人的議論，他們決不是資本家的代言人。但這並不妨害新教倫理在一個更高的層次上為資本主義的興起提供了精神的資源。我討論近世中國的宗教倫理——包括儒家倫理——也是在這一層次上展開的。這個例證最可以說明作者和我雖然視域不同，但觀察所及則未嘗不能各明一意，而莫逆於心。

最近讀到泰勒 (Charles Taylor) 新著 *A Secular Age* (The Belknap Press of Harvard University Press, 2007)，綜論一五〇〇年至二〇〇〇年西方思想與社會的「俗世化」為走向現代文明的歷程。此書長達八、九百頁，與他以前的名著 *Sources of the Self: The Making of the Modern Identity* (Harvard University Press, 1989) 適互為表裏。他的舊作屬於哲學史與思想史研究，新著則由思想史通向宗教、政治、社會諸領域，也可歸之於廣義文化史的大範疇之內，和我的取徑頗有相通之處。此書第一部分論「改革大業」(The Work of Reform)，尤使我感到很大的興趣。根據他的觀察，西方自一五〇〇年前後，也有一個重建秩序的強烈要求（他稱之為 "rage for order"），其目的在於提升全社會的文明水平。這一「大改革」

(Reform) 的要求可以遠溯至中古晚期的基督教，但至十六、七世紀宗教革命時代而匯成巨流。當時有兩股最有勢力的思潮，殊途同歸。其一是從古典哲學傳統中發展出來的新斯多噶派 (Neo-Stoics)，以荷蘭思想家利浦修 (Justus Lipsius, 1547–1606) 為最有影響的領袖；其二則是喀爾文和他的教徒。這兩派互有交涉，也互相支援。他們同以建立新秩序為終極目的。所謂「秩序」，指一種有紀律的文明社會。紀律只能通過訓練而來，所以上起貴族，下至平民，都必須訓練到能夠自律自制的程度。這兩派也各有理想化的古代作為秩序的模範：新斯多噶派的理想寄託於羅馬帝國；喀爾文教派則在《舊約》中所呈現的神聖社會。但兩派建立新秩序的領域卻不同。利浦修的信徒中頗多政界人士，因此他特別強調政治秩序。他主張君主政體，但君主必須嚴守道德原則，以公共利益為念。喀爾文派則全力推動道德社群秩序的建立。通過布道，他們教導人人各敬其業，各安其份，並為人服務。總之，新斯多噶派從上而下，喀爾文派則從下而上，同時展開了一場「大改革」的運動。兩派匯合，影響遍及於歐洲各地區。

我讀了此書「改革大業」的部分，特別是第二章〈紀律社會的興起〉("The Rise of the

Disciplinary Society”），本來已感到與我所研究的宋、明儒家的整體規劃——「回向三代」、重建秩序——有不少驚人的相似處。更使我驚喜交並的是泰勒竟說：這一「大改革」的雄圖「在歐洲史上是前所未有的，不過在中國史上的不同時代似乎也曾出現過可以與之相比的嘗試」(comparable attempts, p. 120)。泰勒雖不治中國史，但一定聽說過中國史上有不少「改革」(reform) 運動如王安石新法與戊戌維新之類。無論如何，他的敏銳直覺是值得佩服的。如果從儒家的觀點去概括十七世紀新斯多噶派和喀爾文派「大改革」的意義，我們正不妨說，前者所從事的相當於「得君行道」，後者則相當於「覺民行道」。不過由於具體的歷史狀態和條件相異，雙方的表現方式、時機以及成就都不一樣而各顯其文化特色。我稱宋、明兩代大規模重建秩序的奮鬥為「儒家的整體規劃」，泰勒也將歐洲十七世紀的「大改革」稱之為“the Calvinist or neo-Stoic programmes” (p. 119)。僅就這一共同點而言，中、歐文化史中確存在著可資比較研究的廣闊空間。

泰勒的新著對於我而言，是一個完全意外但卻更為清晰的空谷足音。我正好可以借它來說明我自己關於朱熹、王陽明等一系列專題研究的性質。所以再三考慮之後，我決定利用寫新序的機會把這點感受表達出來，因為上面提到的「視域」不同的問題也可以藉此獲得更進一步的澄清。

最後，我要特別感謝作者的盛情，將這部增訂新本獻給我。「卻之不恭，受之有愧」，我只好用這句老話來回報他。

二〇〇八年一月序於普林斯頓

（田浩《朱熹的思維世界》增訂本，臺北，允晨，二〇〇八）

陳方正《繼承與叛逆：現代科學為何出現於西方》序

——環繞著「李約瑟問題」的反思

我的老朋友陳方正兄費了多年工夫，終於完成了這部巨著：《繼承與叛逆：現代科學為何出現於西方》。早在撰寫期間方正便已約我為此書寫序。雖然我是一個十足的科學門外漢 (ignoramus)，當時卻一諾無辭，大膽地接受了這任務。這不僅僅因為我們之間存在著半個世紀的友誼，更因為本書的主旨涉及了我所關懷的中西文化異同問題。

我最初打算就本書的主題做點獨立研究，如稍有所得，則可以和方正的基本論點互相印證。這是我為友人學術著作寫序的習慣，雖然比較費力，卻也頗有切磋之樂。但不巧得很，現在開始寫序恰值病後，我的精力尚未恢復到可以發篋攤書、左右採獲的狀態，因此原有想法不得不加修正。在這篇序文中，我希望能陳述兩點，以為本書讀者之助。第一，闡釋本書的性質及其特殊的重要性；第二，本於孟子「讀其書不可不知其人」的原則，對本書作者作簡要的介紹。

首先，我必須鄭重指出，這是一部出色當行的西方科學與科學思想的發展史。作者從四五百種古今文獻中鉤玄提要，建構出一部簡明流暢的歷史敘事，真正達到了深入淺出、舉重若輕的境界。但本書的成就和價值則遠不止於此。這是因為作者的動機不僅僅在於整理出一部西方科學史，而是以此為階梯，去探索一個更重大的歷史和文化問題，即是本書副題：「現代科學為何出現於西方？」但要澄清這一問題，科學史本身是無能為力的，至少是不足夠的；研討的範圍必須從科學史推廣到西方思想史與文化史的整體。我相信細心的讀者不難發現：本書在科學史敘事的後面不但襯托著一層西方哲學史，而且還隱現著一套西方文化史。

但本書的深度尚不盡於此。「現代科學為何出現於西方？」的問題其實是對於另一重大問題的答覆：「現代科學為何沒有出現於中國？」正如本書〈導言〉中所顯示，這兩個問題其實是「李約瑟問題」(the Needham question)的一體之兩面：「何以現代科學出現於西方而非中國。」很顯然，作者筆下寫的是西方科學史，心中關懷的卻是科學與中國文化之間的關係；全書的設計和論辯方式也有意無意地針對著「李約瑟問題」而發。在〈導言〉與〈總結〉兩章中，我們清楚地看到，作者對於李約瑟的《中國科學技術史》(*Science and Civilization in China*)以及其他相關論著，不但有深入的理解，而且評論得非常中肯。

現在讓我以簡化的方式說一說本書作者與李約瑟的分歧所在，然後再表示一點我自己的看法。問題當然要從李約瑟開始。李約瑟至遲在一九四三年訪華時便已堅信：中國的「科學與技術」在十六世紀以前一直是領先西方的，但此後科學在西方突飛猛進，在中國反而停滯不前了。因此他拒絕接受早期中國學人的看法，即科學是西方文化的產物。一九七五年，我和他在香港中文大學有過一次對談，至今記憶猶新。我提到馮友蘭早年那篇〈中國為什麼沒有科學？〉的英文文章，他立即說：「馮的問題根本便提錯了。中國缺少的不是科學，而是現代科學。」李約瑟以畢生精力，先後糾合了多位專家，終於完成《中國科學技術史》的編寫。這當然是二十世紀學術史上的不朽盛業。這部七大卷二十多分冊的鉅製將中國史上科技發明的輝煌紀錄和盤托出，證實了他關於「中國有科學」的論斷。

但是，李約瑟雖然為我們提供了無數有關中國科學史的基本事實，卻仍然未能對自己的問題給予令人滿意的答案：「為何中國在科技發展上長期領先西方，而現代科學竟出現於西方而不是中國？」他在全書最後一冊以及其他相關論著中曾試圖作出種種解答，然而往往語焉不詳，以至他的傳記作者也不甚信服其說，而評之為「見樹不見林」(Simon Winchester, *The Man Who Loved China*, New York: Harper Collins, 2008, p. 260)。這裏讓我順便提一下席文(Nathan Sivin)教授的看法。他最近評論李約瑟《中國科學技術史》的〈總結〉，即第七卷第二分冊，曾對「李約瑟問題」表示過下列意見：關於歷史上未曾發生的問題，我們恐怕很難找出其原因來，因此我們與其追究「現代科學為何未出現在中國」，不如去研究「現代科學為何出現在西方」(*China Review International*, vol. 12, no. 2, Fall 2005, p. 300)。如果我的理解不錯，那麼本書作者與席文的看法可以說是不謀而合的。前面指出本書的最大貢獻便在於交代了「現代科學為何出現於西方」這一根本問題，而且交代得原原本本，系統分明。可見本書恰恰符合了席文的最高期待。

為甚麼本書作者在這一基本問題上與李約瑟有分歧，與席文卻不謀而合呢？我認為關鍵便在於彼此對「現代科學」的概念有不同理解。早在一九七四年，李約瑟便告訴我們：他把「現代科學」看做大海，一切民族和文化在古代和中古所發展出來的「科學」則像眾多河流，最後都歸宿於此大海，並且引用了「百川朝宗於海」這一生動成語來比喻此現象。很顯然，他將「科學」從文化的整體脈絡中抽離了出來，作為一種特殊的事象來處理。不但如此，他基本上認為中國和西方的科學傳統走的是同一條路（the same path），今天已匯聚在「現代科學」之中。另一方面，他也指出，席文的見解和他不同，判定中、西「科學」各自「分途」（separate paths）進行。儘管如此，李約瑟還是相信，中國科學的「殊途」並不妨礙將來「同歸」於「現代科學」。可知他心中的「現代科學」是普世性的，與民族或文化的獨特背景沒有很大關係。

本書作者則不但同樣相信不同文化中的「科學」各自分途發展，而且還更進一步認為科學研究的傳統無不托根於其獨特的文化整體之中，因此決不可能脫離其文化母體而被充分認識。西方科學尤其如此，因為如作者所云，它恰恰是「西方文明大傳統最核心的部分」。根據這一基本認識，作者將西方科學傳統的特徵概括成以下兩項：第一，它和「整個西方文明是同步發展，密切結合，無從分割的」。第二，它雖然可以被清楚劃分為三個歷史階段，但從古希臘開始，通過中古歐洲吸收伊斯蘭科學，到十六世紀以下的現代科學，作為一整套學術體系，它仍然是一脈相承、推陳出新而發展出來的。這兩點概括都建立在堅強的史實之上，而作者識斷之精也由此可見。

作者對本書內容的取捨作了一個扼要的說明。他說：「本書以數理科學即數學、天文學、物理學等可以量化的科學為主，實際上可以說幾乎沒有涉及化學、生物學、醫學等領域……原因也是眾所周知的，那就是：現代科學的出現毫無疑問是通過數理科學即開普勒、伽利略、牛頓等工作獲得突破，而且此後三百年的發展顯示，現代科學其他部分也莫不以數學和物理學為終極基礎。」我必須鄭重地提醒讀者，這幾句話是作者對西方科學傳統「探驪得珠」的見道之語，千萬不可輕易放過。本書勝義紛披，讀者隨處可自得之。限於篇幅，這裏我只能就西方數理科學的問題稍稍引申作者的論點，然後回到「李約瑟問題」作一結束。

本書在〈總結〉第一段說，現代科學是「拜一個傳統、前後兩次革命所賜」，實有畫龍點睛之妙。所謂「一個傳統」即指從古希臘到現代的自然科學都在同一研究傳統之內：「現代科學」之出現雖然是由一次突破性的飛躍所導致，但在性質上仍與古希臘科學同條共貫。所謂「兩次革命」，指運用精確的數學以量化自然界的研究，天文學和物理學便是其中成績最為卓著的兩個部門。通常我們用「科學革命」一詞來指稱十六七世紀的一系列重大突破。但作者特別提醒我們：十六七世紀的「科學革命」已是第二次了，第一次則在古代希臘，即柏拉圖接受了畢達哥拉斯教派對於數學的無上重視，在他的「學園」中全力推動數學研究以探求宇宙的奧秘。其中細節見本書第四章，這裏毋須贅言。我認為作者這一提示非常重要，因為這一點正是西方科學傳統的靈魂所在。而且作者這一說法決不是向壁虛構，前人也早有見及者，不過沒有像作者表達得這樣一針見血罷了。例如柯靈烏 (R. G. Collingwood) 在《自然的觀念》一書中便特別指出「自然科學中的畢達哥拉斯革命」(the Pythagorian revolution in natural science) 並闡明其何以獲得驚人的成功 (R. G. Collingwood, *The Idea of Nature*, Oxford, 1945, pp. 53–54)。

上面分析作者對於西方科學的特徵所作的種種描述，似乎可以用一句話加以概括，即

「自然世界研究的數學化」，因為在西方一般相關文獻中「數學化」(mathematicization) 一詞常常是和科學分不開的。甚至在社會科學的領域，經濟學因為數學化比較成功，才被承認具有較高的「科學的身分」，而非社會學或政治學所能企及。

西方科學既以「數學化」為其最主要的特徵，則它與中國的科學傳統自始即分道揚鑣。這一巨大差異在中、西數學上便有極清楚的表現，本書〈導言〉已涉及此點。明末徐光啟曾由利瑪竇口授譯出《幾何原本》前六卷，他在比較中國《九章算術》與西方數學之後指出：「其法略同，其義全闕。」本書作者解釋這兩句話說：

> 中國與西方數學的根本差別，即前者只重程序（即所謂「法」），而不講究直接、詳細、明確的證明（即所謂「義」）……

其實我們也可以換一個角度，說「法」指計算的技術，而「義」則指原理。中國計算技術往往是相應於公私生活中的實際需要而發展起來的，但數學原理則似少有問津者。所以徐光啟因《九章算術》而發出「其義全闕」的感歎。我們只要一檢其中自〈方田〉、〈粟米〉以至〈商功〉、〈均輸〉、〈方程〉各章的實例，對此便可了無疑義。不但數學如此，醫學亦然，陳寅恪說：「中醫有見效之藥，無可通之理。」（見陳寅恪《寒柳堂集》，北京，三聯，二〇〇一，頁一八八）與徐光啟的話恰可互相印證。

徐光啟雖然如作者所云對西方數學「心悅誠服」，但他是否充分了解數學在西方科學傳統（當時方以智稱之為「質測之學」）中的至尊地位，則尚待進一步探討。一般地說，中國學人遲至十九世紀中葉以後才對這一方面獲得比較清楚的認識，如馮桂芬（一八〇九——一八七四）與李善蘭（一八一〇——一八八二）兩人當可為其代表。這是因為他們都研究西方數學而卓有成績的緣故。馮氏在《校邠廬抗議．采西學議》中明確指出，數學為西學之源頭所在，格致諸學皆由此出。李氏則代表當時西方數理在中國的最高水平：他和威烈亞力（Alexander Wylie, 1815–1887）合作，譯完《幾何原本》其餘部分（卷七至十五），於一八五八年以《續幾何原本》的書名刊行；此外還有多種有關數理的譯著問世，並已開始翻譯牛頓的《自然哲學之數學原理》（定名為《奈端數理》），可惜未能終卷。由於他的造詣最高，為西方在華專家所特別推重，所以清廷設同文館，聘他為數學總教席，在任共十三年（一八六九——一八八二）。李善蘭（字壬叔）是一位數學天才，他的朋友王韜（一八二三——一八九七）記他的話說：

壬叔謂少於算學，若有天授，精而通之，神而明之，可以探天地造化之秘，是最大學問。（見《王韜日記》，北京，中華，一九八七，頁六九）

這幾句話證明他對西方數學與自然科學的關係已有透闢的認識了。但達到這種理解並非易事。王韜雖自稱在「西館十年，於格致之學，略有所聞」，但仍不能接受李氏對「算學」的評價；囿於中國傳統的觀念，他竟說：「算者六藝之一，不過形而下者耳。」不過與當時一般士大夫相比較，王氏的識見已遠為超出。

試看下面的故事。

清晨，湖南樊吉山來訪。吉山名川……甚慕算法天文及讖緯占望之學，以為泰西人素精於此，必有妙授。……予謂之曰：「西人天算，與中華所習術數不同，斷不可誤會也。」（分別見上引《王韜日記》，頁七〇，七五）

可知在絕大多數中國士人心中，西方算學、天文是和讖緯、占星、望氣之類的「術數」屬於同一範疇的。王韜能立即指出這是「誤會」，足見他對西方「格致之學」雖未「入室」，至少已「登堂」了。

從以上所引明、清數學家對於西方數學的認識來看，則中國科學從未走上「數學化」的道路，其事昭然，已無爭論的餘地。從這一根本分歧出發，讓我表示一下對於所謂「李約瑟問題」的看法。

首先必須聲明，我對「李約瑟問題」的觀點基本上是和作者一致的。作者引了幾位西方科學史家對於這個問題的負面評論，我讀來並不感覺這是西方中心論的偏見。相反地，把西方科學傳統理解為西方文化整體的一個有機環節，是很有說服力的。另一方面，李約瑟在他的不朽巨構中發掘出無數中國科技史上的重要成就，自然是有目共睹，但這些成就大體上仍不脫徐光啟所謂「其義全闕」的特色。這當然是由於中國過去關於技術的發明主要起於實用，往往知其然而不深究其所以然。若與西方相比較，中國許多技術發明的後面，缺少了西方科學史上那種特殊精神，即長期而系統地通過數學化來探求宇宙的奧秘。所以中國史上雖有不少合乎科學原理的技術發明，但並未發展出一套體用兼備的系統科學。李約瑟討論中國科學思想的進展，特別推重「道家」的貢獻（見《中國科學技術史》第二卷）。他似乎不曾注意，莊子既主張「六合之外，聖人存而不論」，又表示「吾生也有涯，而知也無涯，以有涯隨無涯，殆已」（分別見《莊子．齊物論》與〈養生主〉），這兩種態度兩千多年來影響士人的求知的取向極大，而適與西方科學精神互相鑿枘。如果一定要在中國思想流派中找出一家與西方科學精神最相近的，我個人認為只有程、朱一系「格物致知」的理學足以當之。其中朱熹尤其值得注意，他自記「某五六歲時，心便煩惱：天體是如何？外面是何物？」可見他的好奇心最早是從「六合之外」開始的。這樣的心理傾向若在西方的文化環境中很容易走上自然科學的路。明、清中國學人用「格物致知」來翻譯西方的「科學」，可以說是順理成章的事。但理學畢竟是中國文化的結晶，其終極關懷仍落在「六合之內」，也就是「人間世界」的秩序。關於這一點，我已詳論之於《朱熹的歷史世界》，這裏不必涉及。總之，我認為中國沒有產生系統的科學，其一部分原因是和中國文化和思想的取向密切相關的。

中西對自然現象的探究既然自始便「道不同，不相為謀」，則所謂「李約瑟問題」只能是一個「假問題」(pseudo-question)。我們可以用「科學」一詞指所有關於自然現象的探究。在這一最寬鬆的定義下，我們當然可以說「西方科學」、「中國科學」。但事實上，中、西這兩種「科學」同名而實異；二者並不能用同一標準加以測量或比較，也就是"incommensurable"的。這好像圍棋和象棋雖同屬於「棋」類，卻是完全不同的兩套遊戲。「李約瑟問題」說：中國的「科學」曾長期領先西方，但十六世紀以後「現代科學」在西方興起，於是將中國遠遠拋在後面了。這無異於說，某一圍棋手的「棋藝」曾長期領先某一象棋手，但今天後者的「棋藝」突飛猛進，已遠遠超過前者了。通過「棋」的模擬，我們不必再多說一句話，已可知「李約瑟問題」是根本不能成立的，中、西「科學」之間無從發生「領先」與「落後」的問題。「中國科學」如果沿著自己原有的軌道前進，無論如何加速，也不可能脫胎換骨，最後與以「數學化」為特徵的西方「現代科學」融合成一體。

今天一提及「科學」這一概念，我們立刻想到的必然是西方的現代科學，而不是中國過去的「四大發明」之類。「五四」時代中國知識人熱烈歡迎「賽先生」，也正是因為他代表著西方文化的精粹。在這一意義上，中國過去並沒有一種系統的學術相當於西方的「科學」並足以與之互較長短。關於這一點，我們只要稍稍檢查一下《四庫全書總目提要》（下文簡稱《提要》），問題的癥結便無所遁形了。《提要》二百卷，其中只有「子部」的〈農家〉、〈醫家〉和〈天文算法〉六卷可以劃入「自然科學」的總類之中，但以《提要》而言，這三科不但分量較輕，而且處於中國學術系統的邊緣。分析至此，我們必須回顧一下「李約瑟問題」的一個基本預設。前面已指出，李約瑟預設中國傳統中的「科學」和西方「現代科學」是同一性質的，不過相比之下遠為「落後」而已。所以他才強調，中國傳統「科學」最後必然匯合於西方「現代科學」之中，如「百川朝宗於海」一樣。這個預設究竟是否能站得住呢？如果僅僅空言論辯，問題當然永遠得不到答案。但幸而有一種客觀的歷史事實為我們提供了解答的途徑，即西方「現代科學」傳入中國以後，它和中國原有的「科學」之間究竟存在著何種關係。這一歷史事實得到澄清以後，我們才能對上述的預設有判斷的根據。這是一個大題目，自然無法在此展開討論。下面我僅引一個有趣的史例為證，便大致足以說明問題了。同治六年（一八六七），總理衙門決定在同文館中增設「天文算學館」，專授天文學和數學。這是西方現代科學正式進入中國教學系統的開始。為了取得更好的效果，主持其事的恭親王（奕訢）和文祥最初建議翰林、進士、舉人都可以申請入學，讀了三年天文、算學之後，即予以「格外優保」的升官機會。但這個計劃一提出便遭到以倭仁為首的保守派的激烈反對。保守派所持的理由以下面兩點最值得注意：第一，西方的數學、天文學不過是一種「機巧」，甚至可以視之為「異端之術數」，不但不足以「啟衰振弱」，甚至有害於「士習人心」。第二，「奉夷為師」，最後必將動搖士大夫的「忠君」意識。以這兩點理由為根據，倭仁及其支持者在北京發起了一場運動，阻止科舉出身的人報考天文算學館。他們成功地製造出一種氣氛，使士階層中人深以入同文館為恥，以至最後總理衙門在奏折中抱怨：「臣衙門遂無復有投考者。」但保守派既不敢公開反對西方天文、數學的引進，那麼誰來接受這種教育呢？當時有一位御史提出下面的建議：

> 止宜責成欽天監衙門考取年少穎悟之天文生、算學生，送館學習，俾西法與中法，互相考驗。

這條建議恰好涉及西方現代科學和中國本土科學之間的交涉問題，讓我稍作分疏。

首先必須指出，保守派對於天文、算學既無知識，也無興趣。他們之所以提出「欽天監衙門」中的天文生、算學生，只是因為這是唯一以天文、算學為專業的技術人員，地位低下，與科舉正途中的「士」相去天壤。他們以「欽天監衙門」的天文、算學代表「中法」，尤其是無知亂道；他們似乎不知道明、清之際天文、算學早已接受了耶穌會教士傳來的「西法」。湯若望 (Adam Schall von Bell) 即是順治時期的欽天監。換句話說，保守派的建議完全出於貶抑西方天文、數學的動機，即視之為一種技術，不值得「士」階層中人去浪費時間。所以「西法與中法，互相考驗」不過是一句門面語，其中決無倡導中、西兩種「科學」交流之意。

如果從官方設立天文算學館的角度出發，問題便更清楚了。此館是在外籍顧問丁韙良(W. A. P. Martin)和赫特(Robert Hart)影響下成立的，赫特並於一八六六年為館中聘來了兩位歐洲教席。但天文算學館的範圍一直在擴張，除了天文、算學兩門外，還增設了物理學、化學、生物學及人體解剖學等，這些西方現代的新興學科在中國傳統的學術系統中是找不到相應的部門的（中國原有的「物理」一詞，與西方的"physics"根本不能混為一談。以上論天文算學館的創建及其糾紛，詳見劉廣京〈變法的挫折——同治六年同文館爭議〉，收在他的《經世思想與新興企業》，臺北，聯經，一九九〇，頁四〇三——一八）。

天文算學館的建立清楚告訴我們，中國自始即把西方現代科學當作全新事物而加以吸收。無論是中國主持人或西方顧問都沒有考慮到中、西兩種「科學」研究的傳統應當如何接軌的問題。嚴格地說，只有明、清之際數學領域中曾發生過所謂「中法」和「西法」的交涉，即《清史稿．疇人一》（卷五〇六）所說：「泰西新法，晚明始入中國，至清而中西薈萃，遂集大成。」但是十九世紀中葉以後傳來的現代天文、算學則又遠遠地超出過去的成績。例如同文館的算學總教席李善蘭曾與威烈亞力合作，譯了許多有關天文、代數、解析幾何等最新的專著；他十分興奮，對朋友說（見前引《王韜日記》，頁一〇九）：

當今天算名家，非余而誰？近與偉烈君譯成數書，現將竣事。此書一出，海內談天者必將奉為宗師。李尚之（按：李銳，一七六五——一八一四）、梅定九（按：梅文鼎，一六三三——一七二一）恐將瞠乎後矣。

這幾句私下談話最能反映出李善蘭已完全信服了西方現代的天文學和數學，因此才毫不猶豫地斷定有清一代最負盛名的梅、李兩人在此一領域中「恐將瞠乎後矣」。李善蘭在這裏所表明的恰恰是十九世紀中葉以來中國人接受西方現代科學的典型態度：全面擁抱西方最新的天文學和數學，但不再重彈「中法」、「西法」互相「印證」的舊調。換句話說，這是在科學領域中進行最徹底的「西化」。而在這一過程中，中國以往的業績，包括天文、算學在內，都已處於若有若無的邊緣地位。當時士大夫幾無不視科學及科技為西方所獨擅，因此才有「西學」這一專詞的出現，從馮桂芬的《采西學議》到張之洞的「西學為用」都是如此。他們並不認為中國也有一套可以與「西學」分庭抗禮的「科學」遺產。相反地，只有對科學完全無知而又敵視的保守派才會製造出「西學源出中國說」的奇談怪論。

為了從歷史角度加強本書作者對於「李約瑟問題」的質疑，上面我特別借著同文館設立天文算學館的例案，來觀察西方現代科學傳入中國的方式。與十七八世紀的情形不同，中國原有的科技成就在西方最新的發現和發明面前已「瞠乎後矣」，因此並未發生多少接引的作用。李約瑟所想像的「百川朝宗於海」的狀況根本未曾出現。十九世紀晚期以來科學在中國的發展史事實上便是西方科學不斷移植到中國的過程，從局部一直擴展到全方位。今天中國的科學教育已完全與西方接軌了，在第一流的中國大學中，直接採用西方原作或者譯本作為教科書，是很普遍的。在這個明顯事實的面前，「李約瑟問題」已失去了存在的根據。

以上是我對於本書學術價值和意義的一些初步體認。限於精力和時間，我只能就一兩個大關鍵處稍申所見，以響應作者的孤懷宏識。下面我要把我所認識的作者，他的為人與為學，介紹給讀者，稍盡一點知人論世的責任。我的介紹雖然是從老朋友的立場出發，但仍將本於史家直筆之旨，決不作虛詞溢美。

我最初認識方正，是由陳伯莊先生（一八九三——一九六〇）介紹的。伯莊先生是和趙元任、胡適同屆（一九一〇）的庚款留美學生。他早年讀化學工程，中年以後則轉而研究經濟學、社會理論、哲學等，因此他曾自比為斯賓塞 (Herbert Spencer, 1820–1903)，並頗以此自豪。晚年在香港，他廣泛閱讀西方人文、社會科學的最新名著，並常常邀約青年人和他一起交流讀書經驗。我便是在這種情況下成了他的一個忘年之交。一九五九年底他擬定了一個西方名著翻譯計劃，到美國來尋求有關作者的合作，哈佛大學是他最重要的一個訪問站。他一見面就說：他要介紹一位非常傑出的小朋友給我，這位小朋友便是方正，當時他正在哈佛讀本科，大概還不到二十歲。

訂交之始，方正在我心中留下的最深刻、最難忘的印象是他一身結合了相反相成的兩種氣質：一方面他朝氣蓬勃，對於人生和學問都抱著高遠的嚮往；另一方面無論在思想或情感上他都已達到了非常成熟的境地，遠遠超過了他的實際年齡。儘管我們之間相差九歲，但卻一見如故，自然而然地成為無話不談的朋友。伯莊先生為甚麼那樣熱心地介紹我們相識，我也完全明白了。

方正早已選定了物理學作專業。但與絕大多數理科少年不同，他對人文學科一直保持著深厚的興趣。我記得他當時選修了康德知識論的課程，曾多次和我談到他的理解與心得。此外他知道我比較欣賞柯靈烏的歷史哲學，也時時上下其議論。也許是由於家學的關係，他在中國文史方面也具有一定的基礎。如果我的記憶不錯，明末遺老顧亭林、黃梨洲也曾成為我們的話題之一。總之，方正年甫弱冠而竟能在科學與人文之間取得如此高度的均衡，他的心靈成熟之早，可想而知。但最能表現他的成熟的，則是他學成回香港就業的決定。他很早便和我談及畢業後的去留問題。他說，他修完博士學位以後，不擬在美國就業，寧願回到香港去從事教學與研究。五十年前物理學在美國正盛極一時，工作機會俯拾即是，因此外國學生畢業後留下來的不可勝數，方正卻偏偏要賦歸去。我問他為甚麼做出與時風眾勢適相逆反的決定？他說，他曾經細細考慮過，深感他留在美國不過是趕熱鬧，但回到香港則可以發揮更大的作用，使最先進的科學有機會在亞洲發芽茁長。他說這話時大概剛剛進研究院，其立身處世之節概與形勢判斷之明確，於此可見一斑。

我再度與方正聚首已是十幾年後的事了。一九七三至一九七五年我從哈佛告假兩年，回到母校新亞書院工作，方正那時已在中文大學物理系任教。這次共事的機緣才使我對他獲得更全面的認識。一九七四至一九七五學年，大學在香港政府的壓力之下成立了一個「大學改制工作小組」，組員十餘人，他是其中最年輕的一位。小組每週至少聚會一次，整整持續了一年之久。方正在這一長期討論中充分展露了多方面的才能和知識。在質詢行政各部門首長的過程中，他提出的問題最為鋒銳，並且往往一針見血。這說明對於中文大學的現行結構及其運作，他平時早有深刻的觀察，因此才胸有成竹。在改制建議方面，他在口頭陳詞之外還寫過幾篇內容豐富的備忘錄，顯示了關於現代大學理念的睿見。前面說過，少年時期他在科學與人文之間的均衡發展早已使我驚異，現在他剛入中年，卻又表現出另一種均衡：即一方面能從事高深的學術研究，另一方面又能承擔起學術領導的工作。這也是兩種相反相成的氣質，相當於西方的所謂 vita contemplativa 和 vita activa，集結於一身更是難上加難。

我自信以上的認識雖不中亦不甚遠，而且方正以後的事業發展也印證了我的觀察。一九七七年香港中文大學改制以後，他成為行政部門重要的領導人之一；他選擇了中國文化研究所作為他在中大的最後一片耕耘之地，更充分體現了科學與人文的交流以及研究與領導的合一。

《繼承與叛逆》是一部體大思精的著作，我們對於它的作者多認識一分，也許便能對此書的價值與涵義獲得更深一層的理解。是為序。

二〇〇八年十二月三十一日於普林斯頓

（陳方正《繼承與叛逆：現代科學為何出現於西方》，北京，三聯，二〇〇九）

《天祿論叢——北美華人東亞圖書館員文集》序

這部《天祿論叢——北美華人東亞圖書館員文集》，正如副題所示，是「北美華人東亞圖書館員文集」。顯然出於謙遜的緣故，編者選擇了「圖書館員」這一平實的稱號來表示他們的專業身分。但據我所知，本書所有的作者都是北美第一流東亞圖書館的主要負責人，他們的正式職位或是「主任」或是「館長」。作為一個華人群體，他們構成了北美東亞圖書館界的領導階層。

「圖書館」是現代名稱，但它在中國的起源極早。《史記・老子傳》記老子為「周守藏室之史」，《索隱》解之曰：「周藏書室之史也。」老子生平事迹一向聚訟紛紜，可以不論。不過這條記載至少說明，太史公父子所見史料中，周代已有國家圖書館，名之為「守藏室」，其負責人則稱之為「史」。我們還有理由相信，「守藏室史」的制度在殷代便已存在。不但《尚書．多士》篇有「惟殷先人，有冊有典」之說，而且近代在安陽發掘的大批甲骨刻辭也證實這些王室的檔案當時有專人管理。再證以三十年前在陝西周原所發現的周初甲骨文一萬七千餘片，其中有文王祭祀殷先王的卜辭，則孔子所謂「周因於殷禮」的著名論斷，確有堅強的根據。如所測不誤，「守藏室」的制度也許是從殷代傳衍到周代的。

老子曾為「周守藏室之史」的傳說雖不足信，但是也透露了一個重要的歷史背景，即戰國、秦漢之際學術界已取得共識，掌管國家圖書的人必須是當代最受推重的學問家。當時盛傳「孔子問禮於老子」，而「禮」則是古代學術的總匯。所以這一傳說無意中折射出「守藏室史」的崇高學術地位。

從先秦的傳說轉移到漢代的歷史，「守藏室」制度在中國學術史上的無上重要性便完全顯示出來了。漢廷繼秦火之後，廣收天下遺書，藏之秘府，建立了有史以來規模最大的皇家圖書館。秘府中書籍越積越多，便必然引出整理、分類、校勘等等迫切的需要。這一重大任務順理成章地落在圖書館負責人的身上。因此成帝河平三年（公元前二十六年）劉向

「領校中秘書」，無論就中國圖書館發展史或學術思想史而言，都是一件劃時代的大事。他出身宗室，早年便以治《穀梁春秋》著稱。宣帝甘露三年（公元前五十一年）的石渠會議，討論五經異同，他已參與其盛，年紀還不到三十。所以他五十四歲「領校中秘書」時正是當時最負重望的經學大師。這一職務如果用現代名稱來說，即是國家圖書館館長兼古籍整理委員會主任委員。在這一崗位上，他領導著幾位專家，進行了書籍分類、文本校訂和著錄等等一系列的工作。公元前八年他逝世之後，「領校中秘書」的任務又由他的兒子劉歆繼承了下來。前後經過二十多年的努力，劉向父子不僅建立了一所完備的內府藏書室，而且也奠定了中國學術史研究的基礎。後來班固撰《漢書．藝文志》便完全接受了劉氏父子《七略》的分類系統，同時也充分採用了劉向關於文本的校訂和提要（即《別錄》）。兩千年來中國書籍分類與學術源流的研究雖不斷推陳出新，但始終未脫離二劉所建立的典範。清代官修《四庫全書》和編寫《總目提要》便是最後一個規模最大的史例。章學誠在《校讎通義》中特撰〈尊劉〉篇（內篇第二），認為劉氏父子對於「文史校讎」之學的貢獻，決不遜於許慎、鄭玄在經學史上的功績。

由上面簡述可知，中國的藏書系統和學術系統不但是同時開始的，而且也是同步發展的。至少從劉向算起，歷代「守藏室史」的職位（無論稱之為「圖書館長」或「圖書館員」）都是從最有造詣的學者中選拔出來的。這幾乎可以算是中國文化傳統的一項特色。我說「幾乎」，是因為西方古代也發生過類似的歷史現象。例如托勒密(Ptolemy)王朝的皇家圖書館館長自始便由第一流經典學者擔任：他們大規模地收集希臘文稿，然後加以整理編目、考訂。其中尤以伽里馬初（Callimachus，公元前三世紀）貢獻最大，他的校訂和提要是西方目錄學和文獻學的開端。伽氏比劉向早兩個世紀，但以工作的性質而言，他們可以說是東西互相輝映。不過伽氏所開創的傳統在西方時斷時續，不像劉向的傳統一直延續到清代。

認清了中國文化中這一特殊背景，然後我們才懂得為什麼上世紀中葉以來，華人學者竟能在北美東亞圖書館界開一新紀元。美國的「漢學」（或「中國研究」）一向落後於歐洲，但二戰以後則急起直追，很快地便居於世界領先的地位。其中最主要的關鍵則是許多第一流大學紛紛加強以至重建其中文藏書，以適應國際形勢的新需要，這一新興的學術動向為寄寓北美的華裔文史學人提供了施展長才的機會。

六十年來北美「漢學」或「中國研究」的突飛猛進，我恰好是一個見證者。我可以很負責地報告，「漢學」或「中國研究」之所以能取得今天的成就，主持各大圖書館東亞部門的華裔學人是最大的功臣。正由於他們建立了完善的支援系統，北美的研究隊伍才能迅速地成長起來。這一支援系統並不限於圖書的收集、分類、整理等等，而且包括華裔主持人所提供的關於目錄學、版本學以及一般文史方面的知識。這種知識上的點撥往往能對青年研究者發生催化作用，使他們提前進入掌握中心論題的狀態。在上世紀五十年代到六十年代，哈佛燕京圖書館首任館長裘開明先生對於許多博士研究生都曾給予啟蒙和指引，這是我親眼目睹的事。因此一九六四年費正清 (John K. Fairbank) 和賴世和 (Edwin O. Reischauer) 特別把他們合寫的《東亞：現代的轉變》(*East Asia: The Modern Transformation*) 獻給裘先生，感謝他為美國好幾代學人提供了研究的便利。這一獻詞富於象徵意義，可以一般地適用於所有北美東亞圖書館界的華裔主持人。最近讀到錢存訓先生的自傳，我覺得他在芝加哥大學東亞圖書館任上所作出的貢獻，和裘先生之於哈佛恰如先河後海、相得益彰。裘先生是第一代，錢先生是第二代，而後者通過教學又培養出好幾代的人才。

總之，由治學有成的專家來領導圖書館的事業，在中國已有兩千年以上的傳統。這一傳統竟在二十世紀中葉以後移植到北美，並意外地得到發揚光大。《天祿論叢》這部文集的特殊文化意義便在這裏：它為這一傳統的海外傳播提供了最有價值的學術例證。本書作者人人學有專精，寫出的論文也篇篇出色當行，讀者自可一覽無餘，用不著我來分別詳說了。

承命作序，不敢草率為之，僅就歷史背景略作疏通證明。讀者察之。

二〇〇九年一月二十五日於普林斯頓

（李國慶、邵東方主編《天祿論叢——北美華人東亞圖書館員文集》，桂林，廣西師範大學，二〇〇九）

張充和《張充和詩書畫選》序

——從「遊於藝」到「心道合一」

《張充和詩書畫選》即將問世，我承命寫序，既興奮，又惶悚。興奮，因為這無疑是中國現代藝術史上一件大事；惶悚，因為我實在不配寫序。我說「不配」，並不是順手拈來的一句客套話，我的理由是很充足的。中國傳統的「精英文化」(elite culture) 是在「士」的手上創造和發展出來的，在藝術方面，它集中地體現在詩、書、畫三種形式之中。這是藝壇的共識，至少唐代已然，所以「鄭虔三絕」的佳話流傳至今。我對這三種藝術的愛重雖不在人後，卻對其中任何一門都沒有下過切實的功夫。我偶然寫詩，但屬於胡釘鉸派；偶然弄墨，則只能稱之為塗鴉。從專業觀點說，我絕對沒有為本書寫序的資格，自不在話下。然則我為甚麼竟知其不可而為之呢？是亦有說。

宇文逌〈庾信集序〉云：

余與子山風期款密，情均縞紵，契比金蘭，欲余製序，聊命翰札，幸無愧色。

宇文逌雖貴為親王，且有文章行世，但以文學造詣言，自遠不足以望庾子山之項背。然以兩人交誼深厚之故，卒製序而無愧色。有此例在前，我才敢大膽地接受了寫序的任務。

我初晤充和在上世紀六十年代初，但仰慕大名則遠在其前，因為我們之間的師友淵源是很深的。她考入北京大學在三十年代中期，所從遊者都是一時名師，其中錢賓四（穆）先生在十幾年後便恰巧是我的業師。所以嚴格地說，充和是我的同門先輩。一九六〇年賓四師訪美，曾與充和重聚於史丹福大學，後來回憶說：

北大舊生張充和，擅長昆曲，其夫傅漢思，為一德國漢學家，時在史丹福大學任教。傅漢思曾親駕車來舊金山邀余夫婦赴史丹福參觀，在其家住一宿。（見《錢賓四先生

全集》本《師友雜憶》，頁三五五）

賓四師寫回憶錄，惜墨如金，留此特筆，則對此聚之珍重可知。

充和與先岳陳翁雪屏也是北大舊識，復以同好書法之故，先後在北平和昆明頗有過從。有一次她給我看一本紀念冊，賓四師和雪翁的題字赫然同在。誇張一點說，我與充和可謂未見便已如故了。

機緣巧合，從一九七七到一九八七，我在耶魯整整任教十年，和漢思、充和成了同事。在這十年中，不但我們兩家之間的情誼越來越深厚，而且我對充和的藝術修養和藝術精神也獲得了親切的體認。

充和多年以來在耶魯的藝術學院傳授書法，很得師生的敬愛。大約在八十年代初，她忽動倦勤之念，閒談之中屢次談到退休的話。我當時寫了一首詩勸阻：

充老如何說退休，無窮歲月足優遊。

霜崖不見秋明遠，藝苑爭看第一流。

詩雖打油，意則甚誠。我用「充老」，取雙關意，是說她尚未真老，不必退休。「霜崖」、「秋明」則分指昆曲宗師吳梅和書法大家沈尹默。在一首短詩中，昆曲和書法不過示例而已，其實充和之於古典藝術，正如皮簧家所說，「文武昆亂不擋」。沈尹默先生題《仕女圖》，說充和「能者固無所不能」，這句評語一點也不誇張。

關於充和所體現的藝術精神及其思想與文化的脈絡，下面將有進一步的分析。現在我要追憶一下我們在八十年代的兩次藝術合作，因為這是我在耶魯十年中最不能忘懷的經驗之一。一九八一年我寫了兩首七律祝雪翁八十初度。但我的書法不能登大雅之堂，所以乞援於充和。她慨然允諾，於是便有了這第一次的「詩書合作」。一兩年之後，充和有臺北之行，親訪雪翁敘舊。雪翁因為年高而眼力又弱，一時竟未認出訪者是誰。充和笑指書房壁上的祝壽詩說：「這便是我寫的。」兩人相對大笑，極為歡暢。我認為這是一個很美的雅事。

四年以後（一九八五年），錢賓四師九十大慶，我又寫了四首七律祝賀，這次更是理所當然地邀她參與，因而有再度的「詩書合作」。不用說，這兩次合作，充和的貢獻遠超過我，簡直不成比例。特別是第二次，她運用工楷將兩百多字整齊地書寫在一幅巨大的壽屏上面，分別地看，字字精神飽滿，整體以觀，則全幅氣韻生動。從一張空紙上設計、劃線、劃格到寫畢最後一個字，她所投入的精力和辛勞是難以想像的。這幅壽屏確是書法藝術上的傑作，一直懸掛在素書樓的大客廳中，直到賓四師遷出為止。賓四師曾不止一次告訴我：他一向欣賞充和的書法，現在雖然目盲不能睹原迹，但先後有數不清的訪客在觀賞之後，歡喜讚歎，不能自已。

充和何以竟能在中國古典藝術世界中達到沈尹默先生所說的「無所不能」的造境？這必須從她早年所受的特殊教育談起。她自童年時期起便走進了古典的精神世界，其中有經、史、詩、文，有書、畫，也有戲曲和音樂。換句話說，她基本上是傳統私塾出身，在考進北大以前，幾乎沒有接觸過現代化的教育（詳見 Annping Chin, *Four Sisters of Hofei*, New York: Scribner, 2002）。進入二十世紀以後，只有極少數世家——所謂「書香門第」——才能給子女提供這種古典式的訓練。

在儒家主導下的古典教育一向以人為中心。為了使人的品質不斷改進，精神境界逐步提升，古典教育同時擁抱似相反而實相成的兩大原則：即一方面盡量擴大知識的範圍，另一方面則力求打通知識世界的千門萬戶，取得一種「統之有宗，會之有元」的整體理解。唯有如此，人與學、知與行合一的理想才有真正實現的可能。以儒家而言，自孔子以下大致都主張博與約、通與專、或一貫與多聞之間必須保持一種動態的平衡。道家也大同小異。《莊子．天下》篇斥百家之學為「多得一察焉以自好」，「不該不偏，一曲之士」，這是對刻意求「專」的嚴厲批評。〈齊物論〉篇論「道」，一則曰：「道通為一。」再則曰：「惟達者知通為一。」這更是將「通」的重要性推崇到了極致。綜合儒、道兩家的看法，其基本觀點也許應該概括為「以通馭專」。

由於充和早年是在這一古典教育的薰陶之下成長起來的，她在不知不覺中便體現了「以通馭專」的精神。她在古典藝術的領域內「無所不能」、無施不可，是因為她不肯侷促於偏隅，僅以專攻一藝自限。這當然符合孔子「博學於文」之教。但充和的能事雖多，所精諸藝卻非各不相關，而毋寧構成了一個有機整體的不同部分。以本書而言，詩、書、畫「三絕」顯然已融合為一，並且在同一風格的籠罩之下，展現出藝術創作的鮮明個性。這便是莊子所謂「道通為一」或孔子所謂「吾道一以貫之」。

「以通馭專」不僅貫穿在古典教育之中，而且也表現在中國「精英文化」(elite culture)的不同方面，如學術、思想、藝術等。現代中外學人都承認：在中國學問傳統中，文、史、哲是「不分家」的，與西方顯有不同。但這並不是說，中國的文、史、哲真的沒有分別，而是說，它們都是互相關聯的，不能在彼此絕緣的狀態下分途而孤立地追求。這一整體觀的背後，存在著一個共同的預設：種種不同的「學術」，無論是「百家」或經、史、子、集，最初都是從一個原始的「道」的整體中分離出來的。因此，在各種專門之學分途發展的進程中，我們必須同時加緊「道通為一」的功夫，以免走上往而不返、分而不合的不歸路。從《莊子．天下》篇所憂慮的「道術將為天下裂」到朱熹的「理一分殊」都是這一共同預設的明證。這一「文、史、哲不分家」的學風，源遠流長，在後世無數文集中顯露得尤其清楚。無論作者的專業為何，文集中都收了不少有關經、史、子、詩、文等作品。即使是著名的各種專家，如天文、曆、算以至音韻、訓詁之類，也極少例外。他們顯然都接受了上述的預設：中國學問的分類雖然也不斷繁衍，但這並不影響全部學問之為一有機整體，而各部門類之間則相關相通。

在藝術領域中，各部門之間相關相通也早已形成了客觀的傳統。王維「詩中有畫，畫中有詩」是藝術史上公認的美談。白居易的〈琵琶行〉則說明音樂可以通過詩而表達得十分動聽。至於張彥遠所謂「書畫用筆同法」，那更是絕對無可否認的事實了。

討論至此，我們已清楚地認識到，這部《張充和詩書畫選》是中國藝術傳統的結晶，既能推陳出新，又復能保存這一傳統的精萃而無所走失。這當然是得力於充和早年所受到的古典訓練。在這一意義上，本書不但直接體現了中國藝術的獨特精神，而且也間接反映出中國古典文化的主要特色。

歷史學和文化人類學今天似乎已取得一個共識，即認為藝術能將一個民族的文化精神集中而又扼要地表現出來。在這一關節上，我要特別介紹一下充和在七十多年前關於藝術與民族性的觀察。一九三六年她藉著評論張大千畫展的機會，首先回顧了前一年三位書畫名家的作品。她（筆名「真如」）說：

經子淵先生的藝術不僅表現了「力」，而且充分的表現了「德」；張善孖先生的作品始終能調和現實和理想；鄭曼青先生的作品，充分表現藝術的端莊與嚴肅。從他們的藝術上，使我人不得不承認東西藝術天然有種絕對不能調和的個性。(見〈張大千畫展一瞥〉，《中央日報・副刊》，一九三六年四月二十二日)

這幾句話中有兩點特別值得注意：第一、充和鉤玄提要，只用一兩個字便抓住了每一位藝術家作品的特色；她的藝術修養和鑑賞功力這時顯然都已達到了很高的境界。第二、在概括了三家藝術特色之後，她更進一步主張，中國藝術自成系統、自具個性，它和西方藝術之間存在著不可調和的文化差異。所以她接著又說：

自我看過張大千先生的個展以後，這種主張，簡直成了我個人的信念了。

我必須指出，這一「信念」今天看來似乎無可爭議，但在一九三六年的中國卻是非常不合時宜的，特別是在受過「五四」思潮洗禮的知識界。當時有一種相當流行的看法：中國還沒有進入現代，比西方整整落後了一個歷史階段，無論在政治、社會、經濟、文化或是藝術方面都是如此。充和之所以能掉臂獨行，發展出如此堅定的「信念」，是因為她全副藝術生命自始即浸潤在中國古典傳統之中。入道深故能信道篤，這在一九三〇年代是不可多得的。

充和與古典藝術精神已融化為一，無論在創作或評論中隨時都會流露出來。試看下面一段文字：

> 筆下流動著無限的詩思和極高的品格。……大千先生的藝術是法古而不泥於古，現實而不崇現實，有古人尤其有自己。

充和此評完全立足於中國藝術的獨特系統之內，所運用的觀點也都自傳統中來。如「詩思」即是說「畫中有詩」。「品格」也是傳統談藝者所特別強調的。藝術創作的「品格」和藝術家本人的「品格」密切相關，這是我們在中國文學史和藝術史上常常碰見的一個論題；至於如何相關，則歷來說法不同，這裏不必深究。無論如何，這是從以「人」為中心的基本立場上發展出來的。充和似乎對張大千的作品有更高的評價，因此評語也暗示他所體現的中國藝術精神比前面提到的三位名家更為深透。

從這篇評論來看，充和早在七十三年前便已於古典藝術探驪得珠了。她品評張大千的幾句話，用在她自己後來的作品中也未嘗不大端吻合，尤其是最後一語——「有古人尤其有自己」。我曾強奪她所撫蘇東坡〈寒食帖〉，懸於壁上，朝夕觀賞。這幅字妙得東坡之神而充和本人的風格則一望即知。

上面我試從不同角度說明充和與中國古典藝術精神早已融化為一體。就這一方面而言，她在今天無疑是巋然獨存的魯殿靈光。正因如此，我感覺有必要稍稍擴大一下範圍，對充和所代表的藝術精神提出進一步的觀察。這裏只準備談兩點：第一、西方往往強調「為藝術而藝術」是一種最高的（但並非唯一的）境界。中國是不是也有類似的觀點？第二、在中國文化傳統中，對於藝術創造的精神源頭這個基本問題是怎樣看待和處理的？我相信，探究上述兩個問題有助於我們對充和的藝術造詣的認識。

程明道有一句名言：「某寫字時甚敬，非是要字好，只此是學。」這是理學家的態度，將藝術訓練納入了道德修養的途轍。藝術家則不然，無論是寫字、賦詩、或作畫，其「敬」固與理學家無異，但同時也要求「字好」、「詩好」、「畫好」。所謂「敬」，是指精神貫注的最高狀態；在這一狀態中，藝術家胸中不但沒有一絲一毫塵世的雜念，如金錢、名譽、地位之類，甚至也泯除了一切分別相，包括「藝術」本身在內。初看之下，這一精神狀態似乎即是「為藝術而藝術」的一種表現。其實不然，它來自中國「遊於藝」的傳統。這兩個傳統都要求藝術和人（藝術家）最後融為一體，然而其間有一個十分微妙而又基本的分歧。「為藝術而藝術」是以藝術為主體，人則融入藝術之中；「遊於藝」的主體是人，藝術是靠人才能光大起來。我們可以肯定地說，「遊於藝」的傳統中也貫穿著「人能弘道」的精神。

孔子「遊於藝」究竟應該怎樣理解？錢賓四師《論語新解》說：

> 孔子時，禮、樂、射、御、書、數謂之六藝。人之習於藝，如魚在水，忘其為水，斯有游泳自如之樂。（《全集》本，頁二三七）

這大致合於孔子的本意。但這句話輾轉流傳到後世，「藝」字已逐漸脫離「六藝」的古義了。例如張栻曾提出「藝者所以養吾德性」之解，朱熹駁之曰：

此解之云亦原於不屑卑近之意，故恥於遊藝而為此說以自廣耳。……藝是合有之物，非必為其可以養德性而後遊之也。（《朱子文集》卷三十一〈與張敬夫論癸巳論語說〉）

朱熹一則曰「不屑卑近」，再則曰「恥於遊藝」，這決不可能是指古代那麼崇高的「六藝」而言。可知張、朱兩人心中的「藝」大約即是後世所說的「藝術」，包括繪畫、書法之類。末句「藝是合有之物」云云，尤當注意。這是正式肯定藝術有其內在價值，並非為「養德性」而存在。換言之，道德與藝術都已成相對獨立的領域。

「遊於藝」從古義演變為今義是一個漫長的過程；在此過程中，道家思想，特別是莊子對中國藝術傳統的形成發生了相當大的影響。這裏我只想提出一個觀察，即後世對於「遊於藝」中「遊」字的解讀大致都是通過《莊子》而來，因為這是「遊」字用得很多的一部子書。在此書中，「遊」字往往指人的精神或心靈的一種特殊活動，並假定人的精神或心靈能夠修煉到自由而超越的境界。〈逍遙遊〉篇便提供了最生動的說明，所以支遁說：「逍遙者，明至人之心也。」篇中「神人遊乎四海之外」句，成玄英注曰：「神超六合之表。」可知《莊子》開宗明義，即揭出人心的自由和超越。此外如〈人間世〉篇之「乘物以遊心」和〈駢拇〉篇之「遊心於堅白異同之間」，則「遊心」已合為一詞，「遊」之特指心體的活動，更無可疑。通過《莊子》以解《論語》的「遊於藝」，我們於中國藝術的根本精神便「得其環中」了。

從「遊於藝」追溯到「心」，我們恰好可以轉入上面提出的第二個問題，即藝術創造的源頭究在何處？首先我要指出，「心」在中國精神史上佔據了極為特殊的地位，我們可以很肯定地說，中國的精神傳統是以「心」為中心觀念而逐步形成的。極其所至，則「心」被看作是一切超越性價值（即古人所謂「道」）的發源地；藝術自然也不可能是例外。關於這一層，後面再申說，現在應當交待一下，「心」為甚麼竟成為價值之源？

問題必須從春秋戰國時代諸子百家的出現說起。這是精神世界空前大轉變的時代，奠定了以下兩千多年中國精神傳統的基本形態，「心」為一切價值之源便是這一大轉變的後果之一。所謂轉變，指古代宗教信仰轉變為後世哲學思維。在殷、周信仰中，「帝」或「天」高高在上，主宰人間的吉凶禍福，即所謂「天道」。欲知天道必須通過占卜，其事由王或天子主持，但卻必須通過巫為中介，現代考古發現的大量卜辭便是最可信的物證。

但這一套信仰到了春秋時期已開始崩潰了，即所謂「禮壞樂崩」。禮樂中原有很高的巫的成份，這時已受到諸子的懷疑和攻擊。《莊子．應帝王》中列子之師——壺子和神巫季咸互爭的故事，便最具象徵意義。兩人四次鬥法，而神巫終於「自失而走」，這就表示哲學思維已取代了巫術在精神世界的地位。然而另一方面，諸子之所以能取得勝利，則是因為他們不但趁著古代「天道」思想動搖之際摧毀了「巫」的信仰，而且將「巫」傳統中某些具號召力的成份承繼了下來並加以轉化，然後納入新的思維系統之內。

現在讓我指出這一「化腐朽為神奇」的幾個要點：第一，巫的最重要功能是溝通現實的人間世界和超越的鬼神世界。諸子仍然承認有兩個世界，而且也完全肯定兩個世界之間必須保持接觸。但是他們的哲學思維卻對超越世界進行了根本的改造；它不再是人格化的鬼神世界，而是一個生生不息和無所不在的精神實體。《老子》所謂「吾不知其名，字之曰『道』」，便是指它而言。超越世界既轉化為「道」，於是兩個世界之間的關係及其溝通方式等等便一齊隨著改變了。

第二，由於超越世界的性質已變，巫失去了他們長期壟斷的中介資格。在諸子的哲學構思中，這個中介功能只能由「心」來承擔，因為「心」是人的精神的總樞紐。《孟子》記載了孔子關於「心」的特寫如下：「操則存，舍則亡；出入無時，莫知其鄉。」（〈告子上〉）朱熹認為這幾句話闡明了「心之神明不測」。不用說，這一「神明不測」的「心」可以自由自在地「出入」那個超越的「道」的世界，因而將兩個世界納入一種新的關係之中。

第三，作為鬼神世界和人間世界之間的中介，巫自稱有通天法力，可使天神下降，附在他們的身上，以指示人間一切禍福休咎。但是為了迎神，巫必須先作一些重要的準備工作，如齋戒、沐浴、更衣之類。這就是說，巫必須先將自己一身打點得十分潔淨整齊，才能為神提供一個暫時居留之所。《楚辭．九歌．雲中君》：「浴蘭湯兮沐芳，華采衣兮若英，靈連蜷兮既留。」便是關於降神的一段描述。當時各派思想家大概已不以嚴肅的態度看待這一「神話」，但卻仍然受其暗示，因而在一個更高的精神層面上，發展出一套關於「心」的修煉功夫。扼要言之，他們以「道」代替了「神」，以「心」代替了巫，強調「心」必須淨化至一塵不染的狀態，然後「道」才留駐其中。試舉幾個例子：

《莊子》說：

唯道集虛。虛者，心齋也。（〈人間世〉）

《管子．內業》：

修心靜意，道乃可得。

《荀子》說：

人何以知道？曰：心。心何以知？曰：虛壹而靜。（〈解蔽〉）

《韓非》也說：

虛心以為道舍。（〈揚權〉）

以上四家，流派各異，但論「道」與「心」之間的關係，竟如出一口。總結起來，其中涵攝了兩個共同的假定：第一、「道」本來存在於一個超越的精神領域；在這一假定之下，才會發生「心」如何「得道」或「知道」的問題。第二、將「心」比作房屋，並強調要把它打掃得乾乾淨淨（「虛」），讓「道」可以住進來（「道舍」，或《管子．內業》所謂「精舍」）。這是假定人必須通過種種修煉功夫把超越的「道」收進「心」中。

但以上兩個假定又建立在一個重大的價值判斷之上：人必須與「道」保持經常的接觸（《中庸》：「道也者，不可須臾離也。」），才能賦予他的生活以精神價值和內在意義。這是春秋以下隨著精神世界大轉變而來的新境界。以前在巫文化支配之下，如上面所已指出的，人雖也不斷地追求與「天」或「天道」溝通，但他們想從「天」、「帝」、「神」或「天道」所得的指示，主要是關於吉凶禍福之事（錢大昕說）。現代殷、周卜辭的發現大體上已證實了這一點。所以我們現在清楚地看到，諸子的哲學思維是中國精神史的一大突破，化巫之「腐朽」為道之「神奇」。收「道」於「心」，使「心」成為一切價值之源，這一基本原則便是在上述大突破的過程中建立起來的。它貫穿在近代以前的中國精神傳統中，並且在中國文化的許多方面，包括藝術在內，都有或多或少的體現。

今天很多人都相信「天人合一」的觀念是中國思想、甚至中國文化的一個重要的特徵。當然，這一觀念可以有種種不同的解釋。但是在我個人的理解中，上面討論的「道」與「心」的關係才是「天人合一」的精義所在。「道」屬於「天」的一邊，董仲舒「道之大原出於天」的名言相當準確地概括了春秋以來「道」和「天」的關係。「天」指超越的領域，「道」則是流行於其間的精神實體；二者實際上是分不開的。「心」屬於「人」的一邊，這是不成問題的。但其中有一層曲折，必須作進一步的澄清。前引《荀子．解蔽》篇，說

「心」一定要修煉到「虛壹而靜」的狀態才可以「知道」。反過來說，則未經修煉的「心」是無法和「道」接觸的。因此他根據當時流行的一部《道經》提出「道心」與「人心」的分別，前者是經過修煉之「心」，後者則否。他極力鼓勵求「道」之士去發展心體功夫（即〈修身〉篇所謂「治氣養心」），以期達到「心與道合」的最高境界。「心與道合」則是「道心」常作「主宰」（均見〈正名〉篇），「天」和「人」至此便完全「合一」了。

以上我對於「心」何以成為價值之源的緣起和演變，作了一個提綱式的追溯。限於篇幅，其中無數複雜的轉折，都只好一筆帶過。但是這裏還應該補充一句：上面的分析雖集中在春秋戰國時代，我所拈出的「心與道合」（或「天人合一」）的特色卻貫穿在以下兩千年的中國精神傳統之中。佛教的輸入和禪宗的興起不過加強了這一傳統，並未改變它的方向。朱熹說：

> 凡物有心而其中必虛……人心亦然。只這些虛處便包藏許多道理，彌綸天地，該括古今。……心是神明之舍，為一身之主宰。性便是許多道理，得之於天而具於心者。

《朱子語類》，卷九十八）

很明顯的，朱熹的基本概念和假定都直承先秦的精神傳統而來，不過經過佛教的挑戰以後，立說比過去遠為繁複而曲折，姑不置論。這裏必須特別指出的是朱熹「道理得之於天而具於心」這一句話，把前面所說「心與道合」的觀念表達的最為清楚，「道心」何以能成為一切價值之源，至此便不言而喻了。

最後我要從中國一般的精神傳統轉到藝術世界，以結束這篇序文。藝術是整體精神傳統的一個組成部分，整體的特色也必然在其各組成部分中有所呈現。因此下面我將從「心與道合」或「天人合一」的特殊角度對中國藝術精神作一簡略的概括。

前面曾引朱熹的話，「藝是合有之物」。既是「合有之物」，則必有其「合有」之「道」或「理」；而此「道」或「理」乃「得於天而具於心」，自亦不在話下。這當然是一個十分重大的題目，不可能在此展開論證。不得已，我只能避重就輕，僅拈出中國藝術史上「心源」這一觀念，來說明我的意思。

中國傳統畫論中有一句名言：「外師造化，中得心源。」前面四個字差可與西方古典藝論中「模仿真實世界」(mimesis) 相擬，但下面四個字卻在中國畫史上特別受到重視。「心源」一詞初因禪宗而流行，但移用於藝術世界，卻恰好與「道心」互為表裏，揭示了藝術價值創造的真源所在。文與可畫竹，胸有成竹，黃庭堅詩：「胸中原自有丘壑。」便是「心源」兩字的最生動的注腳。當然「造化」與「心源」是藝術的一體兩面，不容分割。不先經過「外師造化」的階段，真實世界中任何事物都不可能在藝術中呈現出來，無論是竹還是丘壑。但藝術中呈現的事物並不是「造化」的簡單重現，而是從藝術家「心源」中流出來的新創造，此李賀所以有「筆補造化天無功」之句也。總之，中國藝論與現代一度流行的反映論決不相容，如果僅「師造化」而不「得心源」，藝術作品中所顯現出來的事物即使與「造化」中的原型唯妙唯肖，在中國藝術家眼中也無多價值可言。此又蘇軾所謂「論畫以形似，見與兒童鄰」也。

繪畫固然離不開「心源」，作詩也是一樣。元稹論杜甫詩云：

杜甫天才頗絕倫，每尋詩卷似情親。
憐渠直道當時語，不著心源傍古人。

元詩當與他的〈樂府古題序〉合讀，其義始明。微之最推崇老杜能上承《詩經》「興諷當時之事」的風格，「凡所歌行，率皆即事命篇，無復倚旁」。這「無復倚旁」四字即是「不著心源傍古人」之所指。但是我們特別注意的則是「心源」兩字。推微之的用意，蓋謂老杜所寫歌行都是從「心源」中流出，故一掃倚傍古人陳言舊體之習，而運用當時活的語言，以「興諷當時之事」。因此「憐渠」以下兩句當一口氣讀下，不得分斷；「憐」者，愛羨之意，非憐憫也。細味此詩，便知詩的創作也必須「中得心源」，與畫並無不同。

前面曾說，「心源」與「道心」互為表裏，藝術創造發端於此。這不是我個人的臆說，現在我要請中國史上最傑出的文學理論家為此說作證。《文心雕龍．原道》篇曰：

玄聖創典，素王述訓，莫不原道心、裁文章、研神理而設教。

又贊曰：

道心惟微，神理設教。

可見遠在一千五百年前劉勰已毫不遲疑地斷定：中國精神史上一切「創」與「述」都源於「道心」。他採用「文心」為書名，也許是因為此詞可以理解為「道心」在「文」的領域中展現。明乎此，則中國藝術千門萬戶，包括詩、書、畫在內，而無不貫穿著「天人合一」的特色，便絲毫不足驚詫了。

曲終奏雅，讓我回到《張充和詩書畫選》。

上面從「遊於藝」到「心與道合」的討論似有野馬脫韁之嫌，但其實是題中必有之義。我在承諾寫序之時，便早已決定不走省力的路，而就知解所及，將充和所體現的中國藝術精神盡量抉發出來。我希望我的一些初步觀察或可使本書的讀者在欣賞充和的絕藝之餘，窺見其深厚的文化泉源於依稀彷彿之間。充和在長期「遊於藝」的過程中，早已將心體磨煉得晶瑩澄澈。一九四四年她在重慶寫《仕女圖》，正值空襲警報大作之時（見孫康宜〈美國學生眼中的張充和〉，《萬象》八卷六期，二〇〇六年九月，頁一四〇）。也在此時前後，她遊峨嵋山，佛光和尚一見便說她「有佛根，應皈依」（見充和〈小園即事之四〉自注語）。充和是否「有佛根」，我這個「外道」無從置辭。但是我不妨大膽推測，充和的心體功夫大約已到了「睟然見於面，盎於背，施於四體」的境界，自然逃不過大和尚的法眼。

充和的「心源」如無盡藏，這部選集不過是「流落人間者，泰山一毫芒」而已。我讀她的自書詩詞，如〈結褵二十年贈漢思〉、〈小園即事〉等，只覺一字一句都從她的「心源」中流出。如果將「憐渠直道當時語，不著心源傍古人」兩句詩借贈給充和，我以為是再恰當不過的。

二〇〇九年十月廿七日序於普林斯頓

（張充和著，白謙慎編《張充和詩書畫選》，北京，三聯，二〇一〇）

古史地理論叢

錢穆 著

本書彙集考論古代歷史、地理長短散文，主要意義有二：一則古代歷史上之異地同名來探究古代各部族遷徙之跡，從而論究其各地經濟、政治、人文進化先後之序，為治中國古代史者提出一至關重要應加注意之一節目。二為泛論中國歷史上南北兩地域經濟、政治、人文演進之古今變遷，同為治理中國人文地理者所當注意。

秦漢史

錢穆 著

你知道秦始皇如何統治龐大的帝國？焚書坑儒的真相又為何？漢帝國對外擴張遇到什麼樣的問題？重農抑商背後的事實是什麼？賓四先生以嚴謹的史學研究方法，就學術、政治及社會各層面，深入淺出地對秦漢史加以探討。不但一解秦漢史學的疑惑，更能提高讀者的眼界。

中國歷代政治得失

錢穆 著

本書提要鉤玄，專就漢、唐、宋、明、清五代治法方面，敘述其因革演變，指陳其利害得失，要言不煩，將歷史上許多專門知識，簡化為現代國民之普通常識，於近代國人對自己的傳統政治、傳統文化多誤解處，一一加以具體而明白的交代，實為現代知識分子所必讀。

中國史學發微

錢穆　著

史籍浩繁，尤其中國二十五史乃及三通九通，數說無窮。但本書屬提綱挈領，探本窮源，所為極簡要極玄通。讀者即係初學，可以由此得其門戶。中人可以得其道路。老成可以得其歸極。要之，可以隨所超詣，各有會通。人人有得，可各試讀。

國史新論

錢穆　著

中國近百年來，面臨前所未有之變局，而不幸在此期間，智識份子積極於改革社會積弊，紛紛針貶傳統中國政治、社會文化等特質，卻產生中國自古為獨裁政體、封建社會等錯誤見解。錢穆先生務求發明古史實情，探討中國歷史真相。並期待能就新時代之需要，為國內一切問題，提供一本源可供追溯。

中國史學名著

錢穆　著

此書不單講述《史記》、《漢書》、《資治通鑑》等史學名著，舉凡為學之方、治史之道無不散見書中，更見錢穆大師殷殷期勉之意。曾謂：「我們今天的史學，已經到了一個極衰微的狀態之下了。……我希望慢慢能有少數人起來，再改變風氣，能把史學再重新開發出一條新路。」言猶在耳，吾人可不自惕哉！

中華文化十二講

錢穆　著

本書乃賓四先生初定居臺灣期間，在各軍事基地之演講辭，共十二篇，大體討論中國文化問題。賓四先生認為中國文化有其特殊之成就、意義與價值，縱使一時受人輕鄙，但就人類生命全體之前途而言，中國文化必有其再見光輝與發揚之一日。或許賓四先生頌讚或有過分處，批評他人或有偏激處，要之讀此一集，即可見中國文化影響之悠久偉大。

人生十論

錢穆　著

本書為錢賓四先生之講演稿合集，由「人生十論」、「人生三步驟」以及「中國人生哲學」等三編匯集而成。所論人生，雖皆從中國傳統觀念闡發，但主要不在稱述古人，而在求古今之會通和合。讀者淺求之，可得當前個人立身處世之要；深求之，則可由此進窺古籍，乃知中國傳統思想之精深，以及與現代觀念之和合。做人為學，相信本書皆可以啟其端。

中國歷史精神

錢穆　著

中國的歷史源遠流長，其間治亂興替，波譎雲詭，常令治史的人望洋興嘆，無從下手，讀史的人望而卻步，把握不住重點。本書作者錢穆博士，以其淵博的史學涵養，敏銳的剖析能力，帶領讀者得窺中國歷史文化的堂奧，獲得完整的歷史概念，深入瞭解五千年來歷史精神之所在。

莊子纂箋

錢穆 著

《莊子》一書為中國古籍中一部人人必讀之書，但義理、辭章、考據三方面，皆須學有根柢，乃能通讀此書。本書則除郭象注外，詳採中國古今各家注，共得百種上下，斟酌選擇調和決奪，得一妥適之正解。全部《莊子》一字一句，無不操心，並可融通，實為莊子一家思想之正確解釋，宜為從古注書之上品。讀者須逐字逐句細讀之始得。

論語新解

錢穆 著

《論語》為歷代學者必讀之作，諸儒為之注釋不絕，習《論語》者亦必兼讀其注，然而學者往往囿於門戶之見而刻意立異。賓四先生因此為之新解。「新解」之新，乃方法、觀念、語言之新，非欲破棄舊注以為新。一則備采眾說，折衷求是；二則兼顧文言剖析之平易，與白話語譯之通暢。讀者藉由本書之助，庶幾能得《論語》之真義。

朱子學提綱

錢穆 著

本書為《朱子新學案》一書之首部。中國宋元明三代之理學，朱子為其重要一中心。儻論全部中國學術思想史，則孔子為上古一中心，朱子乃為近古一中心。《朱子新學案》乃就朱子學全部內容來發揮理學之意義與價值，但過屬專門，學者宜先讀《宋元學案》等書，乃可入門。此編則從全部中國學術思想之演變來闡述朱子學，範圍較廣，但易領略，故宜先讀此編，再讀《朱子新學案》全部，乃易有得。

中國歷史研究法

錢穆　著

本書內容分通史、政治史、社會史、經濟史、學術史、歷史人物、歷史地理、文化史等八部分。此下三十年，賓四先生個人有關史學諸著作，大體意見悉本於此，故本書實可謂賓四先生史學見解之本源所在，亦可視為其對中國史學大綱要義之簡要敘述。

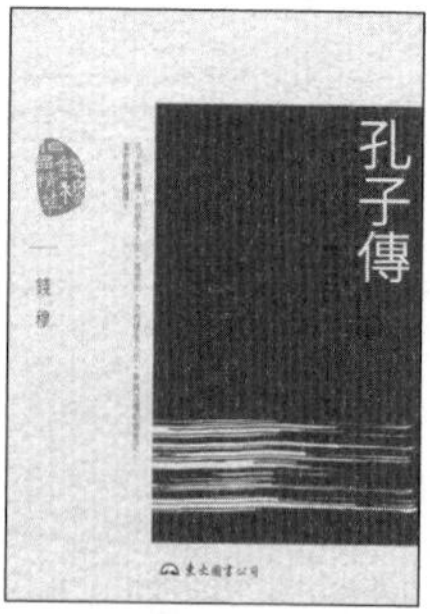

孔子傳

錢穆　著

儒學影響中華文化至深，討論孔子生平言論行事之著作，實繁有徒，說法龐雜，本書為錢穆先生以《論語》為中心底本、綜合司馬遷後以下各家考訂所得，也是深入剖析孔子生平、言論、行事後，重為孔子所作的傳記。作者從孔子的先祖談起，及至孔子的早年、中年、晚年。詳列一生行跡，並針對古今雜說，從文化脈絡推論考辨，以務實的治學態度辨明真偽，力求貼近真實的孔子。

八十憶雙親、師友雜憶（合刊）

錢穆　著

本書為《八十憶雙親》、《師友雜憶》二書之合編，皆為錢賓四先生對自己生平所作的記敘。《八十憶雙親》為先生八旬所誌，概述其成長的家族環境、父親的影響和母親的護恃。後著《師友雜憶》，繼述其生平經歷，以饗並世。不僅補前書之不足，歷數了先生的求學進程、於各地的工作經驗、做學問的契機、撰著寫就的過程以及師友間的往事等，使讀者對賓四先生有更完整、更深刻的認識；亦可藉由先生的回憶，了解其時代背景，追仰前世風範。

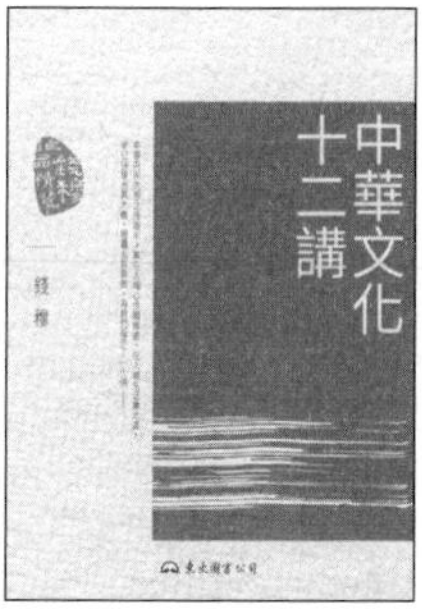

中華文化十二講

錢穆　著

本書乃賓四先生初定居臺灣期間，在各軍事基地之演講辭，共十二篇，大體討論中華文化問題。賓四先生認為中華文化有其特殊之成就、意義與價值，縱使一時受人輕鄙，但就人類生命全體之前途而言，中華文化必有其再見光輝與發揚之一日。賓四先生一生崇敬國家民族之傳統文化，幾乎一如宗教信仰，頌讚或有過分處，批評他人或有偏激處，要之讀此一集，即可見中華文化影響之悠久偉大，實有難乎想像之處。

世界局勢與中國文化

錢穆　著

本書乃彙集三十年之散篇論文，共三十題，就其中一題，取名為《世界局勢與中國文化》，討論當前世界局勢之演變，及中國文化在此變動局勢中應如何自處之道。所涉方面甚廣，論題或大或小，或專或通。每題各申一義，而會合觀之，則彼此相通，不啻全書成一大論題，而義去一貫。其間各篇，雖因時立論，而自今讀之，亦無過時之感。因本書作者，本對世界局勢與中國文化，抱一堅定深入之信念，故因機解發，自有泉源混混，不擇地而出之致也。

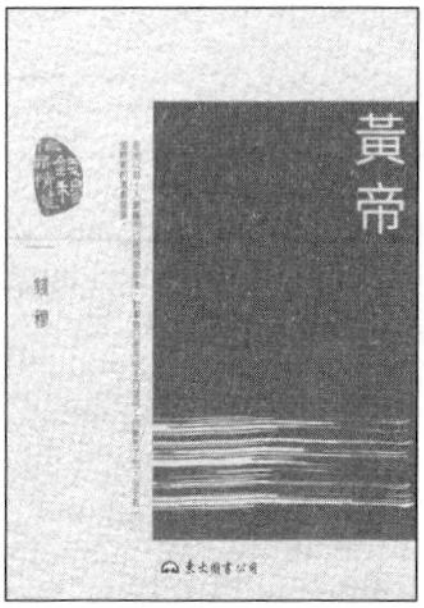

黃　帝

錢穆　著

司馬遷《史記》敘述中國古代史，遠始黃帝，惟百家言黃帝，何者可定為真古史，司馬遷亦難判別。然古人言黃帝亦異於神話，蓋為各種傳說之總彙，本書即以此態度寫黃帝，以黃帝為始，彙集許多故事，接言堯、舜、禹、湯、文、武、周公，一脈相傳，透過古史傳說，勾勒其不凡的生命風貌。讀者不必據此為信史，然誠可以此推考中國古史真相，一探古代聖哲之精神。

國家圖書館出版品預行編目資料

會友集（上）：余英時序文集／余英時著,彭國翔編.—
—二版一刷.——臺北市：三民，2023
　冊；　公分.——（余英時作品）

ISBN 978-957-14-7512-7（上冊:平裝）
ISBN 978-957-14-7513-4（下冊:平裝）
1. 序跋

011.6　　111012708

余英時作品

會友集（上）——余英時序文集

作　者	余英時
編　者	彭國翔
發 行 人	劉振強
出 版 者	三民書局股份有限公司
地　址	臺北市復興北路 386 號 (復北門市) 臺北市重慶南路一段 61 號 (重南門市)
電　話	(02)25006600
網　址	三民網路書店 https://www.sanmin.com.tw
出版日期	增訂版一刷 2010 年 9 月 二版一刷 2023 年 1 月
書籍編號	S811510
I S B N	978-957-14-7512-7

三民書局